Testierfreiheit und Pflichtteilsrecht im spanischen *Código Civil*
im Vergleich mit dem deutschen Bürgerlichen Gesetzbuch

Schriften zum Medien-, Urheber- und Wirtschaftsrecht

Herausgegeben von Prof. Dr. Georgios Gounalakis

Band 11

PETER LANG
Frankfurt am Main · Berlin · Bern · Bruxelles · New York · Oxford · Wien

Ina Lutz

Testierfreiheit und Pflichtteilsrecht im spanischen *Código Civil* im Vergleich mit dem deutschen Bürgerlichen Gesetzbuch

Unter besonderer Berücksichtigung von Immobilienerbschaften

PETER LANG
Internationaler Verlag der Wissenschaften

Bibliografische Information der Deutschen Nationalbibliothek
Die Deutsche Nationalbibliothek verzeichnet diese Publikation in der Deutschen Nationalbibliografie; detaillierte bibliografische Daten sind im Internet über http://dnb.d-nb.de abrufbar.

Zugl.: Marburg , Univ., Diss., 2011

Gedruckt auf alterungsbeständigem,
säurefreiem Papier.

D 4
ISSN 1867-1012
ISBN 978-3-631-62129-5

www.peterlang.de

Meinen Eltern

Vorwort

Die nachfolgende Arbeit lag im Sommersemester 2011 der Philipps-Universität Marburg als Dissertation vor.

Ich danke allen, die mich begleitet haben.

Insbesondere gilt mein Dank Herrn Prof. Dr. Georgios Gounalakis für seine freundliche Unterstützung sowie Herrn Prof. Dr. Markus Roth für die zügige Erstellung des Zweitgutachtens.

Weiterhin danke ich Herrn Prof. Dr. Edgar Weiler für seine vielfältigen Anregungen.

Schließlich gilt mein Dank meiner Familie für die unglaubliche Unterstützung und den Rückhalt der letzten Jahre.

München, im August 2011 Ina Lutz

Inhaltsverzeichnis

Abkürzungsverzeichnis

a. F.	alte Fassung
Abs.	Absatz
AcP	Archiv für die civilistische Praxis
AnfG	Anfechtungsgesetz
Anm.	Anmerkung
Art.	Artikel
Aufl.	Auflage
Bd.	Band
BGB	Bürgerliches Gesetzbuch
BGH	Bundesgerichtshof
BGHZ	Entscheidung des Bundesgerichtshofs in Zivilsachen
BVerfG	Bundesverfassungsgericht
BVerfGE	Entscheidungen des Bundesverfassungsgerichts
BWNotZ	Zeitschrift für das Notariat in Baden-Württemberg
bzw.	beziehungsweise
ca.	circa
CC	Código Civil
d. h.	das heißt
ders.	derselbe
dies.	dieselbe
Diss.	Dissertation
DJT	Deutscher Juristentag
DNotZ	Deutsche Notar-Zeitschrift
DRiZ	Deutsche Richterzeitung
DStR	Deutsches Steuerrecht
EGBGB	Einführungsgesetz zum Bürgerlichen Gesetzbuch
etc.	et cetera
f.	folgende (Seite, Nummer etc.)
FamRZ	Zeitschrift für das gesamte Familienrecht
FF	Forum Familienrecht
ff.	folgende (Seiten, Nummern etc.)
Fn.	Fußnote
FPR	Familie Partnerschaft Recht
FS	Festschrift
gem.	gemäß
GG	Grundgesetz
ggü.	gegenüber
HeimG	Heimgesetz
hM	herrschende Meinung
Hrsg.	Herausgeber
HS	Halbsatz

InsO .... Insolvenzordnung
IPR .... Internationales Privatrecht
IPRax .... Praxis des internationalen Privat- und Verfahrens-
.... rechts
JZ .... Juristenzeitung
m. w. N. .... mit weiteren Nachweisen
MDR .... Monatsschrift für deutsches Recht
MittBayNot .... Mitteilungen des Bayerischen Notarvereins, der No-
.... tarkasse und der Landesnotarkammer Bayern
MittRhNotK .... Mitteilungen Rheinische Notarkammer
NJW .... Neue Juristische Wochenschrift
Nr. .... Nummer
Nrn. .... Nummern
psych. KH .... psychiatrisches Krankenhaus
Rn. .... Randnummer
RNotZ .... Rheinische Notar-Zeitschrift
RPfleger .... Der deutsche Rechtspfleger
Rspr. .... Rechtsprechung
S. .... Seite
sog. .... so genannte, so genannter
StAZ .... Zeitschrift für Standesamtswesen
u. U. .... unter Umständen
Urt. .... Urteil
Verh. .... Verhandlung
Vgl. .... Vergleiche
WM .... Wohnungswirtschaft und Mietrecht
z. B. .... zum Beispiel
ZErb .... Zeitschrift für die Steuer- und Erbrechtspraxis
ZEV .... Zeitschrift für Erbrecht und Vermögensnachfolge
ZR .... Zivilrecht
ZRP .... Zeitschrift für Rechtspolitik
zusätzl. .... zusätzlich

Abbildungsverzeichnis

Literaturverzeichnis

Adomeit, Klaus: Einführung in das spanische Recht, Das Verfassungs-, Zivil-, Wirtschafts- und Arbeitsrecht Spaniens, 3. Aufl., München 2007 [zitiert: Adomeit, Einführung in das spanische Recht]

Arroyo i Amayuelas, Esther: Pflichtteilsrecht in Spanien, in: Schriften der Bucerius Law School, Bd. I/7, Reformfragen des Pflichtteilsrechts, Symposium vom 30.11. – 2.12.2006 in Salzau, Köln 2007 [zitiert: Arroyo i Amayuelas, Pflichtteilsrecht in Spanien]

Badura, Peter: Erbrecht, Testierfreiheit und Schutz der Familie, in: Schriften der Bucerius Law School, Bd. I/7, Reformfragen des Pflichtteilsrechts, Symposium vom 30.11. – 2.12.2006 in Salzau, Köln 2007 [zitiert: Badura, Erbrecht, Testierfreiheit und Schutz der Familie]

Beier, Robert: Die gesetzlichen Rechte des überlebenden Ehegatten nach dem deutschen und spanischen Kollisionsrecht unter besonderer Berücksichtigung der viudedad aragonesa, Diss., Frankfurt am Main 2009 [zitiert: Beier]

Bamberger, Heinz Georg/Roth, Herbert (Hrsg.): Kommentar zum Bürgerlichen Gesetzbuch, 2. Aufl., München 2008 [zitiert: Bamberger/Roth/Bearbeiter]

Beneke, Wilhelm: Das Pflichtteilsrecht in geschichtlicher und rechtspolitischer Betrachtung, Diss., Köln 1939 [zitiert: Beneke]

Bengel, Manfred: 64. Deutscher Juristentag 2002 in Berlin Abt. A: Zivilrecht, MittBayNot 2003, 270

ders.: Die gerichtliche Kontrolle von Pflichtteilsverzichten, ZEV 2006, 192

Birnbaum, Marcus: Pflichtteilsrecht und Pflichtteilsanspruch, Eine Betrachtung ihrer Rechtsnatur, Diss., Marburg 1914 [zitiert: Birnbaum]

Bonefeld, Michael/Lange, Knut Werner/Tanck Manuel: Die geplante Reform des Pflichtteilsrechts, ZErb 2007, 292 *ders.:* Synopse und Auswirkungen des Gesetzes zur Änderung des Erb- und Verjährungsrechtes auf das Erbrecht – Update zur Reform der Reform, ZErb 2008, 67

Börner, Achim-Rüdiger: Minderung der Steuerbelastung für spanische Ferienimmobilien durch Zwischenschaltung von Kapitalgesellschaften?, ZEV 2004, 368

Borngräber, Katja: Immobilien in Spanien, erwerben – besitzen – verkaufen – vererben, München 2001 [zitiert: Borngräber, Immobilien in Spanien]

Bosch, F. W.: Familien- und Erbrecht als Themen der Rechtsangleichung nach dem Beitritt der DDR zur Bundesrepublik Deutschland, FamRZ 1992, 993

Bowitz, Hans Hermann: Zur Verfassungsmäßigkeit der Bestimmungen über die Pflichtteilsentziehung, JZ 1980, 304

Brambring, Günter (Hrsg.): Beck'sches Formularbuch Erbrecht, 2. Aufl., München 2009 [zitiert: Brambring/Bearbeiter]

Brüggentisch, Arno: Das Pflichtteilsrecht in der Rechtsprechung des Reichsgerichts, Diss., Köln 1930 [zitiert: Brüggentisch]

Buchholz, Stephan: Berliner Testament (§ 2269 BGB) und Pflichtteilsrecht der Abkömmlinge – Überlegungen zum Ehegattenerbrecht", FamRZ 1985, 872

Casals, Miquel Martín/ Solé Feliu, Josep: Testierfreiheit im innerspanischen Vergleich, in: Beiträge zum europäischen Familienrecht, Bd. 7, Bielefeld 2001 [zitiert: Casals/Feliu, Testierfreiheit im innerspanischen Vergleich]

Coing, Helmut: „Empfiehlt es sich, das gesetzliche Erb- und Pflichtteilsrecht neu zu regeln?", Gutachten A für den 49. Deutschen Juristentag, in: Ständige Deputation des Deutschen Juristentages (Hrsg.), Verhandlungen des 49. Deutschen Juristentages in Düsseldorf 1972, Bd. I, München 1972 [zitiert: Coing, Gutachten zum 49. DJT]

Daragan, Hanspeter: Ehegattenschenkung und Pflichtteilsergänzung, ZErb 2008, 2

Däubler, Wolfgang: Erbschaft und Pflichtteil, München 2003 [zitiert: Däubler, Erbschaft und Pflichtteil]

Dauner-Lieb, Barbara: Bedarf es einer Reform des Pflichtteilsrechts?, DNotZ 2001, 460

dies.: Pflichtteilsrecht und Pflichtteilsentziehung auf dem Prüfstand, FF 2001, 78

Dieckmann, Albrecht: „Empfiehlt es sich, das gesetzliche Erb- und Pflichtteilsrecht neu zu regeln?“, Referat K für den 49. Deutschen Juristentag, in: Ständige Deputation des Deutschen Juristentages (Hrsg.), Verhandlungen des 49. Deutschen Juristentages in Düsseldorf 1972, Bd. II (Sitzungsberichte), München 1972 [zitiert: Dieckmann, Verh. zum 49. DJT Bd. II]

Diwell, Lutz: Reformen im Erb- und Pflichtteilsrecht, Spielräume aus Sicht des Bundesministeriums der Justiz, in: Schriften der Bucerius Law School, Bd. I/7, Reformfragen des Pflichtteilsrechts, Symposium vom 30.11. – 2.12.2006 in Salzau, Köln 2007 [zitiert: Diwell, Reformen im Erb- und Pflichtteilsrecht]

Dumoulin, Franz Josef: Gesetzliches Erbrecht und Pflichtteilsrecht, Änderungsvorschläge aus der Sicht eines Notars, DNotZ 1973, Sonderheft, S. 84

Eberl, Markus: Vier Wochen beim Notar in Spanien, MittBayNot 1999, 455

Ebke, Julia: Testierfreiheit und Pflichtteilsrecht, Die Antinomie von Freiheit und Pflicht des Erblassers in familienerbrechtlicher Perspektive, Diss., Tübingen 2004 [zitiert: Ebke, Testierfreiheit und Pflichtteilsrecht]

Edenfeld, Stefan: Europäische Entwicklungen im Erbrecht, ZEV 2001, 457

ders.: Lebenslange Bindungen im Erbrecht? DNotZ 2003, 4

Erman, Walter/Westermann, Harm Peter: Bürgerliches Gesetzbuch, 12. Aufl., Köln 2008 [zitiert: Erman/Bearbeiter]

Ferid, Murad/Firsching, Karl/Dörner, Heinrich/ Hausmann, Rainer (Hrsg.): Internationales Erbrecht, Bd. VII, Schweiz – Südafrika, Stand: 72. Ergänzungslieferung, München 2008 [zitiert: Ferid/Firsching/Dörner/Hausmann/Bearbeiter, Internationales Erbrecht Spanien]

Ferrer i Riba, Josep: Familienrechtliche Verträge in den spanischen Rechtsordnungen, in: From Status to Contract? – Die Bedeutung des Vertrages im europäischen Familienrecht, Beiträge zum europäischen Familienrecht, Bd. 9, Bielefeld 2005 [zitiert: Ferrer i Riba, in: From Status to Contract?]

Finger, Peter: Pflichtteilsergänzungsanspruch; hier: Zeitpunkt der Schenkung des Erblassers, Anm. zu BGH NJW 1974, 2319, NJW 1975, 535

Firsching, Karl/Graf, Hans Lothar: Nachlassrecht, 9. Aufl., München 2008 [zitiert: Firsching/Graf/Bearbeiter]

Flick, Hans/Piltz, Detlev J.: Der internationale Erbfall – Internationales Privatrecht – Erbschaftssteuerrecht, München 1999 [zitiert: Flick/Piltz, Der internationale Erbfall]

Frank, Rainer: Erbrecht, 4. Aufl., München 2007

Führ, Thorsten: Grundrechte und Testierfreiheit – „Preußen"-Beschluss und Pflichtteilsrecht, MittBayNot 2006, 461

Gaier, Reinhard: Pflichtteil und grundrechtliche Freiheit, in: Schriften der Bucerius Law School, Bd. I/7, Reformfragen des Pflichtteilsrechts, Symposium vom 30.11. – 2.12.2006 in Salzau, Köln 2007 [zitiert: Gaier, Pflichtteil und grundrechtliche Freiheit]

ders.: Die Bedeutung der Grundrechte für das Erbrecht, ZEV 2006, 2

Gantzer, Peter: Spanisches Immobilienrecht, 8. Aufl., Frankfurt am Main 1999 [zitiert: Gantzer, Spanisches Immobilienrecht] *ders.:* Eintragung deutscher Erben im spanischen Eigentumsregister, ZEV 1999, 473

Gerboth, Christian: Die Vererbung spanischer Immobilien durch einen deutschen Erblasser, MDR 2005, 844

Gerken, Ulrich: Pflichtteilsrecht zwischen Testierfreiheit und Familienerbfolge, RPfleger 1989, 45

ders.: Zur Familien- und Lebenssituation alter Menschen – Wandel in den Grundlagen des Erbrechts, ZRP 1991, 426

Gotthardt, Peter: Zur Entziehung des Pflichtteils eines Abkömmlings wegen Führens eines ehrlosen und unsittlichen Lebenswandels (§ 2333 Nr. 5 BGB), FamRZ 1987, 757

Haas, Ulrich: Ist das Pflichtteilsrecht verfassungswidrig?, ZEV 2000, 249

ders./Kanzleiter, Rainer/ Olshausen, Wolfgang (Hrsg.): J. von Staudingers Kommentar zum Bürgerlichen Gesetzbuch mit Einführungsgesetz und Nebengesetzen, Buch 5 Erbrecht, Neubearbeitung, Berlin 2006 [zitiert: Staudinger/Bearbeiter]

Hartmann, Christian: Das sog. Behindertentestament: Vor- und Nacherbschaftskonstruktion oder Vermächtnisvariante?, ZEV 2001, 89

Hayler, Peter: Bestandskraft ehebedingter Zuwendungen im Bereich der Pflichtteilsergänzung (§§ 2325, 2329 BGB) – Vertragsgestaltung durch doppelten Güterstandswechsel?, DNotZ 2000, 681

Henrich, Dieter: Testierfreiheit vs. Pflichtteilsrecht, München 2000 [zitiert: Henrich, Testierfreiheit vs. Pflichtteilsrecht]

ders.: Ehegattenerbrecht und IPR, in: Deutsches, ausländisches und internationales Familien- und Erbrecht, Beiträge zum europäischen Familienrecht, Bd. 10, Bielefeld 2006 [zitiert: Henrich, Ehegattenerbrecht und IPR] *ders.:* Familienerbrecht und Testierfreiheit im europäischen Vergleich, DNotZ 2001, 441

Hermann, Helga-Maria: Erbausschlagung bei Auslandsberührung, ZEV 2002, 259

Herzig, Norbert/Watrin, Christoph/Walter, Myriam: Grundzüge des spanischen Erbschafts- und Schenkungsteuerrechts, ZEV 2000, 473

Herzog, Stephanie: Die Pflichtteilsentziehung im Lichte der neueren Rechtsprechung von Bundesgerichtshof und Bundesverfassungsgericht, FF 2006, 86

Hierneis, Otto: Das besondere Erbrecht der so genannten Foralrechtsgebiete Spaniens, Diss. Berlin 1966 [zitiert: Hierneis]

Huber, Hans Christian: Das Pflichtteilsrecht – aus positivrechtlicher, rechtsvergleichender und rechtspolitischer Sicht, Diss., Aachen 1999 [zitiert: Huber, Das Pflichtteilsrecht]

Johnen, Cornelia: Die Behandlung von Erbscheinsanträgen mit Auslandsberührung in der notariellen Praxis, MittRhNotK 1986, 57

Jülicher, Hans-Oskar/ Klinger, Bernhard F.: Reduzierung des Pflichtteilsrisikos mittels letztwilliger Verfügung, NJW-Spezial 2007, 157

Kaser, Max/Knütel, Rolf: Römisches Privatrecht, Ein Studienbuch, 19. Aufl., München 2008 [zitiert: Kaser/Knütel]

Kegel, Gerhard/Schurig, Klaus: Internationales Privatrecht, 9. Aufl., München 2004 [zitiert: Kegel/Schurig]

Keim, Christopher: Tagungsbericht: Rechtspolitisches Forum Erbrecht der Bundesnotarkammer am 9.11.2000 in Berlin, DNotZ 2001, 434

ders.: Grenzen der Anrechenbarkeit lebzeitiger Zuwendungen auf den Pflichtteil, MittBayNot 2008, 8

ders.: Der stillschweigende Erbverzicht: sachgerechte Auslegung oder unzulässige Unterstellung?, ZEV 2001, 1 *ders.:* Testamentsgestaltung bei „missratenen" Kindern – Neue Möglichkeiten durch die geplanten Änderungen im Pflichtteilsrecht?, NJW 2008, 2072

Keller, Hilmar: Die Form des Erbverzichts, ZEV 2005, 229

Kick, Sabine: Ist das Pflichtteilsrecht noch zeitgemäß?, in: Jahrbuch Junger Zivilrechtswissenschaftler 1996, Das deutsche Zivilrecht 100 Jahre nach Verkündung des BGB, Erreichtes – Verfehltes – Übersehenes, Rostocker Tagung 11. – 14. September 1996, Stuttgart 1997 [zitiert: Kick, in: Jahrbuch Junger Zivilrechtswissenschaftler]

Kirchmayer, Johannes: Das reformierte internationale und interlokale Privatrecht in Spanien, StAZ 1991, 158

Kleensang, Michael: Familienerbrecht versus Testierfreiheit – Das Pflichtteilsentziehungsrecht auf dem Prüfstand des Bundesverfassungsgerichts, ZEV 2005, 277

ders.: Zur „historischen Auslegung" der Pflichtteilsentziehungsvorschriften des BGB, DNotZ 2005, 509

Klingelhöffer, Hans: Empfiehlt es sich, die rechtliche Ordnung finanzieller Solidarität zwischen Verwandten im Bereich des Pflichtteilsrechts neu zu Gestalten? – Einige Bemerkungen zum Gutachten von Martiny für den 64. Deutschen Juristentag –, ZEV 2002, 293

ders.: Zuwendungen unter Ehegatten und Erbrecht, NJW 1993, 1097

Klinger, Bernhard F./ Konrad, Stephan: Reduzierung des Pflichtteilsrisikos mittels lebzeitiger Zuwendungen, NJW-Spezial 2007, 301

Klinger, Bernhard F./ Roth, Wolfgang: Modernisierung der Pflichtteilsentziehungsgründe, FPR 2008, 542

Kowallik, Andreas L.: Erbschaft- und Schenkungsteuerplanung für Auslandsimmobilien, DStR 1999, 1129

Kroiß, Ludwig: Internationales Erbrecht, Einführung und Länderüberblick, Bonn 1999 [zitiert: Kroiß, Internationales Erbrecht] *ders.:* Die Reform des Pflichtteilentziehungsrechts – Der Wegfall des Entziehungsgrundes des „ehrlosen und unsittlichen Lebenswandels“, FPR 2008, 543

Kuchinke, Kurt: Unterhalt und Erb- oder Pflichtteilsverzicht, FPR 2006, 125

Kuhn, Andreas: Übersicht zum Erbrecht, Pflichtteilsrecht und Erbschaftssteuerrecht der EU-Mitgliedsstaaten (ohne BRD), BWNotZ 2006, 139

Lange, Heinrich/Kuchinke, Kurt: Erbrecht, 5. Aufl., München 2001 [zitiert: Lange/Kuchinke]

Lange, Knut Werner: Die Pflichtteilsentziehung im Spiegel der neueren Rechtsprechung, ZErb 2008, 59

Langenfeld, Gerrit: BGH-Rechtsprechung aktuell: Der BGH Schutzpatron der pflichtteilsberechtigten Abkömmlinge? Entscheidungen und LM-Anmerkungen seit 1991, NJW 1994, 2133

ders.: In der Testamentsgestaltung lebt das Erbrecht, ZEV 2007, 453

Leipold, Dieter: Wandelungen in den Grundlagen des Erbrechts?, AcP 180 (1980), 160

ders.: Anmerkung zu BGH Urteil vom 06.12.1989, JZ 1990, 700

ders.: Erbrecht 1995, JZ 1996, 287

Leisner, Walter: Pflichtteilsentziehungsgründe nach §§ 2333 ff BGB verfassungswidrig? – BVerfG lässt eine wichtige Frage offen, NJW 2001, 126

ders.: Verfassungsrechtliche Grenzen der Erbschaftsbesteuerung, Berlin 1970 [zitiert: Leisner, Verfassungsrechtliche Grenzen]

Lipp, Volker: Finanzielle Solidarität zischen Verwandten im Privat- und im Sozialrecht, NJW 2002, 2201

Mangoldt, Hermann v./ Klein, Fridrich/Starck, Christian (Hrsg.): Kommentar zum Grundgesetz, Bd. 1, 5. Aufl., München 2005

Mankowski, Peter/Osthaus, Wolf: Gestaltungsmöglichkeiten durch Rechtswahl beim Erbrecht des überlebenden Ehegatte in internationalen Fällen, DNotZ 1997, 10

Manssen, Gerrit: Staatsrecht II, Grundrechte, 3. Aufl., München 2004

Martiny, Dieter: „Empfiehlt es sich, die rechtliche Ordnung finanzieller Solidarität zwischen Verwandten in den Bereichen des Unterhaltsrechts, des Pflichtteilsrechts, des Sozialhilferechts und des Sozialversicherungsrechts neu zu gestalten?" Gutachten A für den 64. Deutschen Juristentag, in: Ständige Deputation des Deutschen Juristentages (Hrsg.), Verhandlungen des 64. Deutschen Juristentages in Berlin 2002, Bd. I, München 2002 [zitiert: Martiny, Gutachten zum 64. DJT]

ders.: Zur Reform des Pflichtteilsrechts, in: Schriften der Bucerius Law School, Bd. I/7, Reformfragen des Pflichtteilsrechts, Symposium vom 30.11. – 2.12.2006 in Salzau, Köln 2007 [zitiert: Martiny, Zur Reform des Pflichtteilsrechts]

Mauch, Frank: Übersicht zum Güter- und Erbrecht einiger ausgewählter Staaten, BWNotZ 2001, 25

ders.: Ist die Abfindung für einen Erb- oder Pflichtteilsverzicht Schenkung im Sinne von § 2325 BGB?, BWNotZ 1995, 88

Maunz, Theodor/Dürig, Günter: Grundgesetz Kommentar, 53. Aufl., 2009 [zitiert: Maunz/Dürig/Bearbeiter]

Mayer, Jörg/Süß, Rembert/Tanck, Manuel/ Bittler, Jan/Wätzholz, Eckhard: Handbuch Pflichtteilsrecht, 2003 [zitiert: Mayer/Süß/Tanck/Bittler/Wätzholz, Handbuch Pflichtteilsrecht]

Mayer, Jörg: Anrechnung und Ausgleichung im Erb- und Pflichtteilsrecht – eine Einführung anhand von Beispielsfällen, ZErb 2007, 130 *ders.:* Unliebsame Folgen des Pflichtteilsverzichts, ZEV 2007, 556

ders.: Behindertentestament und Pflichtteilsstrafklauseln – zugleich Anmerkung zum Urteil des BGH vom 8.12.2004, IV ZR 223/03 –, MittBayNot 2005, 286

ders.: Das Behindertentestament als empfehlenswerte Gestaltung?, DNotZ 1994, 347

Mertens, Hans-Georg: Die Entstehung der Vorschriften des BGB über die gesetzliche Erbfolge und das Pflichtteilsrecht, Berlin 1970 [zitiert: Mertens]

ders.: Die Beratung des Pflichtteilsentzuges bei der Abfassung des BGB, in: Festschrift für Rudolf Gmür zum 70. Geburtstag am 28. Juli 1983, Bielefeld 1983 [zitiert: Mertens, FS Gmür]

Milzer, Lutz: Auslandsvermögen und seine Auswirkungen auf Pflichtteils- und Noterbrechte, BWNotZ 2002, 166

Moench, Dietmar/Kien-Hümbert, Petra: Schenkungen mit Todes-Folgen - - Erbschaftsteuerliche Aspekte des Pflichtteilsergänzungsanspruchs -, DStR 1991, 1137

Münch, Ingo v./Kunig, Philip (Hrsg.): Grundgesetz-Kommentar Bd. 1, Berlin 1999 [zitiert: Münch/Kunig/Bearbeiter]

Münchener Kommentar zum Bürgerlichen Gesetzbuch, Bd. 9 Erbrecht, 5. Aufl. 2008 [zitiert: Münchener Kommentar/Bearbeiter] Bd. 6 Erbrecht, 2. Aufl. 1989

Muscheler, Karlheinz: Die geplanten Änderungen im Erbrecht, Verjährungsrecht und Nachlassverfahrensrecht, ZEV 2008, 105

ders.: Grundlagen der Erbunwürdigkeit, ZEV 2009, 58

Nieder, Heinrich/Kössinger, Reinhard/Kössinger, Winfried (Hrsg.): Handbuch der Testamentsgestaltung, 3. Aufl., München 2008 [zitiert: Bearbeiter, in: Handbuch der Testamentsgestaltung]

Norbisrath, Karl: Spanisches Immobilien- und Steuerrecht, Andechs 1995 [zitiert: Norbisrath Spanisches Immobilien- und Steuerrecht]

Odersky, Felix: Reformüberlegungen im Erbrecht, MittBayNot 2008, 2

Olshausen, Henning von: Die Verteilung der Pflichtteilslast zwischen Erben und Vermächtnisnehmern, MDR 1986, 89

Otte, Gerhard: Das Pflichtteilsrecht – Verfassungsrechtsprechung und Rechtspolitik, AcP 202 (2002), 317

ders.: Um die Zukunft des Pflichtteilsrechts, ZEV 1994, 193

Palandt, Otto (Hrsg.): Kurzkommentar zum Bürgerlichen Gesetzbuch, 68. Aufl., München 2009 [zitiert: Palandt/Bearbeiter]

Pantaleon genannt Stemberg, Gesa Carola: Tue Gutes und stifte darüber – Pflichtteilsreduzierende Zuwendungen in Form des Stifterbriefes – unter besonderer Berücksichtigung des BGH Urteils zur Dresdner Frauenkirche (BGH, Urt. v. 10.12.2003 – IV ZR 249/02), Diss., Freiburg 2006

Papantoniou, Nik: Die soziale Funktion des Erbrechts, AcP 173 (1973), 385

Petri, Klaus: Die Pflicht zum Pflichtteil, ZRP 1993, 205

Peuster, Witold: Das spanische internationale Privatrecht, in: Aktuelles spanisches Handels- und Wirtschaftsrecht, Frankfurt 1991 [zitiert: Peuster, Das spanische internationale Privatrecht]

Pieroth, Bodo: Grundgesetzliche Testierfreiheit, sozialhilferechtliches Nachrangprinzip und das so genannte Behindertentestament, NJW 1993, 173

Piske, Peer: Vorweggenommene Erbfolge in Spanien, ZEV 2003, 495

Progl, Michael: Die geplante Erweiterung der Testierfreiheit bei Ausgleichungs- und Anrechnungsbestimmungen nach dem Entwurf des Gesetzes zur Änderung des Erb- und Verjährungsrechtes vom 1. Mai 2007 und ihre Auswirkungen auf die Praxis, ZErb 2008, 10 *ders.:* Der Regierungsentwurf zur Erbrechtsreform vom 30.1.2008 – Testierfreiheitserweiterung bei Anrechnung, Ausgleichung und gemeinsamem Testament, ZErb 2008, 78

Rau, Hans: Zur Reform des spanischen Internationalen und Interregionalen Privatrechts, IPRax 1986, 254

Rauscher, Thomas: Reformfragen des gesetzlichen Erb- und Pflichtteilsrechts, Bd. 1, Grundlagen des Erbrechts, Regensburg 1993 [zitiert: Rauscher, Reformfragen, Bd. 1]

ders.: Reformfragen des gesetzlichen Erb- und Pflichtteilsrechts, Bd. 2, 1. Teilband, II. Reformvorschläge gesetzliches Erbrecht, Regensburg 1993 [zitiert: Rauscher, Reformfragen, Bd. 2, 1. TB]

ders.: Reformfragen des gesetzlichen Erb- und Pflichtteilsrechts, Bd. 2, 2. Teilband, II. Reformvorschläge Pflichtteilsrecht, Regensburg 1993 [zitiert: Rauscher, Reformfragen, Bd. 2, 2. TB]

Reichert-Facilides, Fritz: „Empfiehlt es sich, das gesetzliche Erb- und Pflichtteilsrecht neu zu regeln?“, Rechtsvergleichende Übersicht Anhang I zum Gutachten für den 49. Deutschen Juristentag, in: Ständige Deputation des Deutschen Juristentages (Hrsg.), Verhandlungen des 49. Deutschen Juristentages in Düsseldorf 1972, Bd. I, München 1972 [zitiert: Reichert-Facilides, Anhang I zum Gutachten zum 49. DJT]

Reimann, Wolfgang: Familienerbrecht und Testierfreiheit im deutschen Recht, in: Familienerbrecht und Testierfreiheit im europäischen Vergleich, Beiträge zum europäischen Familienrecht, Bd. 7, Bielefeld 2001 [zitiert: Reimann, in: Familienerbrecht und Testierfreiheit im europäischen Vergleich]

Reinicke, Dietrich: Die Voraussetzungen des Pflichtteilsergänzungsanspruchs, NJW 1973, 597

Reul, Adolf: Erbverzicht, Pflichtteilsverzicht, Zuwendungsverzicht, MittRhNotK 1997, 373

Rudolph, Kornelia: Grundzüge des spanischen Ehe- und Erbrechts unter Berücksichtigung der Vorschriften des Internationalen Privatrechts im Verhältnis der Bundesrepublik Deutschland, MittRhNotK 1990, 93

Sachs, Michael/Battis, Ulrich: Grundgesetz Kommentar, 4. Aufl., München 2007 [zitiert: Sachs/Bearbeiter]

Sánchez-Henke, Rosa Maria: Das Ehegattenerbrecht im spanischen Recht, Diss., Münster 1999 [zitiert: Sánchez-Henke, Das Ehegattenerbrecht im spanischen Recht]

Sarrate i Pou, Joaquim: Formprobleme bei Grundstücksveräußerungen im deutsch-spanischen Rechtsverkehr, Diss., Frankfurt am Main 1998 [zitiert: Sarrate i Pou]

Scherer, Stephan (Hrsg.): Münchener Anwalts Handbuch Erbrecht, 2. Aufl., München 2007 [zitiert: Bearbeiter, in: Münchener Anwaltshandbuch Erbrecht]

Schiemann, Gottfried: Die Renaissance des Erbrechts, ZEV 1995, 197

Schlüter, Wilfried: 50 Jahre Bundesgerichtshof, Festgabe der Wissenschaft, Bd. I – Bürgerliches Recht, München 2000 [zitiert: Schlüter, in: 50 Jahre BGH]

Schöllhorn, Peter: Spanienimmobilien erwerben, besitzen und vererben, 1. Aufl., Freiburg i. Br. 1998 [zitiert: Schöllhorn, Spanienimmobilien]

ders.: Geldanlage und Vermögensverwaltung international, Wiesbaden 1991 [zitiert: Schöllhorn, Geldanlage]

Schömmer, Hans-Peter/ Gebel, Dieter: Internationales Erbrecht Spanien, München 2003

Schröder, Rainer: Abschaffung oder Reform des Erbrechts, Die Begründung einer Entscheidung des BGB-Gesetzgebers im Kontext sozialer, ökonomischer und philosophischer Zeitströmungen, Diss., Ebelsbach 1981 [zitiert: Schröder, Abschaffung oder Reform des Erbrechts]

ders.: Pflichtteilsrecht, DNotZ 2001, 465

Schulze/Dörner/Ebert: Bürgerliches Gesetzbuch, Handkommentar, 5. Aufl., Baden-Baden, 2007 [zitiert: Schulze/Dörner/Ebert/-Bearbeiter]

Selbherr, Benedikt: Immobilien in Spanien im Erbfall, MittBayNot 2002, 165

Smid, Stefan: Rechtliche Schranken der Testierfreiheit aus § 138 I BGB, NJW 1990, 409

Soergel, Hans Theodor (Hrsg.): Bürgerliches Gesetzbuch mit Einführungsgesetzen und Nebengesetzen, Bd. 21, Erbrecht, 13. Aufl., Stuttgart 2007 [zitiert: Soergel/Bearbeiter]

Stach, Simone: Nichtigkeit letztwilliger Verfügungen zugunsten Bediensteter staatlicher Altenpflegeeinrichtungen, NJW 1988, 943

Steffen, Erich: Empfiehlt es sich, das gesetzliche Erb- und Pflichtteilsrecht neu zu regeln?, DRiZ 1972, 263

Steinmetz, Alexander/ Lozano, Fernando: Deutsch-spanisches Ehepaar: erbrechtliche Probleme beim Tod des spanischen Ehepartners, ZErb 2008, 64

Stöcker, Hans A.: Die Neuordnung der gesetzlichen Erbfolge im Spiegel des mutmaßlichen Erblasserwillens, FamRZ 1971, 609

ders.: Das Grundrecht zu erben, WM 1979, 214

Strätz, Hans-Wolfgang: Rechtspolitische Gesichtspunkte des gesetzlichen Erbrechts und Pflichtteilsrechts nach 100 Jahren BGB, FamRZ 1998, 1553

Sudhoff, Heinrich: Unternehmensnachfolge, 5. Aufl., München 2005 [zitiert: Bearbeiter, in: Unternehmensnachfolge]

Süß, Rembert: Nachlasseinheit und gespaltene Rückverweisung: Die Entscheidung des spanischen Tribunal Supremo vom 21. Mai 1999, IPRax 2001, 488

Süß, Rembert./Haas, Ulrich: Erbrecht in Europa, Baden-Baden 2004 [zitiert: Süß/Haas/Bearbeiter]

Tersteegen, Jens: Sozialhilferechtliche Verwertbarkeit von Vermögen bei Anordnung von Verwaltungstestamentsvollstreckung, ZEV 2008, 121

Tiedtke, Klaus: Die Voraussetzungen des Pflichtteilsergänzungsanspruchs, DNotZ 1998, 85

Thoma, Katrin: Maßnahmen zur Reduzierung des Pflichtteilsrisikos, ZEV 2003, 278

Trittel, Manfred: Deutsch-deutsches Erbrecht nach dem Einigungsvertrag, DNotZ 1991, 237

Vyas, Sandra: Der Schutzbereich der Erbrechtsgarantie, ZEV 2002, 1

Wachter, Thomas: Gestaltungsüberlegungen zur steueroptimalen Übertragung von Immobilien in Spanien, ZEV 2003, 137

Wegmann, Bernd: Ehevertragliche Gestaltungen zur Pflichtteilsreduzierung, ZEV 1996, 201

Weiler, Simon: Erbrecht und Verfassung - - Verfassungsrechtliche Fragen im Erbrecht und deren Auswirkung auf die erbrechtliche Beratungspraxis -, MittBayNot 2006, 296

Werkmüller, Maximilian A.: Die Auswirkungen des französischen Pflichtteilsrechts auf die Gestaltung des deutschen Ehegattentestaments bei deutsch-französischem Nachlass, ZEV 1999, 474

Werkmüller, Sandra: Rechtspolitische und rechtsvergleichende Aspekte des geltenden Pflichtteilsrechts, Diss., Frankfurt 2002 [zitiert: Werkmüller, Rechtspolitische und rechtsvergleichende Aspekte des geltenden Pflichtteilsrechts]

Westermann, Harm Peter (Hrsg.): Festschrift für Gerold Bezzenberger zum 70. Geburtstag am 13. März 2000, Berlin 2000 [zitiert: Bearbeiter, FS Bezzenberger]

Windel, Peter A.: Über die Modi der Nachfolge in das Vermögen einer natürlichen Person beim Todesfall, Heidelberg 1998 [zitiert: Windel]

Worm, Heiko: Pflichtteilserschwerungen und Pflichtteilsstrafklauseln, RNotZ 2003, 535

Zimmermann, Reinhard: Die Erbfolge gegen das Testament im Römischen Recht, in: Schriften der Bucerius Law School, Bd. I/7, Reformfragen des Pflichtteilsrechts, Symposium vom 30.11. – 2.12.2006 in Salzau, Köln 2007 [zitiert: Zimmermann, Die Erbfolge gegen das Testament im römischen Recht]

Zimmermann, Walter: Der Verlust der Erbschaft, Enterbung, Pflichtteilsschmälerung, Erb- und Pflichtteilsunwürdigkeit, Berlin 2006 [zitiert: Zimmermann, Der Verlust der Erbschaft]

A. Einleitung

Tragendes Prinzip des deutschen Erbrechts ist die Testierfreiheit als erbrechtliche Ausgestaltung der Privatautonomie[1]. Unter Testierfreiheit versteht man das Recht einer natürlichen Person, die Erbfolge weitgehend nach eigenem freiem Ermessen durch Verfügung von Todes wegen zu regeln[2], insbesondere einen gesetzlichen Erben auf den Pflichtteil zu beschränken und dadurch von seiner gesetzlichen Nachlassbeteiligung auszuschließen[3]. Es besteht demnach keine Pflicht zur vermögensmäßigen Gleichbehandlung[4]. Die Testierfreiheit findet ihre grundgesetzliche Verankerung in Art. 14 Abs. 1 S. 1 GG. Danach werden „das Eigentum und das Erbrecht [...] gewährleistet".

Im Gegenzug zur Testierfreiheit sichert das Pflichtteilsrecht den nächsten Angehörigen des Erblassers eine Mindestteilhabe an dessen Nachlass[5]. Es stellt folglich einen Kompromiss zwischen dem gesetzlichen Familienerbrecht gem. §§ 1924 ff BGB auf der einen Seite und der absoluten Testierfreiheit auf der anderen Seite dar[6]. Somit können die nächsten Angehörigen grundsätzlich nicht gänzlich enterbt werden.

Im Rahmen des Pflichtteilsrechts muss daher bedacht werden, dass der Erblasser die Pflichtteilsberechtigten durch Verfügung von Todes wegen ausdrücklich von der Erbfolge ausgeschlossen oder ihnen nur einen sehr geringen Erbteil hinterlassen hat, sie also aufgrund einer Zerrüttung oder anderer Motive nicht hinreichend an seinem Nachlass teilhaben lassen wollte. Das Gesetz sichert demgemäß den nächsten Angehörigen gegen den ausdrücklichen Willen des Erblassers einen gewissen Teil der Erbmasse.

Das Institut des Pflichtteilsrechts darf nicht verwechselt werden mit dem gesetzlichen Erbrecht gem. §§ 1924 ff BGB. Denn dieses kommt subsidiär nur dann zur Anwendung, wenn der Erblasser kein Testament hinterlassen hat und berücksichtigt die nächsten Angehörigen gemäß dem mutmaßlichen Erblasserwillen.

---

1 Reimann, in: Familienerbrecht und Testierfreiheit im eurpoäischen Vergleich, S. 42; Münchener Kommentar/Leipold, Einleitung, A. II. 3., Rn. 15; Nieder, in: Handbuch der Testamentsgestaltung, 1. Teil, § 2, Rn. 1; Führ, MittBayNot 2006, 461, 462; Bamberger/Roth/J. Mayer, § 2303, Rn. 2.

2 Nieder, in: Handbuch der Testamentsgestaltung, 1. Teil, § 2, Rn. 1; Firsching/Graf/Graf, Teil 1, Rn. 1.56; Münchener Kommentar/Lange, § 2303, Rn. 1; Führ, MittBayNot 2006, 461, 462; Edenfeld, ZEV 2001, 457; Langenfeld, ZEV 2007, 453; Edenfeld, DNotZ 2003, 4, 12; Herzog, FF 2006, 86; Mayer/Süß/Tank/Bittler/ Wälzholz, Handbuch Pflichtteilsrecht, § 1, Rn. 1; näher zur Begriffserklärung bei Ebke, Testierfreiheit und Pflichtteilsrecht, S. 4 ff.

3 BVerfG NJW 2005, 1561, 1562 f.

4 Führ, MittBayNot 2006, 461, 467.

5 Münchener Kommentar/Lange, § 2303, Rn. 1.

6 Kleensang, DNotZ 2005, 509; Münchener Kommentar/Lange, § 2303, Rn. 1; Mayer/Süß/Tank/Bittler/Wälz- holz, Handbuch Pflichtteilsrecht, § 1, Rn. 1; Kuchinke, FPR 2006, 125; Martiny, Gutachten zum 64. DJT A 63.

Das Pflichtteilsrecht ist seit der Schaffung des Bürgerlichen Gesetzbuches immer wieder Stoff hitziger Diskussionen gewesen[7]. Zahlreiche Reformvorschläge wurden in den Raum geworfen. Die deutschen Juristentage haben sich ebenfalls mit einer Reform des Pflichtteilsrechts befasst[8] und auch der Gesetzgeber hat sich bereits des Öfteren mit diesem Thema auseinandergesetzt. Im Jahre 2008 wurde der Gesetzentwurf der Bundesregierung[9] vorgestellt. Am 02. Juli 2009 beschloss der Bundestag die neuen Gesetzestexte in der Form wie sie in der Beschlussempfehlung des Rechtsausschusses zum Gesetzentwurf der Bundesregierung vorgeschlagen wurden. Nachdem der Bundesrat dies am 18. September 2009 absegnete, ist das reformierte Pflichtteilsrecht gem. Art. 3 der Beschlussempfehlung am 01. Januar 2010 in Kraft getreten.

Durch die Gesetzesänderungen sollten insbesondere das Selbstbestimmungsrecht und damit die Testierfreiheit des Erblassers erweitert sowie die Rechte der Erben gegenüber den Pflichtteilsberechtigten gestärkt werden[10].

Auch im spanischen Recht ist der Grundsatz der Testierfreiheit verankert, welcher wiederum von den dort geltenden Pflichtteilsregelungen eingeschränkt wird.
Bevor im Verlauf der Arbeit näher auf die spanischen Regelungen eingegangen werden kann, ist hierzu eine kurze Vorbemerkung notwendig.

Spanien ist ein Mehrrechtsstaat mit insgesamt siebzehn autonomen Regionen[11], den comunidades autónomas. Die Strukturierung in autonome Gemeinschaften ist in Artikel 2 der spanischen Verfassung aus dem Jahre 1978 geregelt. Sie besagt unter anderem, dass die einzelnen Regionen in Gesetzgebung und ausführender Gewalt auch unabhängig vom Zentralstaat entscheiden können.

Daher haben nicht alle Regionen ein einheitliches Zivilrecht, vielmehr unterscheidet sich das Zivil- und damit auch das Erbrecht der Regionen Aragon, Katalonien, Galizien, den balearischen Inseln, Navarra und dem Baskenland grundlegend von dem sonst in Spanien geltenden zentralstaatlichen Zivilrecht[12]. Hier gilt

---

7 Um nur einige zu nennen: Lipp, NJW 2002, 2201, 2205; Kick, in: Jahrbuch Junger Zivilrechtswissenschaftler, S. 172; Dauner-Lieb, DNotZ 2001, 460 ff.; Leisner, NJW 2001, 126 f.; Schlüter, in: 50 Jahre BGH, S. 1063 ff.; Otte, AcP 202 (2002), 317, 355 ff.

8 Bereits im Jahre 1878, noch vor Inkrafttreten des BGB, wurde auf dem 14. DJT die Legitimität des Pflichtteilsrechts bestritten. Zuletzt befasste sich der 64. DJT mit dem Pflichtteilsrecht. Martiny hat in seinem Gutachten zum 64. DJT die dort erörterten Reformvorschläge zusammengefasst und gewürdigt, siehe Martiny, Gutachten zum 64. DJT A 61 ff. Auch für den 68. DJT im Jahre 2010 in Berlin ist erneut das Thema vorgesehen, ob unser Erbrecht noch zeitgemäß ist, was die Aktualität und Brisanz dieses Themenbereichs erneut unterstreicht.

9 Dieser ist im Internet abrufbar unter: www.bmj.bund.de unter der Rubrik Themen – Zivilrecht – Erbrecht.

10 Vgl. Gesetzentwurf der Bundesregierung, BT-Drucksache 96/08, S. 2.

11 Eine Karte mit den einzelnen spanischen Regionen und näheren Informationen hierzu findet sich unter: http://www.spain.info/TourSpain/Destinos/mapas/sus+Comunidades+Autonomas/?language=DE.

12 Arroyo i Amayuelas, Pflichtteilsrecht in Spanien, S. 258; Ferid/Firsching/Dörner/Hausmann/Hierneis, Internationales Erbrecht, Spanien, Rn. 1 m. w. N.

jeweils ein eigenes, als Foralrecht (derecho foral) oder besonderes Recht (derecho especial), bezeichnetes Zivilrecht[13], welches lediglich subsidiär durch den Código Civil ergänzt wird, Art. 13 Abs. 2 CC.

Folglich gilt lediglich in den übrigen elf Regionen[14] der Código Civil aus dem Jahre 1889. Da die Vielgestaltigkeit des spanischen Pflichtteilsrechts Ziel und Umfang dieser Arbeit überschreiten würde, beziehen sich die Ausführungen allein auf die zentralstaatlichen Regelungen, mithin auf die des Código Civil.

Ziel dieser Arbeit ist es, anhand eines Vergleichs zwischen den wichtigsten Einschränkungen der Testierfreiheit, mit Schwerpunkt auf dem Pflichtteilsrecht des Bürgerlichen Gesetzbuchs und dem Noterbrecht des spanischen Código Civil, herauszuarbeiten, inwieweit eine solche Betrachtung neue Impulse für die in Deutschland auch nach der Gesetzesänderung immer noch aktuellen Reformdiskussionen bieten kann.

Ein besonderer Schwerpunkt soll im Rahmen der Pflichtteilsrechtsproblematik auf Immobilienerbschaften gelegt werden. Immer mehr Deutsche haben Ferienimmobilien in Spanien und stehen häufig vor dem Problem, inwiefern der Auslandsbezug hier eine Rolle spielt, ob spanisches Recht zu beachten ist und in welchem Maße bei der Nachlassplanung auf Pflichtteilsansprüche Rücksicht genommen werden muss.

Zunächst sollen anhand einer Gegenüberstellung beider Pflichtteilsregelungen die Unterschiede zwischen spanischem und deutschem Recht herausgearbeitet und kritisch gegenübergestellt sowie bewertet werden. Im Anschluss daran wird auf die sonstigen relevantesten Einschränkungen der Testierfreiheit vergleichend eingegangen und beurteilt, ob die Einschränkungen, die die Testierfreiheit im deutschen Recht erfährt, mit der grundgesetzlichen Garantie aus Art. 14 Abs. 1 GG zu vereinbaren sind.

Um das Augenmerk auf Immobilienerbschaften im spanischen Ausland richten zu können, wird in einem weiteren Punkt geklärt werden, welches Recht Anwendung findet und inwieweit die jeweiligen Vorschriften des internationalen Privatrechts auf spanisches oder deutsches Recht verweisen. Im Anschluss wird auf die Problematik der Auslandsimmobilien und den damit verbundenen Schwierigkeiten eingegangen. Insbesondere werden die Möglichkeiten des Erblassers erläutert, wie er die Pflichtteilsansprüche der unterschiedlichen Berechtigten möglichst niedrig halten kann und welche Gestaltungsmöglichkeiten es gibt, um die Steuerbelastung für die Erben so gering wie möglich zu halten.

Schließlich wird aufgrund der im Rahmen des Rechtsvergleichs gewonnenen Ergebnisse die in Deutschland herrschende Reformdiskussion um das Pflichtteilsrecht begutachtet und untersucht, inwieweit die Reform des Pflichtteilsrechts die

---

13 Ferid/Firsching/Dörner/Hausmann/Hierneis, Internationales Erbrecht, Spanien, Rn. 1.

14 Diese sind: Andalucía (Andalusien), Cantabria (Kantabrien), Castilla-La Mancha (Kastilien-La Mancha), Castilla y León (Kastilien und León), Comunidad de Madrid (Madrid), Comunidad Valenciana (Valencia), Extremadura (Estremadura), Islas canarias (Kanarische Inseln), La Rioja, Principado de Asturias (Asturien), Región de Murcia (Murcia).

Kritikpunkte umgesetzt hat, wo nach wie vor Änderungsbedarf besteht und wie in diesem Zusammenhang sinnvolle spanische Normen in die deutschen Regelungen eingegliedert werden könnten. Abschließend wird zu denjenigen Normen, die auch nach der Reform noch einer Änderung bedürfen, ein eigener Formulierungsvorschlag gemacht, der sowohl die Überlegungen auf Grundlage des Vergleiches mit dem Código Civil als auch andere, den Gegebenheiten der heutigen Zeit eher entsprechenden Vorschläge aufgreift.

B. Historischer Ursprung von Testierfreiheit und Pflichtteilsrecht sowie gesellschaftliche Entwicklung

Als Grundlage für die nachfolgende Auseinandersetzung soll zunächst kurz der historische Ursprung des deutschen Pflichtteilsrechts sowie der zur Zeit der Schaffung desselben verfolgte Sinn und Zweck der Normen dargestellt werden. Im Anschluss wird auf die Entwicklung der gesellschaftlichen Rahmenbedingungen eingegangen werden, die vielfach Anlass für die zahlreichen Reformdiskussionen waren und auch immer noch sind.

I. Historischer Ursprung

1. Entwicklung vor Schaffung des Bürgerlichen Gesetzbuches

Erst mit Anerkennung des Privateigentums im römischen Recht stellte sich die Frage der Vermögenszuordnung nach dem Tod des Vermögensinhabers[15]. Zunächst war es dem Erblasser gar nicht möglich, frei über sein Vermögen zu disponieren und dieses auch an Personen außerhalb der eigenen Familie weiterzugeben, denn diese trat stets die Vermögensnachfolge an[16]. Die Einführung der Testierfreiheit folgte erst später. Ursache hierfür war, dass immer mehr Erblasser die strenge Familienerbfolge umgingen und ihr Vermögen bereits zu Lebzeiten anderweitig verteilten. Dies erfolgte beispielsweise dergestalt, dass das Vermögen auf einen Treuhänder übertragen wurde, welcher nach dem Tod des Erblassers dessen Vermögen gemäß den hierzu erteilten Anweisungen verteilte[17].

Als Folge dieser Entwicklung wurde zunächst im römischen, dann auch im deutschen Recht die Testierfreiheit anerkannt, welche dem Erblasser eine vollkommen freie und ungebundene Verfügung über sein gesamtes Vermögen erlaubte[18]. Jedoch sollte die Anerkennung der Testierfreiheit nicht dazu führen, dass die traditionelle Familienerbfolge völlig auf der Strecke bleibt. Daher wurde verlangt, dass der Erblasser seine Aszendenten und Deszendenten[19] ausdrücklich im Testament enterbte[20]. Diese Reglung sollte an das Gewissen des Erblassers appellieren und diesem vor Augen führen, dass er mit der Enterbung seiner nächsten Verwandten etwas vom Gesetz nicht vorgesehenes tut[21].

15 Martiny, Gutachten zum 64. DJT, A 65; Schlüter, in: 50 Jahre BGH, S. 1048.

16 Zimmermann, Die Erbfolge gegen das Testament im Römischen Recht, S. 99; Schlüter, in: 50 Jahre BGH, S. 1048; BVerfG NJW 2005, 1561, 1563; Lange/Kuchinke, § 1 IV 1, 2.

17 Schlüter, in: 50 Jahre BGH, S. 1048; Lange/Kuchinke, § 1 IV 3.

18 Schlüter, in: 50 Jahre BGH, S. 1048.

19 Birnbaum, S. 11.

20 Kaser/Knütel, § 170, S. 703; Zimmermann, Die Erbfolge gegen das Testament im Römischen Recht, S. 100 f.

21 Zimmermann, Die Erbfolge gegen das Testament im Römischen Recht, S. 104.

Wurden die Söhne des Erblassers im Testament nicht *ausdrücklich* enterbt, wurde das Testament als ungültig betrachtet[22]. Hat der Erblasser hingegen seine Töchter und Enkel nicht namentlich im Testament erwähnt, so war dieses zwar nicht nichtig, jedoch traten sie zu den anderen Testamentserben hinzu[23]. Da der Erblasser, sofern er die Formvorschriften einhielt, ohne Probleme seine nächsten Angehörigen enterben konnte, entstand nun das Bedürfnis neben der Testierfreiheit ein Pflichtteilsrecht naher Familienangehöriger einzuführen.

In der Folge wurde ein Pflichtteilsrecht entwickelt, welches den Spagat zwischen den kollidierenden Interessen – Testierfreiheit des Erblassers auf der einen, Familiengebundenheit des Vermögens auf der anderen Seite – zu lösen vermochte. Zwar konnte der Erblasser nach wie vor frei über sein Vermögen verfügen, jedoch verblieb für die Familie immer ein Ausgleichsanspruch in Geld gegen die Erben[24]. Dieser betrug die Hälfte des gesetzlichen Erbteils (§ 2303 Abs. 1 S. 2 BGB) und ist bis heute gleich geblieben.

Nicht oder in zu geringer Höhe bedachte Angehörige, die ohne das Testament zur Erbfolge berufen gewesen wären, konnten dieses im römischen Recht als pflichtwidrig anfechten[25]. Das zuständige Centumviralgericht[26] entschied dann nach freiem Ermessen, ob das Testament aufgrund fingierter Geisteskrankheit des Testators zur Zeit der Testamentserrichtung[27] aufzuheben war[28].

Der heutige Pflichtteilsergänzungsanspruch findet seinen Ursprung ebenfalls im römischen Recht. Kaiser Alexander Severus führte die „querela inofficiosa dotis" ein, welche es dem Pflichtteilsberechtigten ermöglichte, auf das bereits zu Lebzeiten des Erblassers verfügte Vermögen zuzugreifen[29].

2. Einzug des Pflichtteilsrechts ins Bürgerliche Gesetzbuch

Während der Vorberatungen zum Bürgerlichen Gesetzbuch wurde bereits deutlich, dass der Testierfreiheit große Bedeutung zugemessen wurde. So stellte der für den Bereich des Erbrechts zuständige Redaktor der 1. Kommission *Gottfried v. Schmitt* folgende These auf:

---

22 Kaser/Knütel, § 170, S. 705; Zimmermann, Die Erbfolge gegen das Testament im Römischen Recht, S. 101.

23 Brüggentisch, S. 11; Zimmermann, Die Erbfolge gegen das Testament im Römischen Recht, S. 101.

24 Schlüter, in: 50 Jahre BGH, S. 1048; Lange/Kuchinke, § 1 IV 6, § 37 I 1.

25 Zimmermann, Die Erbfolge gegen das Testament im Römischen Recht, S. 105.

26 Das Centumviralgericht (Hundertmännergericht) war ein in der römischen Republik für Erbschaftsprozesse zuständiges Gericht. Das Kollegium der Hundertmänner wurde in mehrere Abteilungen gegliedert und bestand aus anfänglich 105 und später dann 180 Mitgliedern, vgl.: Beneke, S. 6.

27 Beneke, S. 6; Haas, ZEV 2000, 249, 250.

28 Martiny, Gutachten zum 64. DJT, A 65; Henrich, Testierfreiheit vs. Pflichtteilsrecht, S. 5.

29 Beneke, S. 7.

„Der Vorschlag stellt die Befugnis des Erblassers, auf den Todesfall über sein Vermögen frei zu verfügen (Testierfreiheit), als eine durch Ausnahmen [...] beschränkte Regel hin.[30]"

Aus dieser Aussage, aber auch aus dem weiteren Fortgang der Beratungen[31], wird ersichtlich, dass von der Zulassung der Privaterbfolge sowie der Testierfreiheit fast selbstverständlich ausgegangen wurde. Lediglich die nähere Ausgestaltung bedurfte noch ausführlicherer Diskussionen.

Diese Überzeugung setzte sich auch in der 2. Kommission fort. Die Testierfreiheit erhielt den Vorrang vor der gesetzlichen Erbfolge[32] und fand schließlich Einzug in das Bürgerliche Gesetzbuch, das am 01.01.1900 in Kraft trat.

II. Gesellschaftliche Entwicklung seit dem Inkrafttreten des Bürgerlichen Gesetzbuches

Seit dem Inkrafttreten des Bürgerlichen Gesetzbuches am 01.01.1900 ist das Pflichtteilsrecht insgesamt im Wesentlichen mehr als einhundert Jahre unverändert geblieben[33]. Erst die am 01. Januar 2010 in Kraft getretene Erbrechtsreform brachte auch einige Änderungen im Rahmen des Pflichtteilsrechts mit sich.

Ausgangspunkt für die Reformüberlegungen, die zum Teil auch Grundlage der Gesetzesänderungen waren, ist zunächst die Untersuchung welchen Sinn und Zweck das Pflichtteilsrecht zur Zeit der Schaffung des Bürgerlichen Gesetzbuches erfüllen sollte und inwiefern heute eine veränderte Situation vorliegt, welcher die damaligen Ansatzpunkte nicht mehr gerecht werden.

1. Sinn und Zweck des Pflichtteilsrechts

Zunächst hatte das Pflichtteilsrecht zum Ziel der Existenzsicherung naher Angehöriger zu dienen, sog. Versorgungs-, Ausstattungs- oder Alimentationscharakter[34]. Die Kinder sollten durch das Pflichtteilsrecht die Möglichkeit bekommen, sich eine eigene Existenz aufzubauen, ihre Ausbildung sowie den Berufseintritt zu finanzieren[35].

---

30 Vgl. Schröder, Abschaffung oder Reform des Erbrechts, S. 18.

31 Eine ausführliche Darstellung findet sich bei Schröder, Abschaffung oder Reform des Erbrechts, S. 17 ff.

32 Schröder, Abschaffung oder Reform des Erbrechts, S. 24; Kleensang, ZEV 2005, 277 f.

33 Martiny, Gutachten zum 64. DJT, A 65.

34 Bamberger/Roth/J. Mayer, § 2303, Rn. 2.

35 Kick, in: Jahrbuch Junger Zivilrechtswissenschaftler, S. 174; Werkmüller, Rechtspolitische und rechtsvergleichende Aspekte des geltenden Pflichtteilsrechts, S. 66 f.; Münchener Kommentar/Lange, § 2303, Rn. 5.

Außerdem hatte man die Bestrebung zu verhindern, dass sich große Vermögensmassen bei Einzelnen konzentrieren, was durch eine Verteilung des Vermögens zwischen den nächsten Verwandten realisiert werden sollte[36].

Da den Erblasser, anders als zu Lebzeiten, keine Verantwortung für sein Handeln trifft, stellte eine Freiheitsbegrenzung durch das Pflichtteilsrecht eine Einschränkung der Testierfreiheit dar[37]. Denn diesen treffe jedenfalls eine moralische Verpflichtung die nächsten Angehörigen nicht gänzlich zu übergehen[38].

Schließlich spielte auch die Familiengebundenheit des Vermögens eine Rolle. Zum einen habe der Pflichtteilsberechtigte selbst einen Anteil an dem vom Erblasser erwirtschafteten Vermögen zum anderen stelle die Familie eine Solidargemeinschaft dar, die sich gegenseitig zu Verantwortung verpflichtet ist[39]. Außerdem sollte der Erblasser einen Teil desjenigen an die nächste Generation weitergeben, was er selbst von der vorangegangenen erhalten hat[40].

Ein weiterer Grund für das Pflichtteilsrecht, welcher zur Zeit der Schaffung des Bürgerlichen Gesetzbuches angeführt wurde, ist der, dass der Erblasser sich durch Heirat und Kinderzeugung selbst binde[41].

Es zeigt sich, dass das Pflichtteilsrecht eine Vielzahl von Funktionen zu erfüllen hatte. Fraglich ist aber, ob dies auch noch in der heutigen Zeit gilt oder ob die Gesellschaft sich derart gewandelt hat, dass diese Funktionen an Bedeutung verloren haben.

2. Gesellschaftliche Entwicklung

Betrachtet man die gesellschaftlichen und sozialen Bedingungen zur Zeit der Schaffung des Bürgerlichen Gesetzbuches im ausgehenden 19. Jahrhundert, so findet man eine überwiegend landwirtschaftlich geprägte Wirtschaft vor. Auch wenn sich ein langsamer Wandel hin zur Industriegesellschaft andeutete, so war das vorherrschende Familienbild das der bäuerlichen Großfamilie[42]. Durch das Pflichtteilsrecht sollte also das Fortbestehen der Lebensgrundlage der Familie (Versorgungsfunktion) gewährleistet werden.

Hinzu kam, dass meist jedes Familienmitglied im (landwirtschaftlichen) Betrieb mitarbeitete und dort seine Ausbildungs- und Arbeitsstätte fand. Wäre dieser

---

36 Vgl. Kick, in: Jahrbuch Junger Zivilrechtswissenschaftler, S. 174.

37 Vgl. Otte, ZEV 1994, 193, 197.

38 So formulierte Leipold im Münchener Kommentar von 1989, Einl. zum Fünften Buch, Rn. 13: „Wer dem Erblasser in Ehe und Familie (im Guten wie im Bösen) eng verbunden war, der hat auch ein Recht darauf, bei der Verteilung des Vermögens im Todesfall nicht völlig leer auszugehen.“.

39 Papantoniou, AcP 173 (1973), 385, 396 f.; Coing, Gutachten zum 49. DJT, A 22 f.

40 Otte, ZEV 1994, 193, 197.

41 Kleensang, DNotZ 2005, 509, 510 f.; Huber, Das Pflichtteilsrecht, S. 52 f.; Stöcker, FamRZ 1971, 609, 617.

42 Schlüter, in: 50 Jahre BGH, S. 1049; Leipold, AcP 180 (1980), 160, 173; Coing, Gutachten zum 49. DJT, A 49.

Betrieb also nach dem Tod des Familienoberhauptes an Dritte gefallen, hätten die hinterbliebenen Familienmitglieder nicht nur das Familienvermögen als solches verloren, sondern dazu auch noch den Ausbildungs- oder Arbeitsplatz[43] (Existenzsicherung).

In den heutigen Familienstrukturen findet sich das Bild von damals nicht mehr wieder[44]. Die gesellschaftliche Realität sieht anders aus, die bäuerliche Großfamilie gibt es nur noch selten. Während im Jahre 1900 die durchschnittliche Kinderzahl bei 4,6 Kindern pro Frau lag, ist diese Zahl drastisch gesunken. Heute bekommt eine Frau im Durchschnitt nur noch etwa 1,3 Kinder[45].

Das heutige Gesellschaftsbild wird geprägt durch die Kleinfamilie[46]. Meist findet mit dem Erwachsenwerden der Kinder eine Abnabelung vom elterlichen Zuhause statt. Die Ausbildung sowie der Arbeitsplatz hängen in seltenen Fällen vom familieneigenen Betrieb ab, vielmehr schaffen sich die Abkömmlinge eine eigene, von den Eltern unabhängige, Existenzgrundlage[47].

Weiterhin haben neben der Ehe auch andere Lebensmodelle zunehmend an Bedeutung gewonnen. Der Anteil nichtehelicher oder gleichgeschlechtlicher Partnerschaften steigt stetig an[48]. Auch das Zusammenleben mit Kindern stellt sich heute anders dar als noch zur Zeit der Schaffung des Bürgerlichen Gesetzbuches. Zwar überwiegt nach wie vor die traditionelle Familie, aber die Entwicklung zeigt, dass Alleinerziehende und Lebensgemeinschaften mit Kindern einen stetig wachsenden Anteil ausmachen[49].

Ebenfalls steigend ist die Zahl der Familien, in denen nicht nur gemeinsame Kinder, sondern auch Kinder aus verschiedenen Beziehungen der Eltern in einer Familie aufwachsen. Häufig haben diese Kinder eine engere soziale Beziehung zu dem neuen Elternteil, während die Bindung zu dem anderen, nicht in der neuen Familie lebenden Elternteil sich lockert[50].

Hinzu kommt aber auch, dass durch die Schaffung sozialer Sicherungssysteme niemand mehr finanziell von einer Erbschaft abhängig ist, selbst wenn er nicht in der Lage ist, seinen Lebensunterhalt selbst zu bestreiten[51].

Waren noch vor gut hundert Jahren die eigene Arbeitskraft und das eigene Vermögen die Lebensgrundlage, sodass die Familie zur Sicherung ihrer wirtschaftlichen Existenz von dem Pflichtteil abhängig war, ist dieser unterhaltsrechtliche Charakter des Pflichtteilsrechts heute nicht mehr in dieser Ausprägung zu

---

43 Dazu auch: Schröder, DNotZ 2001, 465, 468; Schlüter, in: 50 Jahre BGH, S. 1049; Leipold, AcP 180 (1980), 160, 174 f.

44 So auch: Reimann, in: Familienerbrecht und Testierfreiheit im eurpoäischen Vergleich, S. 34 ff.

45 Odersky, MittBayNot 2008, 2, 4.

46 Reichert-Facilides, Anhang I zum Gutachten zum 49. DJT, A 63.

47 In diesem Sinne auch: Reimann, in: Familienerbrecht und Testierfreiheit im eurpoäischen Vergleich, S. 36 f.

48 Vgl. Begründung zu BT-Drucksache 96/08 S. 11.

49 Vgl. Begründung zu BT-Drucksache 96/08 S. 11.

50 Vgl. Begründung zu BT-Drucksache 96/08 S. 11.

51 Schlüter, in: 50 Jahre BGH, S. 1049.

finden. Heute wird der Pflichtteil nur noch selten zur Unterhaltssicherung benötigt, sondern wurde im Laufe der Zeit durch eine bloße Vermögensmehrung abgelöst[52].

Auch eine zu große Vermögenskonzentration ist in unserer Zeit nicht mehr zu befürchten. Große Vermögensmassen sind meist nicht mehr in privater Hand, sondern in der von großen Konzernen und dem Erbrecht daher gar nicht zugänglich[53].

Dass der Erblasser eine moralische Verpflichtung habe seine nächsten Angehörigen an seinem Nachlass zu beteiligen stellt meines Erachtens ohnehin ein fragwürdiges Argument dar. Denn dies kann nur dann gelten, wenn die familiären Beziehungen noch in Takt sind. Ist der Erblasser aber mit einem Pflichtteilsberechtigten zerrüttet, so wird dieser nicht aus moralischen Gründen erwarten dürfen, einen Anteil am Nachlass zu erhalten.

Dies mag sich aus Sicht der Familiengebundenheit des Vermögens anders darstellen, aber moralische Aspekte überzeugten weder früher noch heute.

Die Bindung des Vermögens an die Familie unterliegt meines Erachtens eher objektiven Maßstäben. Denn die Familie endet nicht dort, wo die emotionalen Bindungen aufhören. Auch eine völlig zerrüttete Beziehung zwischen Eltern und Kindern kann die Familienbande nicht beseitigen. Freilich anders ist dies im Rahmen einer Ehe, die durch Scheidung beendet werden kann und so auch keine Pflichtteilsansprüche mehr auslöst. Das BVerfG hat sich in seiner Entscheidung vom 19. April 2005[54] zum Pflichtteilsrecht ausdrücklich auf die Familiensolidarität als Rechtfertigung für die Pflichtteilsansprüche der Abkömmlinge bezogen[55]. Diese bestehe in grundsätzlich unauflösbarer Weise zwischen dem Erblasser und seinen Kindern. Art. 6 Abs. 1 GG schütze dieses Verhältnis als lebenslange Gemeinschaft, innerhalb derer sowohl Eltern als auch Kinder sich gegenseitig zu Verantwortung verpflichtet seien[56]. Somit stellt die Familiensolidarität auch heute noch eine Rechtfertigung für das Pflichtteilsrecht dar.

Dass der Erblasser sich durch Heirat und durch Zeugen von Kindern selbst gebunden hat und daher der Verpflichtung unterliegen soll Pflichtteile zu hinterlassen, überzeugt hingegen nicht. Denn die Selbstbindung gilt nur soweit bei dem Ehegatten und den Kindern noch Bedürftigkeit besteht. Diese Verantwortung kann aber nicht pauschal über den Tod hinaus angenommen werden. Nur wenn zum Zeitpunkt des Todes noch bedürftige Abkömmlinge oder ein bedürftiger Ehegatte existieren, kann dieses Argument das Pflichtteilsrecht rechtfertigen.

Anhand des aufgezeigten gesellschaftlichen Wandels stellte sich seit geraumer Zeit die Frage, ob und insbesondere inwiefern das bis zum 31. Dezember 2009 geltende Pflichtteilsrecht als gravierendste Beschränkung der Testierfreiheit

52 Schlüter, in: 50 Jahre BGH, S. 1050, Coing, Gutachten zum 49. DJT, A 15; Reinicke, NJW 1973, 597 ff.; Staudinger/Haas, Einl. zu §§ 2303 ff., Rn. 18 ff.; Buchholz, FamRZ 1985, 872, 881.

53 Vgl. auch Kick, in: Jahrbuch Junger Zivilrechtswissenschaftler, S. 174.

54 BVerfG NJW 2005, 1561 ff.

55 BVerfG NJW 2005, 1561, 1564.

56 BVerfG NJW 2005, 1561, 1564.

reformiert werden soll. Hierzu hatten sich zahlreiche Stimmen geäußert und es lag eine Vielzahl von Reformvorschlägen vor[57]. Der Gesetzgeber hat einige dieser Vorschläge aufgegriffen und in die Gesetzesänderungen einfließen lassen. Es stellt sich nun, kurz nach der Pflichtteilsrechtsreform die Frage, inwieweit die Änderungen geglückt sind und wo nach wie vor Regelungsbedarf besteht.

Um diese Fragen beantworten zu können, ist zunächst eine Auseinandersetzung mit dem Pflichtteilsrecht – und all seinen Stärken und Schwächen – durchzuführen.

Dies soll anhand eines Vergleichs mit dem spanischen Pflichtteilsrecht erfolgen. Durch die Gegenüberstellung sollen die Unterschiede beider Rechtsordnungen deutlicher hervortreten und die Reformdiskussion aus einem anderen Blickwinkel betrachtet werden.

Es ist in diesem Zusammenhang zu untersuchen inwieweit der Vergleich neue Ansatzpunkte und Lösungsmöglichkeiten für die hiesige Diskussion bietet.

57 Um nur einige zu nennen: Martiny, Gutachten zum 64. DJT, A 66; Kick, in: Jahrbuch Junger Zivilrechtswissenschaftler, S. 173; Schiemann, ZEV 1995, 197 ff.

C. Das Pflichtteilsrecht

I. Das Noterbrecht in Spanien nach dem Código Civil

„Noterbteil ist derjenige Teil des Vermögens, über welchen der Testator deswegen nicht verfügen kann, weil ihn das Gesetz bestimmten Erben vorbehalten hat, die deswegen zwingende Erben heißen[58]", Art. 806 CC.

Der Erblasser kann dementsprechend nur dann frei über seine gesamten Hinterlassenschaften verfügen, wenn keine Noterben vorhanden sind, Art. 763, 806 CC.

Der Noterbteil, die sog. legítima, ist nicht disponibel. Gem. Art. 813 Abs. 2 CC kann diesem auch keine Belastung, Bedingung oder Ersatzerbschaft jeglicher Art auferlegt werden, abgesehen vom gesetzlich vorgesehenen Nießbrauch des Ehegatten.

Das spanische Pflichtteilsrecht ist als echtes Noterbrecht ausgestaltet und stellt somit eine Verfügungsbeschränkung für den Erblasser dar, nicht bloß einen schuldrechtlichen Anspruch. Der Noterbe hat die Stellung eines gesetzlichen Erben, d. h. er hat nicht nur ein Forderungsrecht, sondern ist tatsächlich an den Gütern des Nachlasses beteiligt[59].

1. Noterbberechtigte

Die Noterben, bzw. herederos forzosos, also „Zwangserben"[60], sind in Art. 807 CC aufgezählt. So sind dies die Kinder und deren Abkömmlinge. Falls der Erblasser kinderlos verstirbt, die Eltern und entferntere Aszendenten sowie der überlebende Ehegatte unabhängig davon, ob auch Kinder vorhanden sind.

Obwohl das Gesetz den Pflichtteilsberechtigten als „Zwangserben" bezeichnet, muss dieser nach hM[61] nicht zwangsläufig auch tatsächlich Erbe sein. Vielmehr gehe aus Art. 815 CC hervor, dass der Pflichtteil „unter irgendeinem beliebigen Titel" zugewendet werden kann. Daher könne der Erblasser seine Pflicht nicht nur durch Erbeinsetzung, sondern auch auf andere Weise, wie z. B. Rechtsgeschäfte unter Lebenden wie Schenkungen, die auf den Pflichtteil anzurechnen sind oder auch durch ein Vermächtnis, erfüllen.

---

58 Übersetzung aus: Ferid/Firsching/Dörner/Hausmann, Internationales Erbrecht, Spanien, Texte A I S. 54.

59 Kroiß, Internationales Erbrecht, S. 290; Arroyo i Amayuelas, Pflichtteilsrecht in Spanien, S. 260; Selbherr, MittBayNot 2002, 165, 167; Brambring/Rierig, K. XVII.9; Mauch, BWNotZ 2001, 25, 40; Kuhn, BWNotZ 2006, 139, 145; Schömmer/Gebel, Rn. 358; Süß/Haas/Löber/Huzel, Rn. 71.

60 Adomeit: Einführung in das spanische Recht, S. 65.

61 Siehe hierzu Casals/Feliu, Testierfreiheit im innerspanischen Vergleich, S. 307 m. w. N.

a. Die Abkömmlinge

Der praktisch wohl häufigste Fall betrifft das Noterbrecht der Abkömmlinge. Ein zentraler Begriff der Verwandtschaft[62] ist dem spanischen Familienrecht nicht zu entnehmen. Vielmehr muss hierfür auf das Erbrecht (Art. 915 ff CC) zurückgegriffen werden.

Danach sind Abkömmlinge die mit dem Erblasser in gerader, absteigender Linie Verwandten, Art. 916 Abs. 2 i. V. m.. 917 Abs. 1 und 2 CC[63]. Unter den Begriff der Abkömmlinge fallen auch die Enkel, Urenkel und entferntere.

Jedoch schließt bei der Erbfolge, vorbehaltlich der Repräsentation, der gradnähere Verwandte den Entfernteren aus, das bedeutet also, dass die Enkel nicht pflichtteilsberechtigt sind, solange der Elternteil, welcher vom Erblasser abstammt, noch lebt und den Pflichtteil verlangen kann, Art. 921 Abs. 1, 924, 925 Abs. 1 CC.

Gem. Art. 929 CC ist die Repräsentation einer noch lebenden Person jedoch ausnahmsweise dann möglich, wenn diese nach den Art. 848 ff CC enterbt wurde oder gem. Art. 744 ff CC erbunfähig[64] ist.

b. Die Eltern und entferntere Aszendenten

Die Eltern[65] haben nur dann eine Noterbenstellung, wenn der Erblasser keine Abkömmlinge hinterlässt[66]. Das bedeutet nicht, dass niemals Abkömmlinge existiert haben dürfen, sondern lediglich, dass diese entweder nicht mehr leben, die Erbschaft nicht angenommen haben oder für erbunwürdig erklärt wurden.

c. Der überlebende Ehepartner

Der überlebende Ehepartner erhält in jedem Fall ein Noterbrecht, unabhängig davon, ob Abkömmlinge oder Eltern bzw. entferntere Aszendenten vorhanden sind.

---

62 Wie der § 1589 BGB im deutschen Recht.

63 Art. 916 Abs. 2 CC: „Gerade Linie heißt die Gradabfolge zwischen Personen, welche voneinander abstammen."; Art. 917 Abs 1 CC: „Man unterscheidet bei der geraden Linie zwischen absteigender und aufsteigender."; Art. 917 Abs. 2 CC: „Die erste verbindet das Familienoberhaupt mit denjenigen, welche von ihm abstammen."; Übersetzung entnommen aus Ferid/Firsching/Dörner/Hausmann, Internationales Erbrecht, Spanien Texte A I, S. 75.

64 Erbunfähig sind gem. Art. 745 CC z. B. Fehlgeburten oder die gesetzlich nicht erlaubten Vereinigungen oder Körperschaften.

65 Zwar ist im Gesetz auch die Stellung von weiteren Aszendenten, also Großeltern, Urgroßeltern etc., geregelt, wegen der geringen praktischen Relevanz soll vorliegend jedoch nur auf die Eltern eingegangen werden.

66 So sind die Eltern gem. Art. 807 Nr. 2 CC nur „bei Fehlen der Vorherigen", also der Kinder und Abkömmlinge, noterbberechtigt.

Jedoch ist das Noterbrecht des Ehegatten daran geknüpft, dass eine rechtsgültige Ehe besteht und die Eheleute vor dem Tod des Erblassers nicht getrennt gelebt haben, Art. 834 CC.

2. Noterbquote

„Der Nachlass umfasst alle Güter, Rechte und Verpflichtungen einer Person, welche nicht durch deren Tod untergehen[67]", Art. 659 CC. Daraus ergibt sich, dass Vermögensgegenstände, Rechte und Verbindlichkeiten, welche durch Tod erlöschen, gerade nicht vererblich sind und daher auch nicht unter Art. 659 CC fallen[68].

Für die genaue Bestimmung des Nachlasswertes ist beim verheirateten Erblasser der Güterstand maßgeblich, in dem er zum Zeitpunkt seines Todes lebte. Dieser hat zwar keinen Einfluss auf die Noterbquoten der einzelnen Berechtigten[69], die Höhe des tatsächlichen Nachlasswertes ist aber erst nach der Vermögensauseinandersetzung der Ehegatten bestimmbar, woraus sich dann die Noterbteile errechnen.

a. Eheliche Güterstände

Im Código Civil sind drei Güterstände aufgeführt, wobei die Eheleute nicht auf diese beschränkt sind[70], Art. 1315, 1316 CC.

Wenn kein wirksamer Ehevertrag geschlossen wurde, gilt der gesetzliche Güterstand. Man spricht hier vom Güterstand der Errungenschaftsgemeinschaft, der sog. sociedad de gananciales, Art. 1344 ff CC.

Die im Código Civil geregelten vertraglichen Güterstände sind der Güterstand der Teilhabe, sog. régimen de participación, Art. 1411 ff CC, sowie der Güterstand der Gütertrennung, sog. régimen de separación de bienes, Art. 1435 ff CC. Vereinbarungen über den Güterstand können jederzeit, also nicht nur vor der Eheschließung, sondern auch während der Ehe, getroffen werden, Art. 1317, 1326 CC.

---

67 Übersetzung aus: Ferid/Firsching/Dörner/Hausmann, Internationales Erbrecht, Spanien Texte A I, S. 27.

68 Siehe ausführlicher zum Gegenstand der Erbfolge: Ferid/Firsching/Dörner/Hausmann, Internationales Erbrecht, Spanien Grdz. D, S. 17.

69 Kroiß, Internationales Erbrecht, S. 295.

70 Im Folgenden soll nur ein kurzer Überblick gegeben werden, soweit es im Rahmen dieser Arbeit erforderlich ist. Ausführlicher zu den Güterständen des Código Civil siehe: Ferrer i Riba, in: From Status to Contract?, S. 271 ff.; Ferid/Firsching/Dörner/Hausmann, Internationales Erbrecht, Spanien Grdz. D, S. 18 ff.; Sánchez-Henke, Das Ehegattenerbrecht im spanischen Recht, S. 11 ff.; Rudolph, MittRhNotK 1990, 93, 96 ff.

aa. Die Errungenschaftsgemeinschaft (sociedad de gananciales)

Der Güterstand der Errungenschaftsgemeinschaft ist in den Art. 1344 ff CC geregelt. Danach teilt sich das Vermögen der Eheleute in Gesamtgut, also gemeinschaftliches Vermögen, und Sondervermögen[71] auf[72]. Danach gehören alle Güter, die in der Ehe erworben wurden, beiden Ehegatten zu gleichen Teilen[73]. Das gilt auch dann, wenn beispielsweise nur ein Ehegatte im Grundbuch oder im Vertrag steht[74]. Endet die Errungenschaftsgemeinschaft, z. B. durch den Tod eines Ehegatten[75], erfolgt eine güterrechtliche Auseinandersetzung gem. Art. 1396 ff CC, wobei dem verwitweten Ehepartner die Hälfte[76] des Gesamtgutes zusteht. Hierbei ist zu betonen, dass es sich gerade nicht um eine erbrechtliche Auseinandersetzung handelt, sondern dem hinterbliebenen Ehegatten nur sein Anteil am gemeinschaftlich während der Ehe erwirtschafteten Vermögen zukommt.

Somit fallen nur das Sondervermögen sowie die zweite Hälfte des Gesamtgutes in den Nachlass.

bb. Güterstand der Teilhabe (régimen de participación)

Dieser Güterstand entspricht im Wesentlichen der Zugewinngemeinschaft im deutschen Recht[77], mit dem Unterschied, dass im Código Civil keine dem § 1371 BGB vergleichbare Regelung existiert sowie dass der Zugewinnausgleich nicht nur in bar, sondern auch anderweitig (Art. 1432 CC) erfolgen kann[78].

Wird der Güterstand beendet, so wird der Zugewinn jedes Ehegatten ermittelt. Dieser besteht in der Differenz zwischen Anfangs- und Endvermögen, Art. 1417 CC. Nur der Ehegatte, der den geringeren Zugewinn erzielt hat, hat einen Anspruch auf Ausgleich. Dieser besteht in der Höhe der Hälfte des Betrages, um den der Zugewinn des anderen den eigenen Zugewinn übersteigt, Art. 1427 ff CC, jedoch können gleiche Beteiligungen für jeden Ehegatten vertraglich vereinbart werden.

Der Nachlass des Verstorbenen besteht folglich aus seinem Anfangsvermögen sowie dem Zugewinn. Falls der Erblasser ausgleichspflichtig war, gekürzt um den Anteil am Zugewinn, welcher dem hinterbliebenen Ehegatten zusteht.

---

71 Die Art. 1348 – 1361 CC enthalten weitere Bestimmungen zum gemeinsamen Vermögen bzw. Sondervermögen.

72 Rudolph, MittRhNotK 1990, 93, 97; Piske, ZEV 2003, 495, 496.

73 Kroiß, Internationales Erbrecht, S. 295.

74 Vgl. Norbisrath, Spanisches Immobilien- und Steuerrecht, S. 78.

75 Beispielsweise auch durch Auflösung der Ehe, durch Nichtigerklärung, durch Scheidungsurteil oder durch Vereinbarung eines anderen Güterstandes.

76 Nach Abzug der Verbindlichkeiten, Art. 1399 CC, und nach Ausgleich der jedem Ehegatten geschuldeten Erstattungen und Rückzahlungen, Art. 1403 CC; siehe auch: Flick/Piltz, Der internationale Erbfall, Rn. 909.

77 Schömmer/Gebel, Rn. 382; Kroiß, Internationales Erbrecht, S. 295; auf die Zugewinngemeinschaft wird unten im Rahmen von Punkt C, II, 2, a, aa näher eingegangen.

78 Ferid/Firsching/Dörner/Hausmann, Internationales Erbrecht, Spanien Grdz. D, S. 20.

Hatte der Erblasser also ein Anfangsvermögen von 100.000 Euro und erzielte er während der Ehe einen Zugewinn von weiteren 100.000 Euro, während der andere Ehegatte ebenfalls mit einem Anfangsvermögen von 100.000 Euro in die Ehe kam, aber gar keinen Zugewinn erzielte, steht diesem ein Zugewinnausgleich von 50.000 Euro zu. Um diesen Betrag wird der Nachlass des Erblassers gekürzt, er bestünde im Beispielsfall also nur noch aus 150.000 Euro.

cc. Die Gütertrennung (régimen de separación de bienes)

Die Gütertrennung hat für die Praxis eher eine untergeordnete Bedeutung[79], obwohl sie immer dann gilt, wenn die Errungenschaftsgemeinschaft vertraglich ausgeschlossen wurde, ohne dass stattdessen eine Güterstandsvereinbarung getroffen wurde. Zudem gilt Gütertrennung auch in dem Fall, dass die Errungenschaftsgemeinschaft oder der Güterstand der Teilhabe während der Ehe enden, ohne durch einen anderen Güterstand ersetzt worden zu sein, Art. 1435 Nr. 2 und 3 CC.

Der Güterstand der Gütertrennung berührt die Beteiligung des hinterbliebenen Ehegatten am Nachlass jedoch nicht, da es keine dem deutschen § 1931 Abs. 4 BGB bzw. § 1371 BGB vergleichbare Regelung im Código Civil gibt.

dd. Zwischenergebnis

Nach Abzug der güterrechtlichen Ausgleichsansprüche des hinterbliebenen Ehegatten sowie der übrigen Verbindlichkeiten, ergibt sich der Wert des Nachlasses. Die Noterbberechtigten erhalten ihren Anteil an dem auf diese Weise ermittelten Vermögen. Hierbei ist zu beachten, dass die Nachlassbeteiligung nicht ipso iure eintritt, sie muss vielmehr mittels Herabsetzungsklage geltend gemacht werden, Art 817 CC[80].

b. Die Quote der Abkömmlinge

Den Abkömmlingen stehen gem. Art. 808 Abs. 1 CC zwei Drittel des Nachlassguthabens der Eltern bzw. (Ur-) Großeltern zu.

Diese großzügige Quote für die Abkömmlinge ist jedoch nicht starr, vielmehr werden die zwei Drittel gem. Art. 823 ff CC hälftig in die sog. reserva und in die sog. mejora aufgespalten. Die reserva muss den Abkömmlingen zu gleichen Teilen zu Gute kommen. Die mejora hingegen kann von dem Vater oder der Mutter frei unter den pflichtteilsberechtigten Abkömmlingen verteilt werden[81].

---

79 Ferid/Firsching/Dörner/Hausmann, Internationales Erbrecht, Spanien Grdz. D, S. 21.
80 Milzer, BWNotZ 2002, 166, 169.
81 Hierzu mit Bsp. Adomeit: Einführung in das spanische Recht, S. 66.

Somit hat der Erblasser die Möglichkeit unter mehreren Kindern, beispielsweise das Bedürftigste mit einer höheren Quote am Nachlass zu beteiligen[82]. Jedoch muss er die mejora nicht ausnutzen, verfügt er gar nicht darüber oder nur zu einem Teil, so wird auch die mejora bzw. was davon übrig ist, gleichmäßig unter allen Abkömmlingen verteilt.

Zur Veranschaulichung soll folgende Abbildung dienen[83]:

ein **Drittel** (die sog. „reserva“)
zugunsten **aller** Abkömmlinge.
↓

ein **Drittel** (die sog. „mejora“)
zugunsten eines oder mehrerer
Abkömmlinge
↓

ein **Drittel** frei
verfügbar
↓

⅓ reserva zug. Noterben	⅓ mejora zug. Abkömmlingen	⅓ frei Verfügbar
Alles zusammen ergibt den gesamten Nachlass des Erblassers		

Abbildung 1: Noterbquote der Abkömmlinge

c. Die Quote der Eltern

Wie bereits oben erläutert, haben die Eltern nur dann einen Anspruch auf den Noterbteil, wenn keine Abkömmlinge vorhanden sind. Die Höhe ihres Pflichtteils ist nach Art. 809 CC davon abhängig, ob diese mit einem hinterbliebenen Ehegatten zusammentreffen oder nicht.

Hinterlässt der Erblasser lediglich Eltern, so fällt diesen zwingend die Hälfte des Nachlasses zu.

Bei Zusammentreffen mit dem hinterbliebenen Ehegatten, reduziert sich die Pflichtteilsquote der Eltern auf ein Drittel der Erbmasse[84].

82 Siehe hierzu auch: Casals/Feliu, Testierfreiheit im innerspanischen Vergleich, S. 308; Flick/Piltz, Der internationale Erbfall, Rn. 915.

83 Schaubild entnommen aus: Süß/Haas/Löber/Huzel, Rn. 74.

84 Vgl. dazu auch: Flick/Piltz, Der internationale Erbfall, Rn. 907; Casals/Feliu, Testierfreiheit im innerspanischen Vergleich, S. 309.

Existiert nur noch ein Elternteil, so fällt diesem die gesamte Pflichtteilsquote zu, leben noch beide, so erben sie zu gleichen Teilen, Art. 810 Abs. 1 CC.

d. Die Quote des hinterbliebenen Ehegatten

Neben der güterrechtlichen Auseinandersetzung, in deren Rahmen die Ansprüche des Ehegatten aus der Ehe befriedigt werden, erfolgt zwischen den Ehegatten auch noch die erbrechtliche Auseinandersetzung. Die Höhe des Noterbteils hängt davon ab, ob der hinterbliebene Ehegatte mit anderen Verwandten des Erblassers zusammentrifft. Weiterhin ist zu beachten, dass er lediglich den ideellen[85] Nießbrauch[86] an seiner Bruchteilsquote erhält[87].

aa. Quote neben den Abkömmlingen

Trifft der überlebende Ehegatte mit Abkömmlingen des Erblassers zusammen, so erhält er den Nießbrauch an demjenigen Drittel der Erbmasse, das der Aufbesserung des Erbteils der Abkömmlinge gewidmet ist, also der mejora, Art. 834 CC.

bb. Quote neben den Eltern und entfernteren Aszendenten

Fällt das Noterbrecht des hinterbliebenen Ehegatten mit dem der Eltern zusammen, so erhält der Ehegatte den Nießbrauch an der Hälfte des Nachlasses, Art. 837 CC. Das Gesetz regelt hier, anders als im Fall des Art. 834 CC, nicht, von welchem Teil der Erbmasse der Nießbrauch des Ehegatten befriedigt wird. Daher ist davon auszugehen, dass diese aus dem Freiteil erfolgt[88].

cc. Es sind weder Abkömmlinge noch Eltern vorhanden

In diesem Fall erhält der überlebende Ehegatte den Nießbrauch an zwei Dritteln des Nachlasses, Art. 838 CC.

---

85 Dies stellt eine Besonderheit dar, da es im deutschen Recht lediglich einen Nießbrauch an einzelnen Gegenständen gibt, Henrich, Ehegattenerbrecht und IPR, S. 333.

86 Aufgrund dessen, dass der verwitwete Ehegatte lediglich ein Nießbrauchsrecht erhält, ist es in der spanischen Rechtsliteratur streitig, ob dieser überhaupt als Noterbe angesehen werden kann, die hM bejaht dies aber. Siehe ausführlicher zum Streitstand: Sánchez-Henke, Das Ehegattenerbrecht im spanischen Recht, S. 24 ff.

87 Casals/Feliu, Testierfreiheit im innerspanischen Vergleich, S. 309.

88 Ebenso Sánchez-Henke, Das Ehegattenerbrecht im spanischen Recht, S. 40.

e. Möglichkeiten der Erhöhung des Noterbteils des Ehegatten

Aufgrund der hohen Pflichtteilsquoten der Abkömmlinge hat der Erblasser oftmals ein Interesse daran, den hinterbliebenen Ehegatten in größerem Umfang zu bedenken als dies aufgrund der Noterbrechte der Abkömmlinge von Gesetzes wegen möglich ist.

Der Erblasser hat daher die Möglichkeit sämtliche Pflichtteile mit einem Nießbrauchsrecht des Ehegatten zu belasten, allerdings braucht er hierfür die Zustimmung aller Pflichtteilsberechtigten.

Da die Belastung der Noterbteile aber eigentlich gem. Art. 813 Abs. 2 CC[89] nicht zulässig ist, wurde von der Rechtsprechung und Literatur eine Analogie zu Art. 820 Nr. 3 CC[90] entwickelt. Danach darf der Erblasser die Noterbteile mit Einverständnis der Abkömmlinge belasten, muss ihnen aber im Gegenzug mehr versprechen als ihnen gesetzlich zugestanden wird[91].

3. Pflichtteilsergänzungsanspruch

Erhalten Noterben weniger als den ihnen zustehenden Anteil an der Erbmasse, so können sie nach Art. 815 CC die Ergänzung ihres Noterbteils verlangen[92].

Hat der Erblasser also noch zu Lebzeiten sein Vermögen schenkweise an Dritte übertragen, so muss der Pflichtteilsberechtigte diesen Verlust nicht hinnehmen, sondern kann Ergänzung verlangen. Der Wert der Schenkung wird dann dem Wert des Nachlasses hinzugerechnet und aus dem sich hieraus ergebenden Nachlasswert erhält der Pflichtteilsberechtigte seinen Anteil. Hierbei ist es unerheblich, ob die Schenkung an eine Privatperson oder eine gemeinnützige Einrichtung erfolge, sämtliche Schenkungen sind zum Wert des Nachlassvermögens hinzuzurechnen[93].

Doch der Pflichtteilsberechtigte kann auch dann Ergänzung des Pflichtteils verlangen, wenn der Erblasser ein Testament hinterlassen hat, in dem er auch über den Teil seines Vermögens verfügt, der für die Noterbteile gesperrt ist. Gem. Art. 817 CC wird dann das den Noterbteil schmälernde Testament auf Antrag der Not-

89 Art. 813 Abs. 2 CC: „Er [der Testator] darf den Noterbteil auch nicht beschweren, mit einer Bedingung belasten oder eine Substitution irgendwelcher Art anordnen mit Ausnahme dessen, was hinsichtlich des Nießbrauchs des verwitweten Ehegatten […] bestimmt ist." Übersetzung aus: Ferid/Firsching/Dörner/Hausmann, Internationales Erbrecht, Spanien, Texte A I S. 55.

90 Art. 820 Nr. 3 CC: „Besteht das Vermächtnis in einem Nießbrauch oder in einer Leibrente, deren Wert höher anzusetzen ist als der verfügbare Teil, so können die Noterben wählen zwischen der Erfüllung der testamentarischen Bestimmung oder der Übergabe desjenigen Teils des Nachlasses an den Vermächtnisnehmer, über den der Testator frei verfügen konnte." Übersetzung aus: Ferid/Firsching/Dörner/Hausmann, Internationales Erbrecht, Spanien, Texte A I S. 57.

91 Vgl. die Darstellung bei Arroyo i Amayuelas, Pflichtteilsrecht in Spanien, S. 273.

92 Rudolph, MittRhNotK 1990, 93, 101; Süß/Haas/Löber/Huzel, Rn. 77.

93 Hierzu ausführlicher und m. w. N. Arroyo i Amayuelas, Pflichtteilsrecht in Spanien, S. 267.

erben mittels Herabsetzungsklage soweit gekürzt, bis der Noterbteil erfüllt werden kann[94]. Das bedeutet, dass die Verfügung insoweit unwirksam ist[95].

Wird der überlebende Ehegatte übergangen, so hat dies nicht die Unwirksamkeit der letztwilligen Verfügung zur Folge, da diesem ja lediglich ein Nießbrauch an einem Teil des Nachlasses zusteht[96].

Daher hat der überlebende Ehegatte nur die Möglichkeit, die Einräumung des ihm zustehenden Nießbrauchs zu verlangen, Art. 807 Nr. 3 i. V. m. Art. 834-839 CC[97].

Dieser geht allein zulasten des Mejora-Anteils, wenn der überlebende Ehegatte mit Noterben und Abkömmlingen zusammentrifft[98].

Für die Anrechnung von Schenkungen auf den Pflichtteil bestehen im Código Civil keine zeitlichen Grenzen[99].

Jedoch werden, wenn der Erblasser mehr als den frei verfügbaren Teil der Erbmasse verschenkt hat, pflichtteilswidrige Schenkungen in umgekehrter Rangfolge berücksichtigt[100], Art. 656 CC[101].

4. Die Pflichtteilsentziehung

Im Rahmen des Pflichtteilsrechts prallen immer zwei sich widerstreitende Interessen aufeinander. Das Interesse des Pflichtteilsberechtigten auf Teilhabe am Nachlass trifft auf das Interesse des Erblassers, diesen von seiner Hinterlassenschaft auszuschließen. Da die Pflichtteilsansprüche grundsätzlich losgelöst von persönlichen Beziehungen der Beteiligten gewährt werden, ist der Erblasser nur in den vom Gesetz ausdrücklich bestimmten Fällen dazu berechtigt, den Erben ihren Pflichtteil zu entziehen, Art. 813 Abs. 1, 848 CC. Diese setzen besonders gravierende Verfehlungen gegenüber dem Erblasser oder diesem sehr nahe stehenden Personen voraus.

Das Gesetz unterscheidet in den verschiedenen Regelungen nach den einzelnen Pflichtteilsberechtigten.

---

94 Vgl. Arroyo i Amayuelas, Pflichtteilsrecht in Spanien, S. 266.

95 Rudolph, MittRhNotK 1990, 93, 101; Süß/Haas/Löber/Huzel, Rn. 77.

96 Rudolph, MittRhNotK 1990, 93, 101.

97 Süß/Haas/Löber/Huzel, Rn. 78.

98 Süß/Haas/Löber/Huzel, Rn. 78; Rudolph, MittRhNotK 1990, 93, 101; Hierneis, S. 237.

99 Arroyo i Amayuelas, Pflichtteilsrecht in Spanien, S. 267.

100 Arroyo i Amayuelas, Pflichtteilsrecht in Spanien, S. 267.

101 Art. 656 CC lautet: „Liegen zwei oder mehr Schenkungen vor und haben nicht alle in dem verfügbaren Teil Platz, so werden hinsichtlich des Übermaßes die vom Datum her jüngeren gestrichen oder herabgesetzt." Übersetzung aus: Ferid/Firsching/Dörner/Hausmann, Internationales Erbrecht, Spanien, Texte A I S. 26 f.

a. Die Pflichtteilsentziehung der Abkömmlinge

Die Entziehung des Pflichtteils der Abkömmlinge ist möglich, wenn ein in Art. 853 CC genannter Grund vorliegt und, im Falle des Bestreitens des Pflichtteilsberechtigten, von den Erben bewiesen werden kann, Art. 850 CC.

Danach kann der Abkömmling gem. Art. 853 i. V. m. Art. 756 Nrn. 2, 3, 5, 6 enterbt werden, wenn er:

1. dem Erblasser, seinem Ehegatten, einem seiner Abkömmlinge oder einem Aszendenten nach dem Leben getrachtet hat und gerichtlich verurteilt wurde (Art. 853 i. V. m. Art. 756 Nr. 2 CC);
2. den Erblasser einer Straftat beschuldigt hat, die das Gesetz mit schwerer Strafe bedroht, sofern die Anschuldigung für verleumderisch erklärt worden ist (Art. 853 i. V. m. Art. 756 Nr. 3 CC);
3. den Testator durch Drohung, arglistige Täuschung oder Gewalt zur Errichtung oder zur Abänderung eines Testaments veranlasst hat (Art. 853 i. V. m. Art. 756 Nr. 5 CC);
4. einen anderen durch gleiche Mittel davon abgehalten hat, ein Testament zu errichten oder ein bereits errichtetes zu widerrufen, oder wer ein späteres fälscht, beiseite schafft oder verändert (Art. 853 i. V. m. Art. 756 Nr. 6 CC);
5. dem Elternteil oder Aszendenten, der ihn enterbt, ungerechtfertigt den Unterhalt verweigert (Art. 853 Nr. 1 CC);
6. den Erblasser körperlich misshandelt oder schwer verbal beleidigt (Art. 853 Nr. 2 CC)[102].

b. Die Pflichtteilsentziehung der Eltern und weiteren Aszendenten

Die Gründe den Eltern den Pflichtteil zu entziehen, finden sich in Art. 854 CC, welcher auch auf Art. 756 Nr. 1, 2, 3, 5 und 6 CC verweist.

Danach ist eine Pflichtteilsentziehung möglich, wenn die Eltern:

1. ihre Kinder im Stich gelassen, prostituiert oder zur Unzucht verleitet haben (Art. 854 i. V. m. Art. 756 Nr. 1 CC);
2. dem Erblasser, seinem Ehegatten, einem seiner Abkömmlinge oder einem Aszendenten nach dem Leben getrachtet hat und gerichtlich verurteilt wurde (Art. 854 i. V. m. Art. 756 Nr. 2 CC);
3. den Erblasser einer Straftat beschuldigt hat, die das Gesetz mit schwerer Strafe bedroht, sofern die Anschuldigung für verleumderisch erklärt worden ist (Art. 854 i. V. m. Art. 756 Nr. 3 CC);
4. den Testator durch Drohung, arglistige Täuschung oder Gewalt dazu gebracht haben, ein Testament zu errichten oder abzuändern (Art. 854 i. V. m. Art. 756 Nr. 5 CC);

102 Übersetzung aus: Ferid/Firsching/Dörner/Hausmann, Internationales Erbrecht, Spanien Texte A I, S. 63, 43 f.

5. einen anderen durch gleiche Mittel davon abgehalten hat, ein Testament zu errichten oder ein bereits errichtetes zu widerrufen, oder wer ein späteres fälscht, beiseite schafft oder verändert (Art. 854 i. V. m. Art. 756 Nr. 6 CC);
6. die elterliche Gewalt aufgrund der Nichterfüllung der elterlichen Pflichten verloren haben und dies durch gerichtliches Urteil festgestellt wurde (Art. 854 Nr. 1 CC);
7. den Kindern oder Abkömmlingen ohne berechtigten Grund den Unterhalt verweigert haben (Art. 854 Nr. 2 CC);
8. ein Elternteil dem anderen nach dem Leben getrachtet hat, wenn es zwischen ihnen keine Aussöhnung gegeben hat (Art. 854 Nr. 3 CC)[103].

c. Die Pflichtteilsentziehung des hinterbliebenen Ehegatten

Der hinterbliebene Ehegatte muss auf seinen Pflichtteil verzichten, wenn einer der in Art. 855 i. V. m. Art. 756 Nrn. 2, 3, 5[104] CC genannten Gründe vorliegt, wenn also:

1. der Ehegatte dem Erblasser, einem seiner Abkömmlinge oder einem Aszendenten nach dem Leben getrachtet hat und gerichtlich verurteilt wurde (Art. 855 i. V. m. Art. 756 Nr. 2 CC);
2. der Hinterbliebene den Erblasser einer Straftat beschuldigt hat, die das Gesetz mit schwerer Strafe bedroht, sofern die Anschuldigung für verleumderisch erklärt worden ist (Art. 855 i. V. m. Art. 756 Nr. 3 CC);
3. der Pflichtteilsberechtigte den Testator durch Drohung, arglistige Täuschung oder Gewalt dazu gebracht haben, ein Testament zu errichten oder abzuändern (Art. 855 i. V. m. Art. 756 Nr. 5 CC);
4. der Ehegatte seine ehelichen Pflichten schwerwiegend oder wiederholt nicht erfüllt hat (Art. 855 Nr. 1 CC);
5. der Ehegatte Anlass zum Verlust der elterlichen Gewalt gem. Art. 170 CC[105] gegeben hat (Art. 855 Nr. 2 CC);
6. der hinterbliebene Ehepartner den Kindern oder dem anderen Ehegatten den Unterhalt verweigert hat (Art. 855 Nr. 3 CC);
7. der Pflichtteilsberechtigte gegen den testierenden Ehegatten einen Mordanschlag verübt und keine Aussöhnung stattgefunden hat (Art. 855 Nr. 4 CC)[106].

---

103 Übersetzung aus: Ferid/Firsching/Dörner/Hausmann, Internationales Erbrecht, Spanien Texte A I, S. 63, 43 f.

104 Seit der Art. 756 CC im Jahre 1978 reformiert wurde, muss es, so Ferid/Firsching/Dörner/-Hausmann, Internationales Erbrecht, Spanien Texte A I, S. 63 Fn. 2, heißen: „unter den Nrn. 2, 3 und 5".

105 Dies ist dann der Fall, wenn ein in einer Straf- oder Ehesache erlassenes Urteil, welches sich auf die Nichterfüllung der elterlichen Gewalt innewohnenden Pflichten stützt, erlassen wurde.

d. Form der Pflichtteilsentziehung

Um den Noterbberechtigten ihren Noterbteil wirksam zu entziehen, bedarf es einer ausdrücklichen Willenserklärung des Erblassers im Testament, Art. 849 CC. Zudem muss einer der im Gesetz in den Art. 853-855 CC aufgezählten Entziehungsgründe vorliegen, welcher auch im Testament genannt werden muss. Die Entziehungsgründe sind abschließend und auch nicht analogiefähig[107] und müssen daher streng ausgelegt werden. Weiterhin ist zu beachten, dass gem. Art. 857 CC die Kinder oder die Abkömmlinge des Enterbten an dessen Stelle treten und die Rechte von zwingenden Erben hinsichtlich des Noterbteils behalten[108].

e. Wirkung der Entziehung des Noterbrechts

An dieser Stelle muss unterschieden werden zwischen einer gerechtfertigten und einer ungerechtfertigten Entziehung.

Eine gerechtfertigte Entziehung liegt vor, wenn alle gesetzlichen Voraussetzungen eines Entziehungsgrundes vorliegen, Art. 852 CC. Infolgedessen wirkt diese Pflichtteilsentziehung allein zum Nachteil desjenigen, an dem sie vollzogen wird, während dessen Abkömmlinge an seine Stelle treten und die Rechte von zwingenden Erben hinsichtlich des Noterbteils behalten, Art. 857 CC.

Hingegen liegt eine ungerechtfertigte Entziehung gem. Art. 851 CC vor, wenn entweder kein Entziehungsgrund angegeben oder zwar ein Grund genannt wurde, dieser aber nicht bewiesen werden konnte oder im Gesetz nicht vorgesehen ist. Der Pflichtteilsberechtigte hat hier die Möglichkeit die Erbeinsetzung insoweit anzufechten, wie sie ihm zum Nachteil gereicht. Sonstige testamentarische Verfügungen des Erblassers sind nach Art. 851 HS 2 CC aber insoweit gültig, als dass sie den Noterbteil nicht beeinträchtigen.

f. Nachträgliche Versöhnung

Haben sich der Erblasser und der Pflichtteilsberechtigte nachträglich wieder versöhnt und fasst der Erblasser die erfahrene Kränkung nicht mehr als solche auf, so macht das die angeordnete Pflichtteilsentziehung unwirksam, Art. 856 CC. Dem Erblasser verbleibt aber die Möglichkeit dem Pflichtteilsberechtigten seinen Pflichtteil aus anderen Gründen zu entziehen[109].

---

106 Ferid/Firsching/Dörner/Hausmann, Internationales Erbrecht, Spanien Texte A I, S. 63 f., 43 f.

107 Siehe den Wortlaut des Art. 848 CC: „Die Enterbung kann nur aus einem der Gründe stattfinden, die das Gesetz ausdrücklich festlegt.“, Übersetzung aus: Ferid/Firsching/Dörner/-Hausmann, Internationales Erbrecht, Spanien, Texte A I S. 61a; zudem: Casals/Feliu, Testierfreiheit im innerspanischen Vergleich, S. 315 m. w. N.

108 Ferid/Firsching/Dörner/Hausmann, Internationales Erbrecht, Spanien Texte A I, S. 64.

109 So auch Casals/Feliu, Testierfreiheit im innerspanischen Vergleich, S. 319 m. w. N.

5. Annahme und Ausschlagung der Erbschaft

Auch im spanischen Recht gilt die Gesamtrechtsnachfolge (Universalsukzession). Das bedeutet, dass „die Rechte am Nachlass einer Person im Augenblick ihres Todes übergehen[110]", Art. 657 CC. Bevor der Erbe jedoch die Rechte aus der Erbschaft ausüben kann, verlangt das spanische Recht die Annahme der Erbschaft[111], Art. 988 ff CC. Diese wirkt, ebenso wie die Ausschlagung, gem. Art. 989 CC auf den Zeitpunkt des Todes zurück.

Sie kann ausdrücklich oder stillschweigend[112] erfolgen. Bei ausdrücklicher Annahme muss dies in öffentlicher oder privater Urkunde erklärt werden, Art. 999 Abs. 1 und 2 CC. Geht es aber im Falle von Grundbesitz um die Eintragung im Eigentumsregister bzw. Grundbuch, so muss die Annahme notariell beurkundet werden[113].

Ist die Erbschaft noch nicht angenommen worden, so ruht sie (sog. hereditas iacens) es liegt dann ein Vermögen mit vorübergehend unbestimmtem Eigentümer vor[114].

II. Das deutsche Pflichtteilsrecht nach dem Bürgerlichen Gesetzbuch

Das Pflichtteilsrecht beschränkt die Freiheit des Erblassers, sein Vermögen durch Verfügung von Todes wegen nach Belieben zu verteilen.

Es ist in den §§ 2303-2338 BGB geregelt, wobei auch § 1371 BGB eine wichtige Regelung enthält, die bei der Betrachtung des Pflichtteilsrechts nicht außer Acht gelassen werden kann.

Voraussetzung für einen Pflichtteilsanspruch ist zunächst ein Erbfall, § 2317 Abs. 1 BGB, sowie der Ausschluss eines Pflichtteilsberechtigten von der gesetzlichen Erbfolge aufgrund einer Verfügung von Todes wegen[115], § 2303 BGB.

1. Pflichtteilsberechtigte

Die Pflichtteilsberechtigten[116] sind in § 2303 BGB aufgezählt. Es handelt sich um die Abkömmlinge des Erblassers (§ 2303 Abs. 1 S. 1 BGB) sowie um die Eltern

110 Übersetzung aus: Ferid/Firsching/Dörner/Hausmann, Internationales Erbrecht, Spanien Texte A I, S. 27.

111 Süß/Haas/Löber/Huzel, Rn. 79.

112 Umfasst ist jedes Handeln aus dem hervorgeht, dass man Erbe sein will, z. B. durch Inbesitznahme der Wohnung.

113 Süß/Haas/Löber/Huzel, Rn. 80; Ferid/Firsching/Dörner/Hausmann, Internationales Erbrecht, Spanien Grdz. D, S. 5; ausführlich zu den genauen Voraussetzungen der spanischen Annahmeerklärung, siehe: Gantzer, ZEV 1999, 473.

114 Ferid/Firsching/Dörner/Hausmann, Internationales Erbrecht, Spanien Grdz. D, S. 5.

115 Reimann, in: Familienerbrecht und Testierfreiheit im eurpoäischen Vergleich, S. 47; Däubler, Erbschaft und Pflichtteil, S. 151.

und den hinterbliebenen Ehegatten (§ 2303 Abs. 2 S. 1 BGB). Hierbei ist zu beachten, dass weder Geschwister noch Großeltern zum Kreis der Berechtigten gehören. Die Aufzählung in § 2303 BGB ist abschließend.

Ebenso nicht pflichtteilsberechtigt ist, wer wegen eines Erb- oder Pflichtteilsverzichts von der Erbfolge ausgeschlossen ist, wer die Erbschaft ausschlägt, für erbunwürdig erklärt wurde und wem der Erblasser berechtigterweise den Pflichtteil entzogen hat[117].

a. Die Abkömmlinge

Abkömmlinge sind die mit dem Erblasser in gerader (§ 1589 Abs. 1 S. 1 BGB), absteigender Linie Verwandten. Hierunter fallen aber nicht nur die Kinder, sondern auch die Enkel oder Urenkel.

Allerdings werden entferntere Abkömmlinge von näheren Abkömmlingen durch § 2309 BGB ausgeschlossen. Hinterlässt der Erblasser also Kinder, so können deren Kinder und Enkel gem. § 2309 BGB keinen Pflichtteil verlangen. Ist aber ein Kind des Erblassers bereits vorverstorben, so wird dieses durch seine eigenen Kinder, also die Enkel des Erblassers, repräsentiert[118].

Weiterhin kommt ein Pflichtteilsrecht der Enkel und anderer entfernterer Abkömmlinge dann in Betracht, wenn der näher Berechtigte auf die Erbschaft gem. § 2346 ff BGB verzichtet oder gar nach den §§ 2339 ff BGB für erbunwürdig erklärt wurde. Bei einem Erbverzicht ist aber § 2349 BGB zu beachten, wonach ausdrücklich bestimmt werden muss, dass sich der Verzicht nicht auf die Abkömmlinge des Verzichtenden erstrecken soll[119].

b. Die Eltern

Auch wenn dieser Fall in der Praxis wohl wenig Relevanz hat[120], sind die Eltern (§ 1591 ff BGB) des Erblassers gem. § 2303 Abs. 2 S. 1 BGB grundsätzlich pflichtteilsberechtigt, jedoch nach § 2309 BGB insoweit nicht, als ein Abkömmling des Erblassers, der sie im Falle der gesetzlichen Erbfolge ausschließen würde, den Pflichtteil verlangen kann oder das ihm Hinterlassene annimmt.

Das bedeutet, dass die Eltern als gesetzliche Erben zweiter Ordnung, § 1925 Abs. 1 BGB, dann gem. § 2309 BGB i. V. m. § 1930 BGB keinen Pflichtteilsanspruch haben, wenn gesetzliche Erben erster Ordnung, also Abkömmlinge, § 1924 Abs. 1 BGB, vorhanden sind.

---

116 Siehe hierzu ausführlich: v. Olshausen, MDR 1986, 89 ff.; Lange/Kuchinke § 37 IV.

117 siehe hierzu auch: Däubler, Erbschaft und Pflichtteil, S. 152; Reimann, in: Familienerbrecht und Testierfreiheit im eurpoäischen Vergleich, S. 48.

118 Siehe auch Däubler, Erbschaft und Pflichtteil, S. 151.

119 Münchener Kommentar/Lange, § 2309, Rn. 8 f.

120 So: Dieckmann, Verh. zum 49. DJT Bd. II K 29; Staudinger/Olshausen, § 2334 Rn. 1.

c. Der hinterbliebene Ehegatte

Das Pflichtteilsrecht des Ehegatten setzt voraus, dass die Ehe zur Zeit des Erbfalls noch rechtsgültig bestand. Wenn dies der Fall ist, hat auch der hinterbliebene Ehepartner, sofern er durch Verfügung von Todes wegen von der Erbfolge ausgeschlossen wurde, einen Anspruch auf den Pflichtteil in Höhe der Hälfte des gesetzlichen Erbteils, § 2303 Abs. 2 S. 1 BGB.

Im Fall des hinterbliebenen Ehegatten gilt aber eine Ausnahme. So kann dieser, vorausgesetzt die Ehe wurde im gesetzlichen Güterstand der Zugewinngemeinschaft geschlossen, gem. § 1371 Abs. 3 BGB selbst dann noch den kleinen Pflichtteil neben dem tatsächlich erzielten Zugewinn verlangen, wenn er die Erbschaft ausgeschlagen hat.

2. Pflichtteilsquoten

Die Höhe des Pflichtteils besteht nach § 2303 Abs. 1 S. 2 BGB in der Hälfte des objektiven[121] Wertes des gesetzlichen Erbteils. Bei der Berechnung der Pflichtteilsquoten wird nach § 2311 Abs. 1 S. 1 BGB das Stichtagsprinzip[122] zugrunde gelegt, das heißt, für die Höhe des Pflichtteilsanspruches sind der Bestand und der Wert des Nachlasses[123] zur Zeit des Erbfalls maßgebend. Spätere Wertsteigerungen wirken sich nur zu Gunsten des bzw. der Erben aus, auf die Höhe des Pflichtteils haben sie allerdings keinen Einfluss[124]. Hierbei ist zu beachten, dass auch die Nachlassverbindlichkeiten zum Bestand des Nachlasses gehören und den Pflichtteilsanspruch somit mindern[125]. Dagegen mindern Vermächtnisse und Auflagen den Pflichtteilsanspruch nicht, sie gehen diesem nämlich gem. § 327 Abs. 1 InsO im Rang nach. Zudem erfolgt eine Anrechnung derjenigen Zuwendungen, die der Pflichtteilsberechtigte vom Erblasser mit der Bestimmung erhalten hat, dass diese auf den Pflichtteil angerechnet werden sollen, § 2315 BGB[126]. Hierdurch wird der Pflichtteil geschmälert, was für den Erben als Schuldner des Pflichtteilsberechtigten eine Entlastung bedeutet. Auswirkungen auf den Pflichtteil der anderen Berechtigten hat die Anrechnung aber nicht. Schließlich wird der Nachlasswert noch durch den Voraus des Ehegatten geschmälert, der ihm unabhängig vom Güter-

---

121 § 2311 Abs. 2 S. 2 BGB regelt, dass vom Erblasser getroffene Wertbestimmungen nicht maßgebend sind. Durch objektive Wertbestimmungen wird sichergestellt, dass der Erblasser den Pflichtteil gerade nicht durch eigene Wertangaben schmälern kann.

122 Frank, § 20, Rn. 19; Reimann, in: Familienerbrecht und Testierfreiheit im eurpoäischen Vergleich, S. 49.

123 Vgl. ausführlicher zur Berechnung des Nachlasswertes: Münchener Kommentar/Lange, § 2311, Rn. 3 ff.; Lange/Kuchinke, § 37 VII; Soergel/Dieckmann, § 2311, Rn. 5 ff.; Staudinger/Haas, § 2311, Rn. 2 ff.

124 Däubler, Erbschaft und Pflichtteil, S. 156.

125 Däubler, Erbschaft und Pflichtteil, S. 157.

126 Ausführlich zur Anrechnung und Ausgleichung im Erb- und Pflichtteilsrecht siehe Mayer, ZErb 2007, 130.

stand zusteht, allerdings nur dann, wenn er gesetzlicher Erbe wurde[127], § 1932 Abs. 1 S. 1 BGB.

Hinzu kommt, dass gem. § 2310 S. 1 BGB bei der Berechnung des für den Pflichtteil maßgeblichen Erbteils diejenigen mitgezählt werden, die durch letztwillige Verfügung von der Erbfolge ausgeschlossen sind oder die Erbschaft ausgeschlagen haben oder für erbunwürdig erklärt wurden. Nur diejenigen, die durch Erbverzicht von der gesetzlichen Erbfolge ausgeschlossen sind, werden nicht mitgezählt, § 2310 S. 2 BGB. Das bedeutet, dass allein der Erbverzicht zu einer Erhöhung des Pflichtteils führt. Enterbung, Ausschlagung und Erbunwürdigkeit wirken sich zugunsten der Erben aus, vergrößern aber nicht die Pflichtteilsquote der Pflichtteilsberechtigten[128].

Somit muss also zunächst die Höhe des gesetzlichen Erbteils bestimmt werden, um den Pflichtteilsanspruch beziffern zu können.

Beim verheirateten Erblasser spielt hierbei der Güterstand eine gewichtige Rolle. Denn je nach Güterstand variiert die Höhe des gesetzlichen Erbteils des hinterbliebenen Ehegatten. Und erst nachdem die güterrechtliche Auseinandersetzung erfolgt ist, kann die Quote der Verwandten berechnet werden[129].

a. Nachlassverteilung beim verheirateten Erblasser

Der Pflichtteil des hinterbliebenen Ehegatten beträgt die Hälfte des gesetzlichen Erbteils, § 2303 Abs. 2 S. 1, Abs. 1 S. 2 BGB.

Der gesetzliche Erbteil des Ehegatten ist in § 1931 Abs. 1 S. 1 BGB geregelt, wonach er grundsätzlich neben den Abkömmlingen des Erblassers zu ¼ und neben den Eltern zu ½ erbt. Dies ergibt eine Pflichtteilsquote von ⅛ neben den Abkömmlingen und ¼ neben den Eltern.

Hinterlässt der Erblasser weder Abkömmlinge noch Eltern, fällt dem überlebenden Ehegatten die gesamte Erbschaft zu (§ 1931 Abs. 2 BGB), was bedeutet, dass sein Pflichtteil die Hälfte des Nachlasses umfasst.

Jedoch wird das gesetzliche Erbrecht und somit auch das Pflichtteilsrecht des Ehegatten vom gewählten Güterstand beeinflusst[130], § 1931 Abs. 3 und 4 BGB.

aa. Zugewinngemeinschaft

Lebten die Ehegatten im gesetzlichen Güterstand der Zugewinngemeinschaft nach §§ 1363 ff BGB, so bleibt gem. § 2303 Abs. 2 S. 2 BGB die Vorschrift des § 1371

127 Vgl. auch Däubler, Erbschaft und Pflichtteil, S. 157.
128 Vgl. hierzu auch: Münchener Kommentar/Lange, § 2320 Rn. 1.
129 Reimann, in: Familienerbrecht und Testierfreiheit im eurpoäischen Vergleich, S. 37.
130 Martiny, Gutachten zum 64. DJT, A 90; Edenfeld, ZEV 2001, 457, 459.

BGB unberührt. § 1371 BGB bildet die Schnittstelle zwischen Ehegüterrecht und Erbrecht[131].

Es ist zu unterscheiden zwischen der erbrechtlichen und der güterrechtlichen Lösung[132].

Nach § 1371 Abs. 1[133] i. V. m. § 1931 Abs. 1 und 3 BGB ist der gesetzliche Erbteil des überlebenden Ehegatten aus dem um ¼ erhöhten Ehegattenerbteil zu berechnen.

Neben den Erbteilen der Kinder und Abkömmlinge beträgt der gesetzliche Erbteil in diesem Fall die Hälfte des Nachlasses, was zu einer Pflichtteilsquote von ¼ führt, sog. großer Pflichtteil. Erbt der Ehegatte neben Verwandten der zweiten Ordnung, also Eltern, liegt der gesetzliche Erbteil dann bei ¾, was eine Pflichtteilsquote von ⅜ ergibt.

Auf diese Weise wird zugleich ein pauschalierter Zugewinnausgleich durchgeführt, wobei es gem. § 1371 Abs. 1 HS 2 BGB unerheblich ist, ob die Eheleute tatsächlich einen Zugewinn erzielt haben. Dementsprechend wird der pauschalierte Zugewinnausgleich auch dann durchgeführt, wenn rein rechnerisch der Erblasser derjenige wäre, der Ausgleichsansprüche gehabt hätte.

Hat der hinterbliebene Ehegatte zwar eine Zuwendung, beispielsweise in Form eines Vermächtnisses, erhalten, welche aber unter der Höhe seines Pflichtteilsanspruches liegt, kann er Aufstockung auf den sog. großen Pflichtteil verlangen[134]. Das heißt, er hat einen Geldanspruch gegen die Erben in Höhe der Hälfte seines gesetzlichen Erbrechts abzüglich der testamentarischen Zuwendung[135]. Somit kann die Berechnung des Pflichtteils durchaus nach dem erhöhten Ehegattenerbteil erfolgen. Denn wenn der Ehegatte mit einer nur sehr geringen Erbschaft oder einem kleinen Vermächtnis bedacht wurde, greift die Regelung des § 1371 Abs. 2 BGB schon nicht mehr ein. Dann muss der hinterbliebene Ehegatte aber Aufstockung verlangen können. Es ist jedoch der § 2304 BGB zu beachten, wonach im Zweifel die Zuwendung des Pflichtteils nicht als Erbeinsetzung anzusehen ist. Daher ist stets im Wege der Auslegung zu ermitteln, ob der Erblasser dem Ehegatten etwas zuwenden wollte[136].

---

131 Palandt/Brudermüller, § 1371, Rn. 1.

132 Vgl. Palandt/Brudermüller, § 1371, Rn. 1 ff.; Erman/Schlüter, § 2303 Rn. 6.

133 § 1371 Abs. 1 BGB lautet: „Wird der Güterstand durch den Tod eines Ehegatten beendet, so wird der Ausgleich des Zugewinns dadurch verwirklicht, dass sich der gesetzliche Erbteil des überlebenden Ehegaten um ein Viertel der Erbschaft erhöht; hierbei ist unerheblich, ob die Ehegatten im einzelnen Falle einen Zugewinn erzielt haben.".

134 Siehe Palandt/Edenhofer, § 2304, Rn. 3.

135 Däubler, Erbschaft und Pflichtteil, S. 154 f.

136 Näheres zu der in der Praxis eher unbedeutenden Frage bei Palandt/Edenhofer, § 2304, Rn. 3.

Die güterrechtliche Lösung ist in § 1371 Abs. 2 HS 2 BGB[137] geregelt. Dieser greift für den Fall, dass der überlebende Ehegatte weder gesetzlicher noch Testamentserbe wird und auch nicht mit einem Vermächtnis bedacht ist.

Ob der Erblasser den hinterbliebenen Ehepartner durch Verfügung von Todes wegen von der Erbfolge ausgeschlossen hat oder aber die Auslegungsregel des § 2304 BGB greift, wonach es im Zweifel nicht als Erbeinsetzung anzusehen ist, wenn der überlebende Ehegatte nur auf den Pflichtteil verwiesen wird[138], ist dabei unerheblich[139].

Liegen die oben genannten Voraussetzungen vor, wird der Pflichtteil aus dem nicht erhöhten gesetzlichen Erbteil berechnet, sog. kleiner Pflichtteil[140]. Dieser beträgt dann ⅛. Allerdings kann der überlebende Ehegatte daneben den tatsächlich erzielten Zugewinn nach den §§ 1373 ff BGB ausgeglichen verlangen, um den sich dann die Erbmasse reduziert[141]. Daher ist die erbrechtliche Lösung dann interessant, wenn während der Ehe kein oder nur ein geringer Zugewinn erwirtschaftet wurde. Wurde im Laufe der Ehe jedoch ein sehr hoher Zugewinn erzielt, so bietet sich für den überlebenden Ehegatten die güterrechtliche Lösung an. Allerdings hat dieser kein Wahlrecht[142] in der Gestalt, dass er frei zwischen den soeben dargestellten Lösungen wählen kann[143]. Vielmehr ist der Ehegatte ausschließlich auf die güterrechtliche Lösung verwiesen, wenn dieser von seinem verstorbenen Ehegatten vom Nachlass ausgeschlossen wurde. Ebenso ist er auf die erbrechtliche Lösung beschränkt, wenn er am Nachlass beteiligt wurde[144]. Ein Wahlrecht würde dem zurückgesetzten Ehegatten, also einem Dritten, das Bestimmungsrecht über die Höhe seines gesetzlichen Erbteils und somit seines Pflichtteils in die Hand geben[145].

---

137 § 1371 Abs. 2 BGB lautet: „Wird der überlebende Ehegatte nicht Erbe und steht im auch kein Vermächtnis zu, so kann er Ausgleich des Zugewinns nach den Vorschriften der §§ 1373 bis 1383, 1390 verlangen; der Pflichtteil des überlebenden Ehegatten oder eines anderen Pflichtteilsberechtigten bestimmt sich in diesem Falle nach dem nicht erhöhten gestzlichen Erbteil des Ehegatten.".

138 Siehe auch Palandt/Brudermüller, § 1371, Rn. 12.

139 Weiter findet § 1371 Abs. 2 BGB Anwendung, wenn das Ehegattenerbrecht gem. § 1933 BGB wegen Anhängigkeit des Scheidungs- oder Aufhebungsverfahrens ausgeschlossen war, wenn der Pflichtteil entzogen wurde, § 2335 BGB, gem. § 2339 ff., 2345 Abs. 1 BGB die Erbunwürdigkeit festgsestellt wurde, oder aber der Ehegatte nach § 2346 BGB auf die Erbschaft verzichtet hat, vgl. Palandt/Brudermüller, § 1371, Rn. 12.

140 BGHZ 42, 182.

141 Vgl. auch Däubler, Erbschaft und Pflichtteil, S. 154.

142 Es gilt die sog. Einheitstheorie.

143 Vgl. BGHZ 42, 182; NJW 1982, 2497 f.; Palandt/Brudermüller, § 1371, Rn. 15; Münchener Kommentar/Frank, § 2303, Rn. 21 m. w. N.

144 BGHZ 42, 182.

145 So auch: Staudinger/Haas, Einl. zu §§ 2303 ff., Rn. 41 ff.

Ferner gibt § 1371 Abs. 3 BGB[146] dem Ehegatten die Möglichkeit selbst dann noch den kleinen Pflichtteil neben dem tatsächlich erzielten Zugewinn zu verlangen, wenn er die Erbschaft ausgeschlagen hat[147]. Hierfür darf er aber weder Erbe noch Vermächtnisnehmer sein, vielmehr muss er alles ihm Zugewandte ausschlagen. Durch die Ausschlagung kann er aber keinesfalls den großen Pflichtteil erlangen[148]. Liegt der Wert des ihm Zugewandten unter seinem Pflichtteil, so kann er, wie oben bereits erläutert, Aufstockung auf den großen Pflichtteil verlangen oder alternativ die Erbschaft oder das Vermächtnis ausschlagen und stattdessen den Zugewinn sowie den kleinen Pflichtteil verlangen. Hier sollte zuvor nachgerechnet werden, ob der Zugewinnausgleichsanspruch des hinterbliebenen Ehegatten derart hoch ist, dass sich eine Erbausschlagung rechnet oder er besser gestellt ist, wenn er Aufstockung auf den großen Pflichtteil verlangt[149].

bb. Gütertrennung

Bei der Berechnung des gesetzlichen Erbteils im Rahmen des Güterstandes der Gütertrennung gem. § 1414 BGB ist § 1931 Abs. 4 BGB zu beachten. Nach dieser Vorschrift erhöht sich der gesetzliche Erbteil des hinterbliebenen Ehegatten neben einem Kind auf ½. Neben zwei Kindern beträgt er dagegen nur ⅓. Der Ehegatte, der im Güterstand der Gütertrennung lebte, erbt also in diesem Fall weniger als derjenige, der im gesetzlichen Güterstand verheiratet war, trotzdem verbleibt ihm dank der Vorschrift des § 1931 Abs. 4 BGB noch mehr als der § 1931 Abs. 1 S. 1 BGB vorgesehen hätte. Hinterlässt der Verstorbene mehr als zwei Kinder, erbt der überlebende Ehegatte ¼, die Kinder erben gemeinsam und zu gleichen Teilen die restlichen ¾[150]. Beim Vorhandensein von drei oder mehr Kindern bleibt es also bei § 1931 Abs. 1 S. 1 BGB. Der Pflichtteil errechnet sich aus der Halbierung der genannten gesetzlichen Erbteile.

Ebenso betrifft dies die Kinder, wenn sie von der gesetzlichen Erbfolge durch Verfügung von Todes wegen ausgeschlossen wurden[151].

---

146 § 1371 Abs. 3 BGB lautet: „Schlägt der überlebende Ehegatte die Erbschaft aus, so kann er neben dem Ausgleich des Zugewinns den Pflichtteil auch dann verlangen wenn dieser ihm nach den erbrechtlichen Bestimmungen nicht zustünde; dies gilt nicht, wenn er durch Vertrag mit seinem Ehegatten auf sein gesetzliches Erbrecht oder sein Pflichtteilsrecht verzichtet hat.".

147 Däubler, Erbschaft und Pflichtteil, S. 154.

148 Palandt/Brudermüller, § 1371, Rn. 19 mit vertiefenden Beispielen.

149 Vgl. hierzu auch das Rechenbeispiel bei Däubler, Erbschaft und Pflichtteil, S. 154 f.

150 Reimann, in: Familienerbrecht und Testierfreiheit im eurpoäischen Vergleich, S. 38.

151 Vgl. auch Palandt/Edenhofer, § 2303, Rn. 9.

cc. Gütergemeinschaft

Lebten die Ehegatten im Güterstand der Gütergemeinschaft[152], gilt ausschließlich und uneingeschränkt[153] die Regelung des § 1931 Abs. 1 BGB. So erbt der hinterbliebene Ehepartner neben Verwandten der ersten Ordnung, also den Abkömmlingen, zu ¼ als gesetzlicher Erbe, somit beträgt sein Pflichtteil ⅛ der Erbmasse. Die Abkömmlinge teilen sich dementsprechend eine Erbquote von ¾, was Pflichtteilsansprüche in Höhe von insgesamt ⅜ der Erbmasse für die Abkömmlinge ergibt. Neben Eltern oder Großeltern ergibt sich dann ein Pflichtteil von ¼ für den hinterbliebenen Ehegatten[154], während die Eltern ebenfalls einen gesetzlichen Erbteil von ½ bekommen, was einem Pflichtteil von ¼ entspricht.

Die Erbmasse setzt sich aber nur aus dem Anteil des Erblassers am Gesamtgut (§ 1416 BGB), sowie dem ihm gehörenden Sondergut (§ 1417 BGB) und Vorbehaltsgut (§ 1418 BGB) zusammen.

b. Nachlassverteilung beim unverheirateten Erblasser

Beim unverheirateten Erblasser erben, falls vorhanden, zunächst die Abkömmlinge als gesetzliche Erben erster Ordnung, § 1924 Abs. 1 BGB. Diese erben zu gleichen Teilen, Abs. 4, und schließen sämtliche Verwandte entfernterer Ordnungen von der Erbfolge aus, § 1930 BGB[155].

Hinterlässt der Erblasser ein Kind, erbt es alles, woraus sich eine Pflichtteilsquote von ½ ergibt. Hinterlässt er zwei Kinder, erbt jedes Kind zu ½, die Pflichtteilsquote beträgt dann ¼ pro Kind und so weiter.

Hatte der Erblasser keine Kinder, kommen die gesetzlichen Erben zweiter Ordnung, die Eltern, zum Zuge, § 1925 Abs. 1 BGB. Diese erben gem. § 1925 Abs. 2 BGB allein und zu gleichen Teilen, wonach sie einen Pflichtteilsanspruch von jeweils ¼ des Nachlasses haben.

3. Pflichtteilsergänzungsanspruch

Der Problemkreis des Pflichtteilsergänzungsanspruchs[156] regelt nicht das sonst im Raum stehende Spannungsfeld zwischen Testierfreiheit und Pflichtteilsrecht, son-

---

152 Geregelt in den §§ 1415 ff. BGB.

153 Vgl. § 1482 S. 2 BGB, wonach der verstorbene Ehegatte nach den allgemeinen Vorschriften beerbt wird.

154 Der gesetzliche Erbteil beträgt nach § 1931 Abs. 1 S. 1 BGB ½.

155 § 1930 BGB: „Ein Verwandter ist nicht zur Erbfolge berufen, solange ein Verwandter einer vorhergehenden Ordnung vorhanden ist".

156 Eine detaillierte Auseinandersetzung mit den Voraussetzungen des Pflichtteilsergänzungsanspruchs, sowie der Auslegung des § 2325 BGB findet sich bei: Tiedtke, DNotZ 1998, 85. Hier ist allerdings zu beachten, dass sich die Ausführungen auf das alte Recht beziehen.

dern es geht vielmehr um den Konflikt zwischen Pflichtteilsrecht und lebzeitiger Verfügungsfreiheit des Erblassers.

Aufgrund des starken Schutzes, welcher der Pflichtteilsberechtigte im Bürgerlichen Gesetzbuch erfährt, versucht der Erblasser häufig sein Vermögen zu Lebzeiten zu schmälern, um so auch den Pflichtteilsanspruch der Berechtigten zu kürzen[157].

Diese Praxis beobachtet der BGH mit großen Bedenken und sieht hierin die Gefahr „schwerwiegender Fehlentwicklungen“[158]. Um solch „schwerwiegende Fehlentwicklungen“ zu vermeiden, sieht das Bürgerliche Gesetzbuch das Instrument der Pflichtteilsergänzung vor[159]. Besondere Relevanz kommt hierbei dem § 2325 BGB zu, der den Pflichtteilsergänzungsanspruch regelt. Danach kann der Pflichtteilsberechtigte verlangen, dass der Betrag, den der Erblasser in den letzten zehn Jahren vor dem Erbfall an Dritte verschenkt hat, anteilig zur Erbmasse hinzugerechnet wird und somit in die Berechnung seines Pflichtteilsanspruchs einfließt. Das bedeutet nicht, dass solche Schenkungen etwa unwirksam sind. Sie werden lediglich hinsichtlich ihres noch anrechenbaren Wertes so behandelt, als wären sie nie aus dem Nachlass ausgegliedert worden und wirken sich daher auf die Höhe des Pflichtteils aus[160]. Hierbei macht es keinen Unterschied, ob die Schenkung an Privatpersonen oder gemeinnützige Einrichtungen, wie z. B. Stiftungen erfolgt[161].

a. Ergänzungspflichtige Schenkungen

Voraussetzung ist zunächst eine rechtsgültige Schenkung des Erblassers an einen anderen[162] im Sinne des § 2325 Abs. 1 BGB. Der Schenkungsbegriff des § 2325 BGB ist nach hM[163] identisch mit dem der §§ 516, 517 BGB.

Somit muss zwischen Zuwender und Empfänger Einigkeit darüber bestehen, dass die Zuwendung aus dem Vermögen des einen und die dadurch herbeigeführte Bereicherung des anderen nicht von einer Gegenleistung abhängig sein, also un-

---

Daher bezieht sich der Verweis nicht auf die Auseinandersetzung mit – dem mittlerweile reformierten – § 2325 Abs. 3 BGB!

157 Der Erblasser hat zahlreiche Möglichkeiten, z.B. kann er sein Vermögen durch Verfügung unter Lebenden oder auf den Todesfall verschenken, Vermögensverschiebungen auf Dritte vornehmen oder Austauschverträge mit nicht vollwertiger Gegenleistung abschließen, um nur einige Beispiele zu nennen.

158 BGH NJW 1987, 122, 123.

159 Frank, § 20, Rn. 26.

160 Vgl. auch Tiedtke, DNotZ 1998, 85, 87; Moench/Kien/Hümbert, DStR 1991, 1137 f.

161 Vertiefend zu diesem Thema die Dissertation von: Gesa Carola Pantaleon genannt Stemberg, Tue Gutes und stifte darüber.

162 Hierbei ist unerheblich, ob dieser Dritter, Erbe, Miterbe oder Pflichtteilsberechtigter ist.

163 Siehe Schulze/Dörner/Ebert/Hoeren, § 2325, Rn. 2; Mauch, BWNotZ 1995, 88; BGH NJW 2004, 1382.

entgeltlich erfolgen soll[164]. Um Umgehungen zu verhindern, fallen hierunter nach der Rechtsprechung des BGH auch die sog. unbenannten Zuwendungen[165] zwischen Ehegatten[166], also solche, die der Verwirklichung oder Ausgestaltung der ehelichen Lebensgemeinschaft dienen[167], was zu einer Erhöhung des Pflichtteilsergänzungsanspruchs führt.

Liegt eine gemischte Schenkung vor, also ein grobes Missverhältnis zwischen Leistung und Gegenleistung, kann vermutet werden, dass sich die Vertragsschließenden über die Unentgeltlichkeit der Wertdifferenz einig waren[168]. Daher wird nur die Differenz zwischen dem tatsächlichen Wert und der bezahlten Summe für die Pflichtteilsergänzung herangezogen[169].

b. Die Frist des § 2325 Abs. 3 BGB

§ 2325 Abs. 3 BGB wurde durch die Erbrechtsreform vom 01. Januar 2010 grundlegend geändert. Während eine Schenkung gem. § 2325 Abs. 3 BGB a. F. nur dann völlig unberücksichtigt blieb, wenn zur Zeit des Erbfalls zehn Jahre seit der Leistung des verschenkten Gegenstandes verstrichen sind[170], so findet sich heute im Gesetz eine Pro-Rata-Lösung.

Das bedeutet, dass dem früheren „Alles-oder-Nichts"-Gedanken der Rücken gekehrt wurde und die Schenkung heute lediglich innerhalb des ersten Jahres vor dem Erbfall vollumfänglich berücksichtigt wird. Ab dem zweiten Jahr wird die Schenkung jährlich um ein Zehntel weniger berücksichtigt. Entsprechend der alten Gesetzesfassung bleiben Schenkungen, die länger als zehn Jahre zurückliegen gänzlich unberücksichtigt.

Fraglich ist, ob bei der Bestimmung des Fristbeginns auf den Leistungserfolg, die Leistungshandlung oder auf ein Zwischenstadium abzustellen ist. Diese Frage wirkt sich praktisch in bedeutender Weise aus.

Geht es beispielsweise um die Schenkung eines Grundstücks, so kann die Zehnjahresfrist entweder mit der Auflassung[171], mit der Stellung des Eintragungsantrags[172] oder aber erst mit der Eintragung des Beschenkten ins Grundbuch[173] beginnen. In der Praxis liegen zwischen den genannten Zeitpunkten oft mehrere Wochen.

---

164 Palandt/Weidenkaff, § 516, Rn. 1; Schlüter, in: 50 Jahre BGH, S. 1056; Mauch, BWNotZ 1995, 88; Worm, RNotZ 2003, 535, 537.

165 Ausführlicher zu den unbenannten Zuwendungen zwischen Ehegatten: Schlüter, in: 50 Jahre BGH, S. 1056 ff.; Klingelhöffer, NJW 1993, 1097.

166 BGH DNotZ 1992, 513; anders: Palandt/Weidenkaff, § 516, Rn. 10.

167 Vgl. Frank, Erbrecht, § 20, Rn. 28; BGH NJW 1972, 1709 f.

168 Frank, Erbrecht,§ 20, Rn. 27.

169 Däubler, Erbschaft und Pflichtteil, S. 165.

170 Näher hierzu Frank, § 20 Rn. 30 m. w. N.

171 So noch BGH NJW 1974, 2319 f.; mit Anm. Finger, NJW 1975, 535 f.; BGH NJW 1975, 1831 f.

172 So noch BGH NJW 1988, 138 f.

173 So die ständige Rechtsprechung des BGH seit BGH NJW 1988, 821.

Der Wortlaut des § 2325 Abs. 3 BGB hilft hier nicht weiter, hier ist lediglich von „Leistung“ die Rede.

Einerseits kann argumentiert werden, dass es sachgerecht sei, den Fristbeginn auf den Zeitpunkt zu verlegen, zu dem der Schenker das Vermögen tatsächlich verliert, dieses also wirtschaftlich aus seinem Vermögen ausgegliedert ist[174]. Dies wäre bei beweglichen Sachen die Vollendung des Eigentumsübergangs, bei Grundstücken wäre die Eintragung des neuen Eigentümers im Grundbuch nach § 873 Abs. 1 BGB maßgeblich.

Andererseits ist auch zu bedenken, dass der Erblasser im Falle der Grundstücksübertragung bereits mit der Auflassung von seiner wirtschaftlichen Dispositionsfreiheit Gebrauch macht und sich zur Eigentumsübertragung verpflichtet, welche dann nur noch davon abhängt, wie schnell das Grundbuchamt arbeitet. Bei beweglichen Sachen werden Einigung und Übergabe ohnehin meist zusammen fallen.

Während man im Rahmen der alten Gesetzesfassung bedenken musste, dass die pauschale zeitliche Grenze des § 2325 Abs. 3 BGB a. F. mit zehn Jahren schon sehr großzügig zu Gunsten des Pflichtteilsberechtigten gefasst war und dieser durch die Regelungen der §§ 2325 ff BGB ausreichenden Schutz erfahren hat, erschien es sinnvoll bei Schenkungen auf den Zeitpunkt der Leistungshandlung abzustellen[175]. Heute stellt sich die Situation jedoch anders dar. Durch die neu eingeführte Pro-Rata-Lösung erfahren Erblasser und Erbe deutlich mehr Schutz als früher. Sie stehen nicht mehr vor dem Problem, dass entweder der Wert der gesamten Schenkung zum Nachlass hinzugerechnet wird, oder gänzlich außer Ansatz bleibt. Daher ist auch dann noch ein gerechter Interessenausgleich zwischen den Interessen des Erblassers und denjenigen des Pflichtteilsberechtigten gefunden, wenn die Frist erst mit der Vollendung des Eigentumsübergangs beginnt. Hierdurch wird zudem ein Stück mehr Rechtsklarheit geschaffen, da gerade im Falle von Immobiliengeschäften aus dem Grundbuch, welches öffentlichen Glauben genießt, der Beginn der Frist ablesbar ist.

Besonderheiten gelten bei der Schenkung unter Ehegatten, § 2325 Abs. 3 S. 3 BGB. Hiernach beginnt die Frist „nicht vor der Auflösung der Ehe“ zu laufen. Dies bedeutet: Bei Auflösung der Ehe durch den Tod werden Schenkungen des Erblassers an seinen Ehegatten selbst dann anteilig in die Pflichtteilsergänzung einbezogen, wenn sie länger als zehn Jahre zurück liegen, da die Frist erst mit dem Todesfall zu laufen beginnt. Schenkungen bleiben nur dann gänzlich unberücksichtigt, wenn seit der Auflösung der Ehe, z. B. durch Scheidung, Aufhebung oder Nichtigkeit mindestens zehn Jahre vergangen sind[176]. Hintergedanke dieser umstrittenen Regelung ist, dass bei Schenkungen unter Ehegatten der geschenkte

174 So z. B. Palandt/Edenhofer, § 2325 Rn. 22; BGHZ 98, 226, 232.

175 Anders: Zimmermann, Der Verlust der Erbschaft, Rn. 166 ff.

176 Münchener Kommentar/Lange, § 2325, Rn. 39, zum alten Recht, wonach die Frist für Ehegatten ebenfalls erst mit Auflösung der Ehe begann.

Gegenstand während der Dauer der Ehe tatsächlich betrachtet gemeinschaftliches Vermögen bleibe[177].

c. Bewertung von Schenkungen

Verbrauchbare Sachen wie beispielsweise Geld, Wertpapiere und ähnliches kommen ohne Rücksicht auf ihren Wert zum Zeitpunkt des Todesfalles mit dem Wert in Ansatz, den sie zur Zeit der Schenkung hatten, § 2325 Abs. 2 S. 1 BGB.

Bei anderen nichtverbrauchbaren Gegenständen, insbesondere Grundstücken, ist der tatsächliche Wert zur Zeit des Erbfalls maßgeblich, § 2325 Abs. 2 S. 2 HS 1 BGB. Sollte seit der Schenkung jedoch eine Wertsteigerung erfolgt sein, so wird gem. § 2325 Abs. 2 S. 2 HS 2 BGB der Wert angesetzt, den der Gegenstand zum Zeitpunkt der Schenkung hatte, sog. Niederstwertprinzip[178].

d. Anstandsschenkungen des § 2330 BGB

Wurde durch die Schenkung einer sittlichen Pflicht oder einer auf den Anstand zu nehmenden Rücksicht entsprochen, so finden gemäß § 2330 BGB die §§ 2325 bis 2329 BGB keine Anwendung.

Nach der hM[179] liegen Anstandsschenkungen gemäß § 2330 BGB nur dann vor, wenn es sich lediglich um kleinere Zuwendungen aus besonderem Anlass handelt, was nach objektiven Kriterien zu beurteilen ist[180]. Übersteigt der Wert einzelner Schenkungen das gebotene Maß, so ist die Schenkung nur bezüglich des Mehrwertes ergänzungspflichtig[181].

Gerade weil die Schenkung aus einer sittlichen Pflicht[182] auch größere Werte umfasst als die Anstandsschenkung, ist diese abzuwägen gegen die ebenfalls bestehende Verpflichtung des Erblassers den Pflichtteil der Pflichtteilsberechtigten nicht auszuhöhlen[183].

---

177 Frank, § 20, Rn. 32.

178 Däubler, Erbschaft und Pflichtteil, S. 166; Palandt/Edenhofer, § 2325, Rn. 19.

179 Palandt/Edenhofer, § 2330 Rn. 2; Soergel/Dieckmann, § 2330 Rn. 2; Münchener Kommentar/Lange, § 2330 Rn. 2.

180 Münchener Kommentar/Lange, § 2330 Rn. 2 f. m.w.N.

181 BGH NJW 1981, 2458 f.

182 Eine sittliche Pflicht ist beispielsweise in diesen Fällen anzunehmen: Sicherung des Lebensunterhaltes für den Partner einer nichtehelichen Lebensgemeinschaft (BGH NJW 1983, 674); Unterhaltszahlungen für nahe Verwandte (Münchener Kommentar/J. Koch, § 534, Rn. 4).

183 Vgl. Worm, RNotZ 2003, 535, 536 f.; Palandt/Edenhofer, § 2330, Rn. 3.

e. Gläubiger und Schuldner des Pflichtteilsergänzungsanspruchs

Der Gläubiger[184] des Pflichtteilsergänzungsanspruchs muss nicht zwangsläufig gänzlich vom Nachlass ausgeschlossen sein und damit Anspruch auf den ordentlichen Pflichtteil haben, der Pflichtteilsberechtigte kann auch durch Erbeinsetzung oder Vermächtnis bedacht worden sein[185], § 2326 BGB.

Wurde der Pflichtteilsberechtigte ebenfalls mit einem Geschenk bedacht, so muss dieses ebenso wie die anderen Schenkungen dem Nachlass hinzu gerechnet und dem Pflichtteilsberechtigten auf die Ergänzung angerechnet werden, § 2327 Abs. 1 S. 1 BGB.

Ist ein Pflichtteilsberechtigter gleichzeitig Erbe des Verstorbenen geworden, so kann er die Ergänzung des Pflichtteils der übrigen Pflichtteilsberechtigten gem. § 2328 BGB insoweit verweigern, als er selbst einen Pflichtteils- bzw. Pflichtteilsergänzungsanspruch hätte.

In § 2329 BGB findet sich eine Schutzvorschrift des Pflichtteilsberechtigten. Die Norm erlaubt einen direkten Durchgriff auf den Beschenkten, soweit der Erbe selbst zur Ergänzung des Pflichtteils nicht verpflichtet ist. Ist beispielsweise der Ergänzungsberechtigte selbst Alleinerbe geworden, hat er die Möglichkeit direkt auf den Beschenkten zuzugreifen, dasselbe gilt, wenn der einem Dritten zugewandte Nachlass nicht zur Befriedigung des Ergänzungsanspruches ausreicht. Jedoch ist der Anspruch aus § 2329 Abs. 1 BGB ein Herausgabeanspruch, das bedeutet, er ist nicht auf Zahlung, sondern Herausgabe des Geschenkes, gerichtet. In der Konsequenz bedeutet das für den Beschenkten die Anwendbarkeit des Entreicherungseinwandes des § 818 Abs. 3 BGB[186]. Zudem hat der Beschenkte die Möglichkeit die Herausgabe des Geschenkes durch Zahlung des fehlenden Geldbetrages abzuwenden, § 2329 Abs. 2 BGB.

4. Die Pflichtteilsentziehung

Im Rahmen des Pflichtteilsrechts kollidieren immer zwei Interessen miteinander. Zum einen das Interesse des Pflichtteilsberechtigten am Nachlass teilzuhaben, zum anderen das Interesse des Erblassers, der seinen Angehörigen vom Nachlass ausschließen will.

Greift § 2333 BGB, so setzen sich allein die Erblasserinteressen durch und der Pflichtteilsberechtigte geht leer aus. Somit stellt die Pflichtteilsentziehung den schwersten Eingriff in die Position des Pflichtteilsberechtigten dar, während sie auf der anderen Seite dem Erblasser die größtmögliche Testierfreiheit ermöglicht.

184 Zu der Frage, ob der Pflichtteilsberechtigte zum Zeitpunkt der Schenkung bereits pflichtteilsberechtigt sein muss: Schlüter, in: 50 Jahre BGH, S. 1060 ff.; Tiedtke, DNotZ 1998, 85 ff.

185 Palandt/Edenhofer, § 2326, Rn. 1; Frank, Erbrecht, § 20, Rn. 34; Schulze/Dörner/Ebert/-Hoeren, § 2325, Rn. 9.

186 Siehe hierzu Palandt/Sprau, § 818, Rn. 27 ff.

Grundsätzlich werden Pflichtteilsansprüche unabhängig von der persönlichen Beziehung des Erblassers zum Pflichtteilsberechtigten gewährt. Es kommt lediglich auf die formellen Voraussetzungen an, also dass es sich um ein Kind, die Eltern oder den Ehegatten handelt[187].

Eine Ausnahme hiervon wird nur bei besonders schweren und schuldhaften Verfehlungen des Pflichtteilsberechtigten gegenüber dem Erblasser oder dessen Familie gemacht[188]. Der § 2333 BGB gibt hier dem Erblasser die Möglichkeit, den Pflichtteil durch letztwillige Verfügung zu entziehen. Die Pflichtteilsentziehung hat damit für solche Sachverhalte eine Korrekturfunktion, in denen es grob fehlerhaft wäre, dem Pflichtteilsberechtigten eine Mindestteilhabe am Nachlass zukommen zu lassen[189]. Jedoch sind die Entziehungsgründe nach hM[190] im Gesetz abschließend geregelt und nicht analogiefähig. Dies wird dadurch verdeutlicht, dass der Gesetzgeber sich dagegen entschieden hat, in den § 2333 BGB eine Generalklausel einzubauen[191], da der Pflichtteilsberechtigte wissen soll, welche Handlungen zu einer Entziehung des Pflichtteils führen, um sein Verhalten danach ausrichten zu können. Diese Entscheidung des Gesetzgebers wurde jüngst vom BVerfG[192] bestätigt. Dieses entschied auch, dass im Rahmen der Abwägung zwischen dem Interesse des Pflichtteilsberechtigten und der Testierfreiheit des Erblassers, die Testierfreiheit nun stärker berücksichtigt werden muss als zuvor. Als Abgrenzungskriterium hierfür stellte das Gericht das ungeschriebene Tatbestandsmerkmal des „schuldhaften Verhaltens des Pflichtteilsberechtigten" auf[193].

Da der Gesetzgeber es sich daraufhin zum Ziel gemacht hat, dem Erblasser ein Mehr an Testierfreiheit zuzugestehen, konnten die §§ 2333-2335 BGB a. F. bei der Reform des Pflichtteilsrechts nicht außen vor bleiben. Diese wurden nun in einen Paragraphen zusammengefasst und gelten gem. § 2333 Abs. 2 BGB für alle Pflichtteilsberechtigten einheitlich.

a. Gründe für die Entziehung des Pflichtteils

Die Entziehung des Pflichtteils richtet sich nun für jeden Pflichtteilsberechtigten nach § 2333 BGB, wobei zu beachten ist, dass eine Pflichtteilsentziehung nur

187 Dauner-Lieb, FF 2001, 78, 79.
188 Lange, ZErb 2008, 59.
189 Lange, ZErb 2008, 59.
190 Dauner-Lieb, FF 2001, 78, 81; Frank, § 20, Rn. 41, BGH NJW 1977, 339, 340, BGH NJW 1974, 1084, 1085; Schulze/Dörner/Ebert/Hoeren, § 2333, Rn. 1; Münchener Kommentar/Lange, § 2333, Rn. 1; Palandt/Edenhofer, § 2333, Rn. 1; Ermann/Schlüter, § 2333 Rn. 2; Lange/Kuchinke, § 37 XIII 2; BGH NJW 1974, 1084, 1085; BGH NJW 1977, 339, 340.
191 Vgl. Lange/Kuchinke § 37 XIII 1.
192 BVerfG NJW 2005, 1561, siehe hierzu auch Kleensang, ZEV 2005, 277 ff.; Gaier: Pflichtteil und grundrechtliche Freiheit, S. 161 ff.; Badura: Erbrecht, Testierfreiheit und Schutz der Familie, S. 151 ff.
193 Näher hierzu: Bamberger/Roth/J. Mayer, § 2333, Rn. 8.

möglich ist, wenn der Pflichtteilsberechtigte schuldhaft handelte[194]. Das BVerfG hat hierzu ausdrücklich klargestellt, dass gerade keine Schuldfähigkeit im strafrechtlichen Sinne notwendig ist, sondern es auch ausreicht, wenn der Pflichtteilsberechtigte den objektiven Tatbestand wissentlich und willentlich verwirklicht hat[195].

§ 2333 Abs. 1 BGB bezieht sich auf die Entziehung des Pflichtteils eines Abkömmlings, aber gem. Abs. 2 gelten die dort aufgeführten Gründe entsprechend für die Entziehung des Eltern- und Ehegattenpflichtteils[196].

Danach kann der Erblasser den Pflichtteil aus folgenden Gründen entziehen:

1. Wenn der Pflichtteilsberechtigte dem Erblasser, dem Ehegatten des Erblassers, einem anderen Abkömmling oder einer dem Erblasser ähnlich nahe stehenden Person nach dem Leben trachtet. Umfasst wird hier nicht nur die Haupttäterschaft am vollendeten Delikt, sondern auch Anstiftung, Beihilfe, Versuch oder die bloße Vorbereitungshandlung[197]. Allerdings ist ein ernsthafter Wille zur Herbeiführung des Todes der genannten Personen notwendig[198].
2. Wenn der Pflichtteilsberechtigte sich eines Verbrechens oder eines schweren vorsätzlichen Vergehens gegen eine der in Nr. 1 bezeichneten Personen schuldig macht. Hierbei hat der Gesetzgeber bewusst davon abgesehen eine Beschränkung auf bestimmte Rechtsgüter vorzunehmen[199]. Auch eine strafrechtliche Verurteilung des Pflichtteilsberechtigten ist nicht notwendig, wobei zu beachten ist, dass eine Verzeihung in dem Umstand zu sehen sein kann, dass der Erblasser keinen Strafantrag gestellt hat[200]. Bei einem Verbrechen ist grundsätzlich eine Pflichtteilsentziehung möglich, bei einem Vergehen nur dann, wenn die Verfehlungen, so der BGH noch zum alten Recht, „nach ihrer Natur und ihrer Begehungsweise eine grobe Missachtung des Eltern-Kind-Verhältnisses [heute: des Verhältnisses zwischen Erblasser und Pflichtteilsberechtigtem] zum Ausdruck bringen und deswegen eine besondere Kränkung des Erblassers bedeuten“[201].

   Ob ein schweres Vergehen im Sinne des § 2333 Abs. 1 Nr. 2 BGB vorliegt wird nach den Umständen des Einzelfalles beurteilt[202]. Jedenfalls

194 Erman/Schlüter, § 2333 Rn. 2; Lange/Kuchinke, § 37 XIII 2; Staudinger/Olshausen, Einl. zu § 2333 ff. Rn. 4.
195 BVerfG NJW 2005, 1561, 1566.
196 Diese Vorschrift gilt gem. § 10 Abs. 6 S. 2 LPartG für den eingetragenen Lebenspartner entsprechend.
197 Schulze/Dörner/Ebert/Hoeren, § 2333, Rn. 4.
198 Palandt/Edenhofer, § 2333, Rn. 3; BVerfG NJW 2005, 1561, 1566.
199 Soergel/Dieckmann, § 2333 Rn. 8 f.
200 Lange, ZErb 2008, 59, 60 f.; Münchener Kommentar/Lange, § 2333, Rn. 12.
201 BGH NJW 1974, 1084.
202 Schulze/Dörner/Ebert/Hoeren, § 2333, Rn. 6.

muss ein Eingriff in die Rechtssphäre des Erblassers oder dessen Ehegatten vorliegen[203].

Der neue § 2333 Abs. 1 Nr. 2 BGB schließt nun die alte Nr. 2 mit ein, wonach auch die Möglichkeit der Pflichtteilsentziehung bei einer vorsätzlichen körperlichen Misshandlung des Erblassers oder des Ehegatten des Erblassers im Gesetz ausdrücklich genannt war[204]. Es ist die körperliche Misshandlung im Sinne des § 223 StGB[205] gemeint, wonach eigentlich bereits eine Ohrfeige ausreichen könnte, um den Straftatbestand zu erfüllen. Verglichen mit den anderen in § 2333 BGB aufgezählten Verfehlungen wäre hier laut BGH[206] jedoch das verfassungsrechtliche Übermaßverbot betroffen, weswegen er zwar keinen groben oder schweren körperlichen Angriff fordert, gleichwohl musste früher die körperliche Misshandlung im konkreten Fall aber eine „schwere Pietätsverletzung" darstellen[207]. Dies hat sich nach der BVerfG-Entscheidung im Jahre 2005 geändert. Anstatt der bislang notwendigen schweren Pietätsverletzung soll nunmehr ein schuldhaftes Verhalten des Pflichtteilsberechtigten ausreichen, sodass auch der Forderung nach einer stärkeren Berücksichtigung der Testierfreiheit Rechnung getragen werden kann[208].

Ausschließlich seelische Misshandlungen genügen aber auch nach neuer Gesetzeslage nicht[209]. Nur ausnahmsweise können seelische Misshandlungen zu einer Pflichtteilsentziehung führen, wenn diese sich auf die körperliche Gesundheit des Erblassers auswirken, wobei sich der Vorsatz des Pflichtteilsberechtigten dann auf die verursachten körperlichen Schäden beziehen muss[210].

3. Wenn der Pflichtteilsberechtigte die ihm dem Erblasser gegenüber gesetzlich obliegende Unterhaltspflicht böswillig verletzt.
4. Wenn der Pflichtteilsberechtigte wegen einer vorsätzlichen Straftat zu einer Freiheitsstrafe von mindestens einem Jahr ohne Bewährung rechtskräftig verurteilt wird und die Teilhabe des Abkömmlings am Nachlass deshalb für den Erblasser unzumutbar ist. Gleiches gilt, wenn die Unterbringung des Abkömmlings in einem psychiatrischen Krankenhaus oder einer Entziehungsanstalt wegen einer ähnlich schwerwiegenden vorsätzlichen Tat rechtskräftig angeordnet wird. Hier wird dem Bedürfnis des Erblassers Rechnung getragen, dass auch nicht gegen die eigene oder gegen nahe ste-

203 Palandt/Edenhofer, § 2333, Rn. 6.
204 Vgl. die Begründung zu BGB-E, BT-Drucksache 96/08, S. 50 f.
205 § 223 Abs. 1 StGB: „Wer eine andere Person körperlich misshandelt oder an der Gesundheit schädigt, wird mit Freiheitsstrafe bis zu fünf Jahren oder mit Geldstrafe bestraft."
206 Vgl. BGHZ 109, 306 m. Anm. Leipold, JZ 1990, 697.
207 BGHZ 109, 311; Bamberger/Roth/J. Mayer, § 2333, Rn. 9; Münchener Kommentar/Lange, § 2333, Rn. 8; siehe hierzu auch die Ausführungen in: Frank, Erbrecht, § 20, Rn. 42.
208 Vgl. auch Bamberger/Roth/J. Mayer, § 2333, Rn. 3, 8.
209 Schulze/Dörner/Ebert/Hoeren, § 2333, Rn. 5; Zimmermann, Der Verlust der Erbschaft, Rn. 97.
210 Münchener Kommentar/Lange, § 2333, Rn. 9; Schlüter, in: 50 Jahre BGH, S. 1053.

hende Personen gerichtetes sozialwidriges Verhalten das Bedürfnis nach einer Pflichtteilsentziehung hervorruft. Denn ein Mord oder Verbrechen, insbesondere gegenüber Kindern, wird mit den Wertvorstellungen der meisten Erblasser in so krassem Gegensatz stehen, dass es diesen nun nicht mehr zugemutet werden soll, Pflichtteile zu gewähren[211].

Um den Pflichtteil nach § 2333 Abs. 1 Nr. 4 BGB entziehen zu können, müssen zwei Voraussetzungen gegeben sein. Zunächst wird mit dem Erfordernis einer Verurteilung zu einer Freiheitsstrafe von mindestens einem Jahr ohne Bewährung gewährleistet, dass nicht jede noch so kleine Verurteilung zu einer Pflichtteilsentziehung führen kann. Darüber hinaus muss die Verurteilung rechtskräftig werden. Das bedeutet nicht, dass sie zum Zeitpunkt des Erbfalles schon rechtskräftig sein muss, daher der Wortlaut „ rechtskräftig verurteilt *wird*"[212].

Zum anderen erfordert § 2333 Abs. 1 Nr. 4 BGB die Unzumutbarkeit für den Erblasser. Hierdurch wird ausgeschlossen, dass der Erblasser einem Pflichtteilsberechtigten die Nachlassteilhabe verwehrt, obwohl beide gemeinschaftlich eine Straftat begangen haben. Hier fehlte es am Erfordernis der Unzumutbarkeit. Denn der Erblasser wird schwerlich erklären können, weshalb die Tat des Pflichtteilsberechtigten mit seinen eigenen Wertvorstellungen unvereinbar ist, wenn er selbst daran beteiligt war.

Gleichgestellt mit der Freiheitsstrafe wird in diesem Rahmen auch die Unterbringung in einem psychiatrischen Krankenhaus oder in einer Entziehungsanstalt. Hier wird erneut deutlich, dass der Gesetzgeber an die Wertvorstellungen des Erblassers anknüpfen wollte[213] und das Urteil des BVerfG vom 19. April 2005[214] umgesetzt hat. Denn dort macht das BVerfG deutlich, dass nicht auf die Schuldfähigkeit im strafrechtlichen Sinne abgestellt werden darf. Vielmehr ist an die Zumutbarkeit für den Erblasser anzuknüpfen[215] und dieser unterscheidet meist nicht zwischen Schuldfähigkeit und Schuldunfähigkeit.

b. Erfordernis schuldhaften Verhaltens

Eine Pflichtteilsentziehung ist nur dann möglich, wenn der Pflichtteilsberechtigte auch schuldhaft gehandelt hat[216]. Während die Zivilgerichte sich diesbezüglich an den strafrechtlichen Vorgaben orientiert haben, hat das BVerfG dieser Praxis im Jahre 2005 eine Absage erteilt[217]. Nach Auffassung des BVerfG sei bereits ein „natürlicher Vorsatz" für die Verwirklichung eines Pflichtteilsentziehungsgrundes

211 Vgl. die Begründung zu BGB-E, BT-Drucksache 96/08, S. 51 f.
212 Vgl. die Begründung zu BGB-E, BT-Drucksache 96/08, S. 53.
213 Vgl. die Begründung zu BGB-E, BT-Drucksache 96/08, S. 54.
214 BVerfG NJW 2005, 1561 ff.
215 BVerfG NJW 2005, 1561, 1566.
216 Schulze/Dörner/Ebert-Hoeren, § 2333, Rn. 3.
217 BVerfG NJW 2005, 1561, 1565 f.

ausreichend, da andernfalls möglicherweise kein angemessener Ausgleich der gegenüberliegenden Grundrechtspositionen gefunden werden könne[218]. Praktische Auswirkungen hat diese Entscheidung bei Angriffen von Kindern oder psychisch Kranken, die im strafrechtlichen Sinne nicht schuldhaft handeln, jedoch trotzdem den Pflichtteil entzogen bekommen können[219].

c. Die Form der Entziehung

Die Entziehung des Pflichtteils ist an strenge Formvorschriften gebunden. So muss diese gem. § 2336 Abs. 1 BGB durch letztwillige Verfügung erfolgen, wobei der Entziehungsgrund, der zur Zeit der Errichtung des Testaments noch besteht sowie der konkrete Vorgang[220] unbedingt im Testament angegeben werden müssen, § 2336 Abs. 2 BGB[221]. Durch die Reform des Pflichtteilsrechts hat § 2336 Abs. 2 BGB eine Ergänzung erhalten, die sich speziell auf die neue Nr. 4 des § 2333 Abs. 1 BGB bezieht. Danach muss für eine Entziehung nach § 2333 Abs. 1 Nr. 4 BGB die Tat zur Zeit der Errichtung begangen sein und der Grund für die Unzumutbarkeit muss vorliegen. Beides hat der Erblasser in seiner letztwilligen Verfügung anzugeben. Bei besonders schwerwiegenden Taten wird sich die Unzumutbarkeit meist schon aus der Tatbegehung als solcher ergeben und bedarf keines hohen Begründungsaufwands. Bei weniger schweren Taten, deren Strafrahmen sich beispielsweise an der unteren Grenze bewegen, muss der Erblasser einen deutlich höheren Begründungsaufwand leisten, um darzulegen, weshalb diese Tat es für ihn unzumutbar macht, dem Berechtigten den Pflichtteil zu entziehen.

Hat der Erblasser dem Pflichtteilsberechtigten gem. § 2337 BGB verziehen, fasst er also die erfahrene Kränkung nicht mehr als solche auf[222], so macht dies eine bereits ausgesprochene Entziehung unwirksam, hindert den Erblasser aber nicht, dem Pflichtteilsberechtigten seinen Pflichtteil aus anderen in § 2333 BGB genannten Gründen zu entziehen. Kritisch zu betrachten ist die Tatsache, dass die Hürden für eine Pflichtteilsentziehung sehr hoch gesteckt sind, während eine Verzeihung sehr schnell angenommen wird. So müsste ein Erblasser sich dauerhaft von dem Pflichtteilsberechtigten abwenden, um nicht den Eindruck einer Verzeihung zu erwecken. Daher sollte in ein Verhalten nur dann eine Verzeihung hineininterpretiert werden, wenn der Erblasser auch wirklich die Bereitschaft zur Versöhnung zeigt und sich nicht nur um des Frieden Willens mit dem Pflichtteilsberechtigten arrangiert[223].

---

218 BVerfG NJW 2005, 1561, 1566.

219 Siehe auch Lange, ZErb 2008, 59, 60.

220 Schulze/Dörner/Ebert/Hoeren, § 2336, Rn. 3; Palandt/Edenhofer, § 2336, Rn. 2.

221 hierzu: Lange, ZErb 2008, 59, 61 f.; BGH NJW 1985, 1554 f.; OLG Köln, MittRhNotK 1998, 251 f.; Frank, § 20 Rn. 47.

222 Lange, ZErb 2008, 59, 62 f.; siehe ebenfalls zur Verzeihung Zimmermann, Der Verlust der Erbschaft, Rn. 107 ff.

223 Ähnlich: Lange, ZErb 2008, 59, 63.

5. Die „Pflichtteilsbeschränkung in guter Absicht“ (exhereditatio bona mente)

Im deutschen Bürgerlichen Gesetzbuch ist die Pflichtteilsbeschränkung in guter Absicht[224] eigens in § 2338 BGB normiert.

Die Vorschrift wurde nicht zur Bestrafung, sondern im Interesse der pflichtteilsberechtigten Abkömmlinge eingeführt[225], die entweder so überschuldet sind oder einen derart verschwenderischen Lebenswandel führen, dass ihr späterer Erwerb erheblich gefährdet ist, § 2338 Abs. 1 S. 1 BGB. Sie soll zudem als Akt der Zwangsfürsorge[226] sicherstellen, dass Familienvermögen für künftige Generationen erhalten bleiben kann. Somit stellt § 2338 BGB die einzige Möglichkeit dar, in das Pflichtteilsrecht einzugreifen, ohne dass ein Pflichtteilsentziehungsgrund des § 2333 BGB zwingend vorliegt. Zu beachten ist aber, dass § 2338 BGB nur für die Abkömmlinge des Erblassers gilt, nicht aber gegenüber den Eltern oder dem Ehegatten.

§ 2338 BGB gibt dem Erblasser die Umsetzungsmöglichkeiten einer Pflichtteilsbeschränkung an die Hand. So kann er einen der gesetzlichen Erben des Pflichtteilsberechtigten als Nacherben einsetzen und/oder eine Testamentsvollstreckung anordnen[227].

Die Pflichtteilsbeschränkung wird unwirksam, wenn sich der Abkömmling zur Zeit des Erbfalls bereits dauerhaft vom verschwenderischen Leben abgewendet hat oder die Überschuldung nicht mehr besteht[228], § 2338 Abs. 2 S. 2 BGB. Spätere Besserung, also eine solche, die nach dem Erbfall eintritt, reicht nicht aus[229]

224 Siehe hierzu auch die Ausführungen bei Zimmermann, Der Verlust der Erbschaft, Rn. 281 ff.
225 Vgl. Schulze/Dörner/Ebert/Hoeren, § 2338, Rn. 1.
226 Münchener Kommentar/Lange, § 2338, Rn. 1; Keim, NJW 2008, 2072, 2073 f.; Frank, § 20, Rn. 48.
227 Jülicher/Klinger, NJW-Spezial 2007, 157.
228 Schulze/Dörner/Ebert/Hoeren, § 2338, Rn. 5.
229 Palandt/Edenhofer, § 2338, Rn. 4.

D. Unterschiede zwischen dem Pflichtteilsrecht des Código Civil und dem des Bürgerlichen Gesetzbuchs

Zusammenfassend erkennt man, dass zwischen der spanischen und der deutschen Regelung viele Gemeinsamkeiten, aber auch große Unterschiede bestehen. Diese Unterschiede sollen im Folgenden herausarbeitet und kritisch gegenüber gestellt werden.

I. Generelle Ausgestaltung

1. Schuldrechtlicher Anspruch oder Noterbrecht?

Es gibt zwei Möglichkeiten der Ausgestaltung eines Pflichtteilsrechts. Zum einen als schuldrechtlicher Pflichtteilsanspruch, zum anderen als materielles Noterbrecht. Hier sind Spanien und Deutschland unterschiedliche Wege gegangen.

Während das spanische Pflichtteilsrecht als materielles Noterbrecht, also eine Verfügungsbeschränkung[230] des Erblassers[231], ausgestaltet ist, hat der Pflichtteilsberechtigte in Deutschland lediglich einen schuldrechtlichen Zahlungsanspruch[232], also einen Abfindungsanspruch gegen die Erben[233].

Das bedeutet im Einzelnen, dass der Pflichtteilsberechtigte in Spanien tatsächlich Erbe wird, der Pflichtteil ist unmittelbar aus den Gütern der Erbschaft zu erfüllen. Er kann bei der Nachlassverwaltung mitwirken und bei der Erbauseinandersetzung mitreden und mitentscheiden[234].

Der Pflichtteilsberechtigte in Deutschland hingegen erhält lediglich einen Geldanspruch gegen den Erben bzw. gegen die Erbengemeinschaft, § 2303 Abs. 1 S. 1 BGB, jedoch keinerlei dingliche Rechte am Nachlass[235].

---

230 In Spanien tritt – ebenso wie z. B. in Frankreich, der Schweiz oder Italien – die Nachlassbeteiligung nicht ipso iure ein, sondern sie muss durch Herabsetzungsklage geltend gemacht werden; vgl. zu den unterschiedlichen Ausgestaltungsmöglichkeiten Milzer, BWNotZ 2002, 166, 169.

231 Kroiß, Internationales Erbrecht, S. 290; Arroyo i Amayuelas, Pflichtteilsrecht in Spanien, S. 260; Selbherr, MittBayNot 2002, 165, 167; Brambring/Rierig, K. XVII.9; Mauch, BWNotZ 2001, 25, 40; Kuhn, BWNotZ 2006, 139, 145; Schömmer/Gebel, Rn. 358.

232 Münchener Kommentar/Lange, § 2303, Rn. 1; Reimann, in: Familienerbrecht und Testierfreiheit im eurpoäischen Vergleich, S. 46; Schöllhorn, Spanienimmobilien, S. 173; nach BVerfG NJW 2005, 1561, 1564 wäre es vom Gestaltungsspielraum des Gesetzgebers umfasst, auch in Deutschland ein echtes Noterbrecht einzuführen.

233 Milzer, BWNotZ 2002, 166, 169.

234 Adomeit: Einführung in das spanische Recht, S. 67.

235 Reimann, in: Familienerbrecht und Testierfreiheit im eurpoäischen Vergleich, S. 47.

2. Stellungnahme

Im Rahmen des deutschen Pflichtteilsrechts sind die Erben oft gezwungen Vermögenswerte zu verkaufen, um die Ansprüche der Pflichtteilsberechtigten erfüllen zu können, da diese ja nur einen Geldanspruch haben. Dadurch gehen vielfach Vermögensgegenstände, die möglicherweise schon seit Generationen in Familienbesitz sind, verloren. Somit scheinen die Familienbindung des Vermögens und der Erhalt der Werte für eine Ausgestaltung des Pflichtteilsrechts als echtes Noterbrecht zu sprechen.

Jedoch trifft das oben[236] dargestellte Familienbild, welches zur Zeit der Schaffung des Bürgerlichen Gesetzbuches Gültigkeit hatte, nicht mehr auf die heutige Zeit zu[237]. Es leben nicht mehr mehrere Generationen unter einem Dach und vor allem sind diese auch nicht mehr vom Familienbetrieb finanziell abhängig. Daher kann heute nur noch ein ideelles Argument für die Erhaltung der Familienerbstücke angeführt werden. Zudem bietet der neu gefasste § 2331a BGB auch für den nicht pflichtteilsberechtigten Erben eine Stundungsmöglichkeit, wenn die sofortige Erfüllung der Ansprüche eine unbillige Härte für ihn darstellen würde und die Erbschaft für den Erben und seine Familie die wirtschaftliche Lebensgrundlage bildet. Hierbei sind zwar ausdrücklich auch die Interessen des Pflichtteilsberechtigten zu berücksichtigen. Doch der Erbe erfährt durch die Neufassung des § 2331 a BGB einen weitaus größeren Schutz als dies bisher der Fall war und muss nun nicht mehr die Zerschlagung des Familienunternehmens befürchten, wenn die anderen Nachlassgegenstände nicht zur Erfüllung der Pflichtteilsansprüche ausreichen würden[238].

Weiterhin stellt sich die Frage, wie der Nachlass abgewickelt wird, wenn es beispielsweise einen testamentarischen Alleinerben gibt, dieser den Nachlass aber mit verschiedenen Noterben teilen muss. Wer entscheidet dann, aus welchen Nachlassgegenständen der Anspruch der Noterben befriedigt werden soll, wenn der Testator nur den Erben bedacht hat. Soll der Erbe entscheiden was den Noterbberechtigten zufallen soll oder entscheiden diese? Der Anspruch auf eine tatsächliche Teilhabe am Nachlass bringt demnach auch große Schwierigkeiten bei der Nachlassabwicklung mit sich. Anders beim Geldanspruch, wo klar geregelt ist, was der Pflichtteilsberechtigte bekommt, nämlich nur Geld, und daraus ergibt sich auch, dass der Erbe, sofern er den Anspruch der Pflichtteilsberechtigten nicht aus dem eigenen Barvermögen oder dem des Nachlasses bestreiten kann, darüber entscheiden darf, welche Gegenstände aus der Erbmasse er zum Zwecke der Befriedigung der Pflichtteilsberechtigten verkauft.

Für den schuldrechtlichen Anspruch spricht ebenso, dass dem Erblasserwillen dadurch am Ehesten entsprochen wird. Denn dieser möchte ja gerade seinen testamentarischen Erben den Nachlass überlassen. Außerdem erleichtert der schuldrechtliche Anspruch auch den Pflichtteilsberechtigten die Realisierung ihres An-

---

236 Vgl. Punkt B, II.

237 So auch Martiny, Gutachten zum 64. DJT, A 80.

238 Siehe auch BT-Drucksache 96/08, S. 50 f.

teils, da Streitigkeiten über den Wert einzelner Gegenstände vermieden werden und der Anspruch klar in einem bestimmten Betrag benannt werden kann, welcher der Pflichtteilsquote entspricht.

Im Ergebnis bleibt daher festzuhalten, dass die deutsche Regelung des schuldrechtlichen Anspruches der heutigen Zeit am Besten entspricht und die praktikablere Umsetzung mit sich bringt.

3. Ausschluss von der Erbfolge im Testament notwendig?

Weiterhin unterscheidet sich das deutsche Pflichtteilsrecht vom spanischen Noterbrecht insofern, als dass die Pflichtteilsquote und der gesetzliche Erbteil in Deutschland in ihrer Höhe nicht identisch sind. Die Pflichtteilsquote beträgt genau die Hälfte dessen, was der Berechtigte bekäme, wenn der Erblasser ihn nicht durch Verfügung von Todes wegen von der Erbfolge ausgeschlossen hätte, § 2303 Abs. 1 S. 2 BGB.

Das ist in Spanien anders. Außer bei Vorliegen eines Pflichtteilsentziehungsgrundes können Pflichtteilsberechtigte nicht von der Erbfolge ausgeschlossen werden. Den Abkömmlingen steht immer ihr Teil an der reserva zu. Lediglich der Anteil an der mejora hängt von der Gunst des Erblassers ab. Dieser kann aber gerade nicht bestimmen, dass seine Abkömmlinge aufgrund eines Zerwürfnisses oder aus sonstigen Gründen einen geringeren Erbteil erhalten als die vom Gesetz vorgesehenen zwei Drittel.

4. Stellungnahme

Die Flexibilität, die das spanische Recht dem Erblasser durch die Möglichkeiten der mejora und reserva zubilligt, besteht nur auf den ersten Blick. Denn er kann nur dann hiervon Gebrauch machen, wenn er mindestens einem Abkömmling tatsächlich einen großen Teil seines Vermögens zukommen lassen möchte. Will er dagegen seinen Ehegatten für die Zukunft absichern, hat er sich mit seinen Kindern überworfen oder hat er nur ein Kind, dem er nicht allein zwei Drittel seines Nachlasses hinterlassen möchte, so bietet ihm das spanische Recht keinerlei Handlungsspielraum mehr.

Durch die herabgesetzten Quoten des deutschen Rechts ist der Erblasser weit weniger gebunden. Er hat jederzeit die Möglichkeit einen Pflichtteilsberechtigten sehr großzügig zu bedenken und ihn zum Erben zu machen. Er kann ihn aber auch auf den Pflichtteil verweisen, um so mehr Handlungsfreiraum für die Vermögensverteilung zu haben. Indem das Bürgerliche Gesetzbuch in dieser Weise unterscheidet, gibt es dem Erblasser nicht nur ein Stück mehr Testierfreiheit, sondern gibt den Pflichtteilsberechtigten auch einen Anreiz sich stärker um die Familie zu kümmern und sich nicht voreilig mit den nächsten Angehörigen zu überwerfen.

Aufgrund der großen Bedeutung der Testierfreiheit und den genannten Argumenten ist eindeutig die deutsche Regelung vorzuziehen.

II. Kreis der Pflichtteilsberechtigten

1. Abkömmlinge, Ehegatte, Eltern

Der Kreis der Berechtigten unterscheidet sich im Código Civil kaum von dem im Bürgerlichen Gesetzbuch. Beide Gesetze zählen vordergründig die Abkömmlinge zum Kreise der Berechtigten, wobei die Kinder des Erblassers durch eigene Kinder repräsentiert werden können, sofern die Voraussetzungen hierfür gegeben sind[239].

Auch die hinterbliebenen Ehegatten haben einen Pflichtteilsanspruch und zwar unabhängig davon, ob neben ihnen noch Abkömmlinge oder Eltern vorhanden sind.

Eltern haben allerdings nur dann einen Anspruch, wenn keine Abkömmlinge hinterlassen werden.

Hier aber zeigt sich ein kleiner Unterschied. Während in Deutschland nur die Eltern einen Pflichtteilsanspruch haben, bedenkt der Código Civil auch noch die übrigen Aszendenten. So könnten also theoretisch auch die Großeltern des Erblassers noch einen Noterbteil geltend machen.

2. Stellungnahme zum Kreis der Berechtigten

Das Noterbrecht der entfernteren Aszendenten ist wohl von sehr geringer praktischer Bedeutung, denn in den wenigsten Fällen wird ein Erblasser, der bereits eigenes Vermögen angehäuft hat, noch Großeltern oder gar Urgroßeltern hinterlassen. Falls dies doch der Fall sein sollte, leben meist auch noch die Eltern, die vorrangig den Pflichtteil geltend machen können.

Abgesehen von der geringen praktischen Relevanz stellt sich noch die Frage, inwieweit sich eine Pflichtteilsberechtigung der Großeltern rechtfertigen lässt. Während man bei den Eltern noch argumentieren kann, dass diese oft mit der finanziellen Unterstützung während der Ausbildung den Grundstein für späteres Vermögen gelegt haben, trifft dies auf die Großeltern nicht zu. Auch besteht in der Regel eine geringere emotionale Bindung zu den Großeltern als zu den anderen Pflichtteilsberechtigten.

Folglich ist auch in diesem Punkt der deutschen Regelung der Vorzug zu geben, welche auf eine Pflichtteilsberechtigung der weiteren Aszendenten verzichtet.

---

239 Däubler, Erbschaft und Pflichtteil, S. 151.

III. Pflichtteilsquoten

Hinsichtlich der Pflichtteilsquoten unterscheiden sich beide Regelungen grundlegend. Verglichen mit der spanischen Regelung sieht das Bürgerliche Gesetzbuch eher geringe Pflichtteilsquoten vor.

1. Der Abkömmlinge

Bezüglich der Quote der Abkömmlinge ist in Art. 808 Abs. 1 CC eine starre Regelung von ⅔ des Nachlasswertes normiert. Dieser Wert gilt unabhängig davon wie viele Abkömmlinge der Erblasser hinterlässt. Jedoch besteht bei mehreren Abkömmlingen die Möglichkeit durch die reserva sowie die mejora den Anteil von einzelnen Abkömmlingen im Vergleich zu anderen aufzubessern, Art. 808 Abs. 2 CC[240]. Bestenfalls erhält ein Abkömmling, wenn er keine Geschwister hat, ganze ⅔ des Nachlasses.

Das Bürgerliche Gesetzbuch legt die Höhe des Pflichtteilsanspruchs der Abkömmlinge in der Hälfte des gesetzlichen Erbteils fest, § 2303 Abs. 1 S. 2 BGB. Diese Quote kann aber nicht als starr bezeichnet werden, da sie von unterschiedlichen Faktoren abhängt. So variiert sie je nachdem wie viele Abkömmlinge vorhanden sind und ob diese mit dem hinterbliebenen Ehepartner zusammen treffen. Zudem spielen der Güterstand der Ehegatten und die Frage, ob der Hinterbliebene den großen oder den kleinen Pflichtteil geltend macht eine Rolle[241].

Die maximale Pflichtteilsquote eines Abkömmlings besteht bestenfalls aber trotzdem nur bei der Hälfte des Nachlasswertes und zwar dann, wenn der Erblasser nur einen Abkömmling hinterlässt und keinen Ehegatten[242]. Je mehr Pflichtteilsberechtigte dazu kommen, desto geringer wird die Quote des Einzelnen.

2. Stellungnahme zur Pflichtteilsquote der Abkömmlinge

Die spanische Regelung hat große Vorteile, da schon aus dem Gesetz genau abzulesen ist, wie hoch die Quote der Abkömmlinge ist. So bleiben dem Erblasser größere Berechnungen erspart, er weiß von vorne herein, wie viel vom Nachlass den einzelnen Noterbberechtigten zusteht und hat damit auch eine gewisse Planungssicherheit was den freien Nachlassanteil betrifft. Daher ist in diesem Punkt der spanischen Regelung der Vorzug zu geben.

---

240 Casals/Feliu, Testierfreiheit im innerspanischen Vergleich, S. 308; Adomeit: Einführung in das spanische Recht, S. 66.

241 Reimann, in: Familienerbrecht und Testierfreiheit im eurpoäischen Vergleich, S. 37.

242 Denn dann erbt nach der gesetzlichen Erbfolge gem. § 1924 Abs. 1, 4 i. V. m. § 1930 BGB nur dieser Abkömmling die gesamte Hinterlassenschaft. Die Höhe des Pflichtteils liegt gem. § 2303 Abs. 1 S. 2 BGB bei der Hälfte, was auch der Hälfte des Nachlasses entspricht.

Allerdings ist auch zu bedenken, dass die spanische Quote, die ⅔ des Nachlasses allein für die Abkömmlinge vorsieht, mehr als großzügig ist. Insbesondere entspricht im Código Civil der Noterbteil genau dem gesetzlichen Erbteil, was die Möglichkeiten des Erblassers einen Abkömmling zu enterben stark einschränkt.

Jedoch ist die Lösung, die der spanische Gesetzgeber für dieses Problem gefunden hat, durchaus begrüßenswert. Zu beachten ist hier aber, dass der Erblasser nur dann auf die Instrumente der mejora und reserva zugreifen kann, wenn er mehr als einen Abkömmling hat. Hinterlässt er dagegen nur ein Kind, dem er auch noch möglichst wenig Vermögen zukommen lassen möchte, so bleibt es trotzdem dabei, dass dem Abkömmling ⅔ der Hinterlassenschaft zufallen müssen. Die Flexibilität dieser Lösung besteht also nur auf den ersten Blick. Auf Grund dessen wird das Bürgerliche Gesetzbuch dem Interesse des Erblassers in dieser Hinsicht besser gerecht. Der gesetzliche Erbteil ist hier pauschal doppelt so hoch wie der Pflichtteil, was dem Erblasser auch bei nur einem Abkömmling die Möglichkeit gibt, diesem eine geringere Beteiligung zufallen zu lassen. Insgesamt wird das Bürgerliche Gesetzbuch der Testierfreiheit in diesem Punkt also besser gerecht als der Código Civil und ist diesem – was die Höhe der Quote betrifft – vorzuziehen. Da dem Erblasser mit dem vergleichsweise geringen Nachlassanteil aufgrund des Pflichtteilsrechts und der Möglichkeit nach Belieben mehr als den Pflichtteil zu hinterlassen, eine noch viel flexiblere Lösung an die Hand gegeben wurde als dem Erblasser im spanischen Recht, wird im deutschen Recht auch gar keine variable Quote wie die mejora benötigt. Trotzdem ist festzuhalten, dass eine klar aus dem Gesetz ablesbare Quote auch im deutschen Recht wünschenswert wäre.

3. Die Quote der Eltern

Die Quote der Eltern ist im Código Civil ebenfalls genau beziffert. Sie beträgt die Hälfte des Nachlasses, wenn kein Ehegatte vorhanden ist. Hinterlässt der Erblasser aber einen Ehegatten, so beträgt der Anteil der Eltern ⅓[243].

Im deutschen Recht hängt die Nachlassquote der Eltern wieder von den bereits oben genannten Faktoren[244] ab. Leben noch beide Elternteile und gibt es keinen pflichtteilsberechtigten Ehegatten, können die Eltern gemeinsam auch auf eine Pflichtteilsquote von der Hälfte der Erbschaft kommen[245].

Hinterlässt der Erblasser aber einen Ehegatten, so ist die Quote der Eltern geringer, aber aufgrund der zu berücksichtigenden Faktoren nicht pauschal zu beziffern. Damit besteht hinsichtlich der Nachlassquote der Eltern, sofern kein hinter-

243 Siehe auch Casals/Feliu, Testierfreiheit im innerspanischen Vergleich, S. 309; Flick/Piltz, Der internationale Erbfall, Rn. 907.

244 Siehe Punkt D, III, 1.

245 Dies ergibt sich aus der Hälfte des gesetzlichen Erbteils (§ 2303 Abs. 2 S. 1 i. V. m. Abs. 1 S. 2 BGB), welcher gem. § 1925 Abs. 1, 2 i. V. m. § 1930 BGB den gesamten Nachlass umfasst, den sich die Eltern untereinander zu gleichen Teilen aufteilen.

bliebener Ehegatte vorhanden ist, zwischen beiden Rechtsordnungen kein Unterschied.

4. Stellungnahme zur Pflichtteilsquote der Eltern

Die Pflichtteilsquoten der Eltern unterscheiden sich in der Höhe kaum. Der einzige Unterschied liegt darin, dass die Pflichtteilsquoten im spanischen Recht dem Gesetz zu entnehmen sind und nicht von anderen Umständen, wie dem Güterstand des Ehegatten abhängen. Diese Regelung ist der Deutschen aus den unter Punkt 2 bereits genannten Argumenten vorzuziehen.

5. Die Quote des hinterbliebenen Ehegatten

Große Unterschiede bestehen bei der Pflichtteilsquote des hinterbliebenen Ehegatten.

Im spanischen Recht bekommt er lediglich einen Nießbrauchsanspruch[246]. Neben Abkömmlingen erhält er den Nießbrauch am Drittel der mejora, Art. 834 CC. Neben den Eltern des Erblassers steht dem Ehegatten der Nießbrauch an der Hälfte des Nachlasses zu, Art. 837 CC.

Im deutschen Recht steht der Ehegatte den übrigen Pflichtteilsberechtigten in nichts nach. Er muss sich nicht mit einem Nießbrauchsanspruch begnügen, ihm steht ebenfalls ein schuldrechtlicher Anspruch in Geld gegen die Erben zu, welcher die Hälfte des gesetzlichen Erbteils beträgt, § 2303 Abs. 2 S. 1 i. V. m. Abs. 1 S. 2 BGB. Grundsätzlich beläuft sich der Pflichtteil des Ehegatten dann auf ⅛ neben Abkömmlingen und auf ¼ neben den Eltern, §§ 1931 Abs. 1 S. 1 i. V. m. 2303 Abs. 2 S. 1 i. V. m. Abs. 1 S. 2 BGB. Wie oben bereits ausgeführt, hängt die Pflichtteilsquote davon ab, in welchem Güterstand die Ehegatten verheiratet waren.

6. Stellungnahme zur Pflichtteilsquote des hinterbliebenen Ehegatten

Zunächst muss im Rahmen der Diskussion um die spanische Regelung immer bedacht werden, dass die güterrechtliche Auseinandersetzung in Spanien unabhängig von der erbrechtlichen erfolgt und der hinterbliebene Ehegatte daher bereits je nach gewähltem Güterstand einen Anteil am Vermögen des Erblassers erhalten hat. Trotzdem erhält der Ehegatte in Deutschland über seinen güterrechtlichen Ausgleich hinaus einen echten schuldrechtlichen Anspruch gegen die Erben, was im Código Civil durch den Nießbrauch ersetzt ist.

---

246 Casals/Feliu, Testierfreiheit im innerspanischen Vergleich, S. 309.

Vorteilhaft daran, dass der verwitwete Ehegatte lediglich einen Nießbrauchsanspruch an einer bestimmten Nachlassquote bekommt ist, dass so sicher gestellt werden kann, dass das Vermögen auch tatsächlich in der Familie bleibt. Der Ehegatte ist lediglich Nutznießer. Damit können die Gegenstände auch nach seinem Tod nicht an den zweiten Ehegatten oder die Kinder aus zweiter Ehe weitergegeben werden, sondern sie bleiben in der Familie des Erblassers[247].

Problematisch an der Aufspaltung des Nachlasses in Eigentum und Nießbrauch ist aber, dass der mit dem Nießbrauch belastete Anteil an der Erbmasse für die Eigentümer eigentlich nutzloses Eigentum darstellt, solange der hinterbliebene Ehegatte lebt. Zudem sind sie mit dem Risiko des Wertverfalls belastet[248]. Zwar hat der Gesetzgeber hierfür die sog. Umwandlung[249] des Nießbrauchsanspruches in Geld vorgesehen, Art. 841 ff CC. Diese ist aber sehr umständlich und stellt auch keine echte Alternative zu einer klaren Regelung dar, die dem Ehegatten einen Geldanspruch oder aber einen Anteil an der Erbmasse zukommen lässt.

Zusammenfassend ist festzustellen, dass zwar die Familiengebundenheit des Vermögens sehr große Berücksichtigung im Código Civil gefunden hat, diese aber gleichzeitig durch die Belastung mit dem Nießbrauch wieder ausgehöhlt wurde. Daher erscheint es sinnvoll, dem Ehegatten eine eigene Beteiligung am Nachlass zuzusprechen, sei es als Geldanspruch oder aber als echte Beteiligung. Um der Familiengebundenheit des Vermögens größere Bedeutung zu geben, wäre es ebenfalls möglich die Quote des hinterbliebenen Ehegatten etwas geringer zu halten, diesen dafür aber beispielsweise mit einer anteiligen Leibrente aus dem Nachlass zu versorgen. So käme ihm der Nachlass zu einem Teil jedenfalls nur so lange zu Gute, wie er ihn tatsächlich benötigt und fiele nicht in die Hände des zweiten Ehegatten oder der Kinder aus zweiter Ehe.

Trotzdem sollte nicht außen vor gelassen werden, dass die Ehegatten das Vermögen in den meisten Fällen gemeinsam erwirtschaftet haben und dieses daher nicht nur der Familie des Erblassers zugeordnet werden kann. Mit einer Leibrente müsste ein Teil des Nachlasses zudem stets zur Verfügung gehalten werden und könnte von den tatsächlichen Erben nicht genutzt werden, solange sie zur Zahlung verpflichtet sind. Deshalb ist die Lösung des Bürgerlichen Gesetzbuches, welches dem Ehegatten einen schuldrechtlichen Anspruch an einem Teil des Nachlasses zugesteht, diejenige, die die klarsten Verhältnisse schafft und nicht lediglich blankes Eigentum vererbt.

Die Erben haben ihre Dispositionsfreiheit sowie auch die Nutzungsmöglichkeiten an denjenigen Gegenständen, die ihnen zugefallen sind. Der Ehegatte ist ebenfalls versorgt mit dem güterrechtlichen Ausgleich sowie seinem eigenen Nachlassanteil.

247 Sánchez-Henke, Das Ehegattenerbrecht im spanischen Recht, S. 54.

248 Siehe auch: Sánchez-Henke, Das Ehegattenerbrecht im spanischen Recht, S. 42.

249 Vertiefend hierzu, vgl. die Ausführungen bei Sánchez-Henke, Das Ehegattenerbrecht im spanischen Recht, S. 42 ff.

IV. Pflichtteilsergänzungsanspruch

1. Gegenüberstellung

Während es im spanischen Recht für die Anrechnung von Schenkungen keinerlei zeitliche Grenzen gibt[250], hat das Bürgerliche Gesetzbuch eine Pro-Rata-Lösung gewählt, wonach Schenkungen nur im ersten Jahr vor dem Erbfall gänzlich berücksichtigt werden. Jedes weitere Jahr vor dem Erbfall wird die Schenkung um ein Zehntel weniger berücksichtigt. Erst zehn Jahre nach der Schenkung bleibt diese unberücksichtigt. Fand die Schenkung unter Ehegatten statt, so beginnt diese Frist sogar erst dann zu laufen, wenn die Ehe aufgelöst wurde, § 2325 Abs. 3 BGB. Allerdings werden die Schenkungen nach dem Código Civil in umgekehrter Reihenfolge berücksichtigt, Art. 656 CC. Liegen also zwei oder mehr Schenkungen vor und haben nicht alle in dem verfügbaren Teil der Erbmasse Platz, so werden hinsichtlich des Übermaßes die vom Datum her jüngeren gestrichen oder herabgesetzt.

2. Stellungnahme zum Pflichtteilsergänzungsanspruch

Der Beschenkte muss schon im deutschen Recht zehn Jahre mit der Unsicherheit leben, dass das Geschenkte teilweise von den Pflichtteilsberechtigten zurückgefordert werden kann, wenn der Schenker in der Zwischenzeit verstirbt. Zwar richtet sich der Pflichtteilsergänzungsanspruch in erster Linie gegen den Erben, soweit dieser aber nicht leisten muss, hat der Pflichtteilsberechtigte mit § 2329 BGB eine direkte Durchgriffsmöglichkeit auf den Beschenkten. Damit sind diesem praktisch die Hände gebunden, er kann mit dem Geschenk erst nach Ablauf der Frist vollständig wirtschaften, da er immer mit Ansprüchen der Pflichtteilsberechtigten rechnen muss.

Als noch unsicherer gestaltet sich die Position des Ehegatten. Dieser kann erst zehn Jahre nach Auflösung der Ehe auf den Bestand der ganzen Schenkung vertrauen. Wenn also die Ehe erst mit dem Tod des einen Ehegatten endet, so muss der hinterbliebene Ehegatte das Geschenk bzw. den Wert des Geschenkes, selbst wenn die eigentliche Schenkung schon weit mehr als zehn Jahre zurück liegt, zum Nachlass hinzurechnen lassen. Dies kann, ebenso wie bei einer Schenkung an einen Dritten, dazu führen, dass der verwitwete Ehegatte selbst herangezogen wird, sofern der übrige Nachlass nicht zur Deckung der Pflichtteilsergänzungsansprüche ausreicht.

Nachdem die deutsche Regelung bereits mit einer langen Zeit der Unsicherheit für den Beschenkten verbunden ist, gilt das noch viel mehr für das spanische Recht. Hier kann der Beschenkte sich nicht auf den Bestand der Schenkung ver-

---

250 Arroyo i Amayuelas, Pflichtteilsrecht in Spanien, S. 267.

lassen, solange der Schenker noch lebt und daher im Todesfall Pflichtteilsergänzungsansprüche zu befürchten sind. Der Wert sämtlicher Schenkungen, die über eine Anstandsschenkung hinausgehen, wird zum Nachlass hinzu gerechnet. Eine kleine Erleichterung wird dem Begünstigten dadurch verschafft, dass die Schenkungen in umgekehrter Reihenfolge berücksichtigt werden. Das bedeutet, dass vorrangig die zuletzt Beschenkten für die Ergänzungsansprüche haften. Hat der Erblasser also über einen längeren Zeitraum hinweg verschiedenen Personen etwas zukommen lassen, so wird zunächst die zeitlich am kürzesten zurück liegende Schenkung herangezogen.

Trotz dieser Einschränkung ist die Regelung des Bürgerlichen Gesetzbuches eindeutig zu bevorzugen. Hier wurden den Parteien greifbare Fristen an die Hand gegeben. Nach Ablauf von zehn Jahren kann sich der Begünstigte auf den Bestand der Schenkung verlassen und muss nicht mehr damit rechnen die Sache herauszugeben bzw. Wertersatz leisten zu müssen. Außerdem ist durch die Reform des Pflichtteilsrechts eine Erleichterung für den Beschenkten eingetreten, denn die Schenkung wird jedes Jahr um ein Zehntel weniger berücksichtigt, sodass er beispielsweise im neunten Jahr nach der Schenkung nur noch die Rückforderung eines Zehntels befürchten muss, während er mit den übrigen neunzig Prozent bereits voll wirtschaften kann. Die Berücksichtigung der Schenkungen in umgekehrter Reihenfolge stellt nur dann eine Erleichterung dar, wenn mehrere Vermögensübertragungen stattgefunden haben. Da aber auch der Beschenkte ein berechtigtes Interesse daran hat, mit dem Erhaltenen zu wirtschaften, ist die klare Regelung des deutschen Rechts vorzuziehen.

V. Pflichtteilsentziehung

Beide Rechtsordnungen sehen eine Möglichkeit zur Pflichtteilsentziehung für jeden Pflichtteilsberechtigten vor. Auch hier wird deutlich, dass die unterschiedlichen Rechtsordnungen sich auch für voneinander abweichende Ausgestaltungen entschieden haben.

1. Die Pflichtteilsentziehung der Abkömmlinge

Hier müssen die Normen der Art. 853, 756 Nrn. 2, 3, 5 und 6 CC und § 2333 Abs. 1 BGB gegenübergestellt werden. Eine Übereinstimmung findet sich in der Bestimmung, dass der Pflichtteil entzogen werden kann, wenn der Abkömmling dem Erblasser, seinem Ehegatten oder einem seiner Abkömmlinge nach dem Leben trachtet. Jedoch fordert der Código Civil zusätzlich noch die gerichtliche Verurteilung des Abkömmlings und erweitert den Personenkreis zusätzlich auf Aszendenten. Das Bürgerliche Gesetzbuch spricht die Aszendenten zwar nicht ausdrücklich an, jedoch umfasst der Gesetzestext dem Erblasser ähnlich nahe stehende Personen und geht damit weiter als das spanische Recht, da hierunter auch beispielsweise nichteheliche Lebenspartner oder Stiefkinder fallen.

Die böswillige bzw. ungerechtfertige Unterhaltsverweigerung eines Abkömmlings gegenüber dem Erblasser zieht sowohl im Código Civil (Art. 853 Nr. 1 CC) als auch im Bürgerlichen Gesetzbuch (§ 2333 Abs. I Nr. 3 BGB) die Pflichtteilsentziehung nach sich.

Auch die körperliche Misshandlung des Erblassers ist beiden Rechtsordnungen nach ein Grund dem Abkömmling den Pflichtteil zu entziehen. Dieser Grund ist im Bürgerlichen Gesetzbuch zwar nicht mehr als eigener Punkt aufgeführt, allerdings fällt die körperliche Misshandlung nun unter § 2333 Abs. 1 Nr. 2 BGB[251].

Im Código Civil ist jedoch auch die schwere verbale Beleidigung des Erblassers aufgeführt. Diese führt im deutschen Recht nur ausnahmsweise zu einer Pflichtteilsentziehungsmöglichkeit des Erblassers, nämlich dann, wenn die Beleidigungen sich auf die körperliche Gesundheit des Erblassers auswirken, wobei sich der Vorsatz des Pflichtteilsberechtigten dann auf die verursachten körperlichen Schäden beziehen muss[252].

Eine Regelung, die sich nur im spanischen Recht findet, ist die des Art. 853 i. V. m. Art. 756 Nr. 3 CC. Den Erblasser in verleumderischer Weise der Begehung einer Straftat zu beschuldigen, stellt im Bürgerlichen Gesetzbuch keinen eigenen Pflichtteilsentziehungsgrund dar. Allenfalls in besonders schweren Fällen kann dies ein schweres vorsätzliches Vergehen darstellen und somit unter § 2333 Abs. 1 Nr. 3 BGB fallen.

Ebenfalls findet sich in § 2333 Abs. 1 BGB keine Entsprechung zu den Bestimmungen des Código Civil, welche es bestrafen, wenn der Abkömmling den Testator oder einen anderen durch Drohung, arglistige Täuschung oder Gewalt zur Errichtung oder Abänderung eines Testaments veranlasst hat, diese findet sich im deutschen Recht nämlich im Rahmen der Erbunwürdigkeit. Danach ist erbunwürdig, wer den Erblasser vorsätzlich und widerrechtlich verhindert hat, eine Verfügung von Todes wegen zu errichten oder aufzuheben, § 2339 Abs. 1 Nr. 2 BGB[253]. Wurde der Erbe im Rahmen einer Anfechtungsklage für erbunwürdig erklärt, so gilt der Anfall der Erbschaft an ihn als nicht erfolgt, § 2344 Abs. 1 BGB.

Nur im deutschen Recht findet sich der Entziehungsgrund, der es bestraft, wenn ein Abkömmling sich gegenüber dem Erblasser, dessen Ehegatten, einem Abkömmling oder einer dem Erblasser ähnlich nahe stehenden Person eines Verbrechens oder schweren vorsätzlichen Vergehens schuldig macht.

Schließlich kann nach § 2333 Abs. 1 Nr. 4 BGB auch dann der Pflichtteil entzogen werden, wenn der Abkömmling wegen einer vorsätzlichen Straftat zu einer Freiheitsstrafe von mindestens einem Jahr ohne Bewährung rechtskräftig verur-

251 Vgl. die Begründung zu BGB-E, BT-Drucksache 96/08, S. 50 f.

252 Münchener Kommentar/Lange, § 2333, Rn. 13; Schulze/Dörner/Ebert/Hoeren, § 2333, Rn. 7; Zimmermann, Der Verlust der Erbschaft, Rn. 101.

253 Vgl. zur Erbunwürdigkeit die Ausführungen bei Muscheler, ZEV 2009, 58 ff.

teilt wurde und daher die Teilhabe des Abkömmlings am Nachlass für den Erblasser unzumutbar ist. Ebendies gilt, wenn die Unterbringung in einem psychiatrischen Krankenhaus oder in einer Entziehungsanstalt wegen einer ähnlich schwerwiegenden vorsätzlichen Tat rechtskräftig angeordnet wird. Ein solcher Entziehungsgrund findet sich im Código Civil nicht.

a. Gegenüberstellung der Pflichtteilsentziehungsgründe der Abkömmlinge

Pflichtteilsentziehungsgrund	**Spanien**	**Deutschland**
Nach dem Leben des Erblassers, seinem Ehegatten oder eines Abkömmlings trachten	+ Fordert zusätzl. gerichtliche Verurteilung, bezieht sich auch auf Aszendenten	+ Bezieht sich auch auf dem Erblasser ähnlich nahe stehende Personen
Unterhaltsverweigerung	+	+
Körperliche Misshandlung	+ Auch bei schwerer verbaler Beleidigung	+ Jetzt aber von § 2333 Abs. 1 Nr. 2 BGB miterfasst
Erblasser der Begehung einer Straftat beschuldigen	+	-/+ Fällt u. U. unter § 2333 Abs. 1 Nr. 2 BGB
Testator oder anderen durch Nötigungsmittel zur Errichtung oder Änderung des Testaments veranlassen	+	- Dafür aber in § 2339 Abs. 1 Nr. 2 BGB allgemein geregelt
Verüben eines Verbrechens oder schweren vorsätzlichen Vergehens ggü. dem Erblasser, dessen Ehegatten, Abkömmlingen und ähnlich nahe stehenden Personen	-	+
Verurteilung zu einer Freiheitsstrafe / psych. KH / Entziehungsanstalt und daher Unzumutbarkeit für den Erblasser.	-	+

Abbildung 2: Gegenüberstellung der Pflichtteilsentziehungsgründe der Abkömmlinge

b. Stellungnahme zu den Pflichtteilsentziehungsgründen der Abkömmlinge

Bedenkt man, wie stark das Pflichtteilsrecht in die Testierfreiheit des Erblassers eingreift und dass, anders als noch vor 100 Jahren, die Pflichtteilsberechtigten meist finanziell nicht mehr auf den Pflichtteil angewiesen sind, sondern dieser nur einen „Bonus" auf den eigenen Lebensunterhalt darstellt, so ist es nur gerechtfertigt, dass dem Erblasser bei schwerwiegenden Verfehlungen die Möglichkeit zur Pflichtteilsentziehung gegeben wird. Wie diese schwerwiegenden Verfehlungen zu definieren sind, hat der spanische Gesetzgeber teilweise anders beurteilt als der deutsche. Es stellt sich also an dieser Stelle die Frage, ob es sinnvoll wäre, einige der spanischen Regelungen auch für das deutsche Recht heranzuziehen, bzw. welcher Katalog die sinnvolleren und zeitgemäßeren Regelungen beinhaltet.

Zunächst ist es aus den oben genannten Gründen zu befürworten, im Zweifel den Interessen des Erblassers den Vorzug zu geben. Daher ist der spanischen Regelung, die nicht nur verlangt, dass der Pflichtteilsberechtigte dem Erblasser nach dem Leben trachtet, sondern auch, dass dieser bereits gerichtlich verurteilt ist, nicht zu folgen. Natürlich ist nicht auszuschließen, dass ohne das Kriterium der gerichtlichen Verurteilung unter Umständen einem Pflichtteilsberechtigten Unrecht getan wird, allerdings ist bei einem solchen Delikt das Erblasserinteresse als höher einzustufen, als das des Pflichtteilsberechtigten, der ohnehin bereits einen Verdacht auf sich gelenkt hat, auch wenn dieser noch nicht strafgerichtlich festgestellt wurde.

Zu befürworten ist wiederum die Einbeziehung von dem Erblasser ähnlich nahe stehenden Personen in den Kreis der vom Bürgerlichen Gesetzbuch geschützten Personen. Denn der Erblasser hat ein Interesse daran, dass er sein Vermögen nicht an solche Abkömmlinge weiter gibt, die einer ihm besonders nahe stehenden Person nach dem Leben trachten.

Auch wenn der persönliche Schutzbereich des Art. 853 Nr. 2 CC weitaus enger ist als im deutschen Recht, hat er trotzdem einen Vorteil gegenüber der Regelung des Bürgerlichen Gesetzbuches. Der Código Civil erfasst neben der körperlichen Misshandlung auch die schwere verbale Beleidigung. So werden nicht nur körperliche, sondern auch psychische Übergriffe auf den Erblasser einbegriffen, die oftmals mindestens genau so schwere Folgen für die angegriffene Person mit sich bringen wie körperliche Verletzungen[254].

Das verleumderische Beschuldigen der Begehung einer Straftat, was im Código Civil die Pflichtteilsentziehung mit sich bringt, ist im Bürgerlichen Gesetzbuch nicht ausdrücklich aufgeführt. Allenfalls in besonders gravierenden Fällen kann dies ein schweres vorsätzliches Vergehen darstellen und somit unter §

254 So auch Haas, ZEV 2000, 249, 259; Schlüter, in: 50 Jahre BGH, S. 1053.

2333 Abs. 1 Nr. 3 BGB fallen. Verglichen mit den übrigen Gründen, die eine Pflichtteilsentziehung möglich machen, erscheint es als nicht notwendig, diesen Punkt gesondert im Gesetz zu nennen. Denn durch § 2333 Abs. 1 Nr. 2 BGB wird ein gerechter Ausgleich zwischen den Interessen des Erblassers und denen des Pflichtteilsberechtigten gefunden. Der Pflichtteilsberechtigte soll nicht wegen jedes verbalen Ausrutschers seines Pflichtteils beraubt werden können. Andererseits wird durch die Regelung des Bürgerlichen Gesetzbuches auch gewährleistet, dass der Erblasser nicht alles hinnehmen muss, ohne Konsequenzen aus dem Handeln der Pflichtteilsberechtigten ziehen zu können.

Dass die Begehung eines Verbrechens oder schweren vorsätzlichen Vergehens am Erblasser, dessen Ehegatten, Abkömmlingen oder ähnlich nahe stehenden Personen mit der Entziehung des Pflichtteils bestraft werden kann, ist nur zu befürworten. Es ist dem Erblasser nicht zuzumuten, solchen Taten machtlos gegenüber zu stehen. Indem im Rahmen von Vergehen nur schwere und solche erfasst sind, die vorsätzlich begangen wurden, ist auch einem Missbrauch vorgebeugt, da der Erblasser nicht schon den geringsten Fehltritt eines unliebsamen Abkömmlings zum Anlass nehmen kann, diesem den Pflichtteil zu entziehen. Es fällt auf, dass das Bürgerliche Gesetzbuch mit § 2333 Abs. 1 Nr. 2 eine sehr viel offenere und allgemeinere Regelung geschaffen hat als der Código Civil. Denn im spanischen Recht wurden nur vereinzelte Vergehen aufgeführt, andere strafrechtliche Tatbestände werden nicht erfasst und können auch nicht mit einer Pflichtteilsentziehung bestraft werden. Die deutsche Norm bringt eine weitaus größere Flexibilität und auch Gerechtigkeit mit sich als die spanische Regelung.

Der neu ins Bürgerliche Gesetzbuch eingefügte Pflichtteilsentziehungsgrund des § 2333 Abs. 1 Nr. 4 stellt eine begrüßenswerte Neuerung dar. Anders als § 2333 Abs. 1 Nr. 2 BGB kann der Erblasser hier den Pflichtteil nämlich auch dann entziehen, wenn der Pflichtteilsberechtigte sich einer Straftat gegenüber einem völlig unbekannten Dritten schuldig gemacht hat. Denn hier kommt es nicht darauf an, dass das Verhältnis zwischen Erblasser und Abkömmling dadurch geschädigt wurde, dass der Erblasser selbst oder eine ihm sehr nahe stehende Person Opfer eines Verbrechens oder schweren Vergehens seitens des Abkömmlings geworden ist. Es geht vielmehr darum, dass es dem Erblasser richtigerweise nicht zuzumuten ist, jede denkbare Verfehlung zu tolerieren, solange nicht er selbst oder ein ihm Nahestehender betroffen ist.

Zusammenfassend kann nach einem Vergleich der Pflichtteilsentziehungsgründe der Abkömmlinge gesagt werden, dass das Bürgerliche Gesetzbuch gerade nach der am 01. Januar 2010 in Kraft getretenen Reform, ebenso wie das spanische Recht, versucht den Erblasserinteressen so gut wie möglich gerecht zu werden, ohne hierbei auch die berechtigten Interessen des Pflichtteilsberechtigten außer Acht zu lassen. Die Pflichtteilsentziehungsmöglichkeit bei schweren verbalen Beleidigungen, die sich im Código Civil findet, sollte vom deutschen Gesetzgeber unbedingt aufgegriffen werden. In diesem Punkt ist dem spanischen Recht der Vorzug zu geben. Die Einbeziehung verbaler Misshandlungen wird den heutigen Bedürfnissen weitaus besser gerecht und stellt eine sinnvolle Ergänzung zu den aktuellen Pflichtteilsentziehungsgründen des Bürgerlichen Gesetzbuches dar.

2. Die Pflichtteilsentziehung der Eltern

Auch bei einer Gegenüberstellung von Art. 854 CC und § 2333 Abs. 2 i. V. m. Abs. 1 BGB finden sich mehrere Unterschiede, wobei auffällt, dass der Código Civil deutlich detailliertere und strengere Regelungen für die Eltern vorsieht als das Bürgerliche Gesetzbuch. So erhält der Elternteil nach spanischem Recht unter Umständen dann keinen Pflichtteil, wenn er seine Kinder im Stich gelassen, prostituiert oder zur Unzucht verleitet hat. Einen solchen Pflichtteilsentziehungsgrund kennt das Bürgerliche Gesetzbuch nicht.

Gleiches gilt, wenn der pflichtteilsberechtigte Elternteil den Erblasser in verleumderischer Weise einer Straftat beschuldigt hat, die das Gesetz mit schwerer Strafe bedroht. Dieser Punkt wird im Bürgerlichen Gesetzbuch nicht gesondert aufgeführt, fällt allerdings bei schweren Fällen ebenfalls unter den in seinem Anwendungsbereich deutlich weiteren § 2333 Abs. 2, Abs. 1 Nr. 2 BGB.

Ebenfalls keinen Pflichtteil erhält der Elternteil, der den Erblasser oder einen anderen durch Drohung, arglistige Täuschung oder Gewalt dazu gebracht hat ein Testament zu errichten oder abzuändern, wobei hier wiederum die deutsche Regelung des § 2339 Abs. 1 Nr. 2 BGB zu beachten ist, wonach der beschriebene Tatbestand eine Erbunwürdigkeit nach sich zieht[255].

Hinzu kommt die Pflichtteilsentziehung aufgrund des Verlustes der elterlichen Gewalt wegen der Nichterfüllung der elterlichen Pflichten, sowie wenn ein Elternteil dem anderen nach dem Leben getrachtet und es zwischen ihnen keine Aussöhnung gegeben hat. Seit der Reform bedarf im Bürgerlichen Gesetzbuch auch dieser Punkt keiner eigenen Aufzählung mehr, denn § 2333 Abs. 2, Abs. 1 Nr. 1 BGB umfasst nun auch den anderen Elternteil als eine dem Erblasser ähnlich nahe stehende Person.

Sowohl im Código Civil als auch im Bürgerlichen Gesetzbuch ist eine Pflichtteilsentziehung möglich, wenn der Pflichtteilsberechtigte dem Erblasser, seinem Ehegatten oder einem Abkömmling nach dem Leben trachtet. Auch im Falle des Elternpflichtteils erweitert der Código Civil den Personenkreis auf die Aszendenten und fordert zusätzlich eine gerichtliche Verurteilung des Elternteils, während das Bürgerliche Gesetzbuch seit der Reform des Pflichtteilsrechts auch dem Erblasser ähnlich nahe stehende Personen in den persönlichen Schutzbereich mit einbezieht. Ebenso erhält ein Elternteil dann keinen Pflichtteil, wenn er den Kindern oder Abkömmlingen ohne berechtigten Grund den Unterhalt verweigert hat, dies gilt sowohl für das deutsche als auch für das spanische Recht.

Einzig der Pflichtteilsentziehungsgrund, welcher bestimmt, dass der Elternpflichtteil entzogen werden kann, wenn der Pflichtteilsberechtigte sich dem Ab-

255 Siehe die Ausführung unter D, V, 1.

kömmling gegenüber eines Verbrechens oder eines schweren vorsätzlichen Vergehens gegen den Erblasser, dessen Ehegatten, einen Abkömmling oder ihm ähnlich nahe stehende Personen schuldig macht, findet sich nur im Bürgerlichen Gesetzbuch.

Schließlich kann im Bürgerlichen Gesetzbuch auch dann der Pflichtteil der Eltern entzogen werden, wenn der Elternteil wegen einer vorsätzlichen Straftat zu einer Freiheitsstrafe von mindestens einem Jahr ohne Bewährung rechtskräftig verurteilt wurde und daher die Teilhabe des betroffenen Elternteils am Nachlass für den Erblasser unzumutbar ist. Ebendies gilt, wenn die Unterbringung in einem psychiatrischen Krankenhaus oder in einer Entziehungsanstalt wegen einer ähnlich schwerwiegenden vorsätzlichen Tat rechtskräftig angeordnet wird. Ein solcher Entziehungsgrund findet sich im Código Civil nicht.

a. Gegenüberstellung der Pflichtteilsentziehungsgründe der Eltern

Pflichtteilsentziehungsgrund	**Spanien**	**Deutschland**
Kinder im Stich gelassen, prostituiert oder zur Unzucht verleitet	+	-
Erblasser der Begehung einer Straftat beschuldigen	+	-/+ Fällt u. U. unter § 2333 Abs. 1 Nr. 2 BGB
Testator oder anderen durch Nötigungsmittel zur Errichtung oder Änderung des Testaments veranlassen	+	- Dafür in § 2339 Abs. 1 Nr. 2 BGB allgemein geregelt
Verlust der elterlichen Gewalt aufgrund Nichterfüllung der elterlichen Pflichten	+	-
Dem anderen Elternteil nach dem Leben getrachtet	+	+ Da nun von § 2333 Abs. 1 Nr. 1 BGB miterfasst
Unterhaltsverweigerung	+	+
Nach dem Leben des Erb-	+	+

lassers, seinem Ehegatten oder eines Abkömmlings trachten	Fordert zusätzl. gerichtliche Verurteilung, bezieht sich auch auf Aszendenten	Umfasst auch dem Erblasser ähnlich nahe stehende Personen
Verüben eines Verbrechens oder schweren vorsätzlichen Vergehens ggü. dem Erblasser, dessen Ehegatten, Abkömmlingen oder anderen ihm ähnlich nahe stehenden Personen	-	+
Verurteilung zu einer Freiheitsstrafe / psych. KH / Entziehungsanstalt und daher Unzumutbarkeit für den Erblasser.	-	+

Abbildung 3: Gegenüberstellung der Pflichtteilsentziehungsgründe der Eltern

b. Stellungnahme zu den Pflichtteilsentziehungsgründen der Eltern

Hinsichtlich der Entziehung des Elternpflichtteils ist ebenfalls kritisch zu hinterfragen, welche Regelungen des spanischen Rechts auch für das Bürgerliche Gesetzbuch in Frage kommen bzw. wie zeitgemäß die Pflichtteilsentziehungsgründe noch sind.

Der spanische Gesetzgeber hat im Bereich der Pflichtteilsentziehungsgründe für die Eltern einen deutlich umfangreicheren Katalog geschaffen als der des Bürgerlichen Gesetzbuches. Somit sind dem Erblasser, der nach spanischem Recht beerbt wird, auf den ersten Blick eine ganze Reihe mehr Möglichkeiten an die Hand gegeben worden, den Eltern ihren Pflichtteil zu entziehen.

Zunächst ist hierbei positiv festzustellen, dass es der Código Civil erlaubt einem Elternteil den Pflichtteil zu entziehen, wenn dieser seine Kinder im Stich gelassen, prostituiert oder zur Unzucht verleitet hat. Derartige körperliche und seelische Misshandlungen müssen dem Kind das Recht geben, die Eltern komplett von der Nachlassteilhabe ausschließen zu dürfen. Hier existiert in der Regel keine familiäre Bindung, die es rechtfertigen würde, den Eltern ein Pflichtteilsrecht einzuräumen.

Gleiches gilt, wenn die Eltern ihre elterliche Gewalt verlieren, weil diese ihre elterlichen Pflichten nicht erfüllt haben. Auch in diesem Fall besteht keine familiäre Beziehung, die den Anspruch der Eltern auf Nachlassteilhabe rechtfertigen würde. Familiäre Solidarität beruht auf Gegenseitigkeit. Wenn die Eltern ihre Abkömmlinge bereits im Kindesalter derart vernachlässigt und diesen im Kindes- und Jugendalter, zu einer Zeit, in der Kinder ihre Eltern am dringendsten brauchen, diese Solidarität bereits entzogen haben, kann den Eltern auch kein Pflichtteil zustehen. Zudem tragen in beiden Fällen allein die Eltern die Verantwortung für diesen familiären Missstand, sodass es den Kindern erst recht nicht zuzumuten ist, den Eltern etwas zu hinterlassen. Auch wenn besonders gravierende Fälle unter § 2333 Abs. 1 Nr. 2 BGB fallen, so ist eine gesonderte Nennung dieser Gründe trotzdem zu befürworten, um schon aus dem Gesetzeswortlaut deutlich zu machen, dass auch das Pflichtteilsrecht solche Handlungen nicht akzeptiert und daher eine Entziehungsmöglichkeit gewährt.

Eine Regelung des Bürgerlichen Gesetzbuches, die über den Katalog des Código Civil hinausgeht ist die, dass der Erblasser die Möglichkeit der Pflichtteilsentziehung hat, wenn der Pflichtteilsberechtigte sich ihm, seinem Ehegatten, einem Abkömmling oder einer ihm ähnlich nahe stehenden Person gegenüber eines Verbrechens oder eines schweren vorsätzlichen Vergehens schuldig gemacht hat[256]. Ebendies gilt für den neu eingeführten § 2333 Abs. 1 Nr. 4 BGB.

Insbesondere im Bereich der Pflichtteilsentziehung der Eltern kann festgehalten werden, dass der Schutz der Erblasserinteressen durch die detaillierter aufgezählten Entziehungsgründe des Código Civil nicht besser gewahrt wird als im Bürgerlichen Gesetzbuch. Denn das Bürgerliche Gesetzbuch erfasst mit § 2333 Abs. 1 Nr. 2 deutlich mehr Tatbestände als der Código Civil. Der Erblasser ist nicht auf die ausdrücklich genannten Tatbestände beschränkt, sondern hat Pflichtteilsentziehungsmöglichkeiten bei allen schweren strafrechtlich relevanten Handlungen.

Trotzdem wäre es erstrebenswert auch für das deutsche Erbrecht zwei der im Código Civil normierten Pflichtteilsentziehungsgründe zu übernehmen. Dies sind zum einen die Möglichkeit der Pflichtteilsentziehung wenn die Eltern ihre Kinder im Stich gelassen, prostituiert oder zur Unzucht verleitet haben, sowie wenn sie aufgrund der Verletzung der elterlichen Pflichten die elterliche Gewalt verloren haben.

3. Die Pflichtteilsentziehung des hinterbliebenen Ehegatten

Die Pflichtteilsentziehungsgründe für den hinterbliebenen Ehegatten unterscheiden sich ebenfalls in vielen Punkten. So ist allein der spanische Katalog der Pflichtteilsentziehungsgründe mit sieben Punkten fast doppelt so groß wie der des deutschen Rechts.

Beide haben auch hier die Bestimmung gemein, dass der Pflichtteil entzogen werden kann, wenn der Ehegatte dem Erblasser oder einem Abkömmling nach dem Leben trachtet, wobei im spanischen Recht erneut auch die Aszendenten umfasst sind und eine gerichtliche Verurteilung gefordert wird. In einem zusätzlichen

256 Hierzu wird auf die Ausführungen unter Punkt D, V, 2 verwiesen.

Punkt führt der Código Civil auch noch die Verübung eines Mordanschlages auf den Erblasser auf. Das Bürgerliche Gesetzbuch wiederum schützt seit dem 01. Januar 2010 neben dem Erblasser und seinen Abkömmlingen auch andere ihm ähnlich nahe stehende Personen. Die Verübung eines Mordanschlags ist von § 2333 Abs. 1 Nr. 1 sowie Nr. 2 BGB mitumfasst und bedarf daher keiner gesonderten Aufzählung.

Auch die Verletzung der Unterhaltspflicht gegenüber dem Testator stellt in beiden Regelungen einen Pflichtteilsentziehungsgrund dar. Jedoch fällt hier auf, dass im spanischen Recht auch dann der Pflichtteil entzogen werden kann, wenn der hinterbliebene Ehegatte den Kindern den Unterhalt verweigert hat.

Der hinterbliebene Ehegatte muss im Código Civil gegebenenfalls auf den Pflichtteil verzichten, wenn er den Erblasser in verleumderischer Weise einer Straftat beschuldigt hat, die das Gesetz mit schwerer Strafe bedroht. Auch hier ist wieder anzumerken, dass schwere Fälle im deutschen Recht unter § 2333 Abs. 2, Abs. 1 Nr. 2 BGB fallen und somit keiner eigenen Aufzählung bedürfen.

Wenn der Pflichtteilsberechtigte den Testator durch Drohung, arglistige Täuschung oder Gewalt dazu gebracht hat ein Testament zu errichten oder abzuändern, eröffnet der Código Civil die Möglichkeit der Pflichtteilsentziehung des Ehegatten. Hier kann aber erneut auf § 2339 Abs. 1 Nr. 2 BGB verwiesen werden, der außerhalb der Pflichtteilsentziehungsgründe die gleiche Regelung trifft und eine generelle Erbunwürdigkeit annimmt.

Die nur im Código Civil geregelten Pflichtteilsentziehungsgründe, erlauben es dem Ehegatten seinen Anteil am Nachlass gänzlich zu entziehen, wenn dieser die ehelichen Pflichten wiederholt und schwerwiegend nicht erfüllt, sowie wenn der pflichtteilsberechtigte Ehegatte Anlass zum Verlust der elterlichen Gewalt gegeben hat.

Das Bürgerliche Gesetzbuch führt demgegenüber zwei andere Gründe auf. Nämlich die Pflichtteilsentziehung aufgrund eines Verbrechens oder eines schweren vorsätzlichen Vergehens gegen den Erblasser, einen Abkömmling oder einer dem Erblasser ähnlich nahe stehenden Person sowie wenn der Ehegatte wegen einer vorsätzlichen Straftat zu einer Freiheitsstrafe von mindestens einem Jahr ohne Bewährung rechtskräftig verurteilt wurde und daher die Teilhabe des Ehegatten am Nachlass für den Erblasser unzumutbar ist. Das Gleiche gilt, wenn die Unterbringung in einem psychiatrischen Krankenhaus oder in einer Entziehungsanstalt wegen einer ähnlich schwerwiegenden vorsätzlichen Tat rechtskräftig angeordnet wird. Auch ein solcher Entziehungsgrund findet sich im Código Civil nicht.

a. Gegenüberstellung der Pflichtteilsentziehungsgründe des hinterbliebenen Ehegatten

Pflichtteilsentziehungsgrund	**Spanien**	**Deutschland**
Nach dem Leben des Erblassers, seinem Ehegatten oder eines Abkömmlings trachten	+ Fordert zusätzl. gerichtliche Verurteilung, bezieht sich auch auf Aszendenten	+ Umfasst nun auch dem Erblasser ähnlich nahe stehende Personen
Mordanschlag	+	-
Verletzung der Unterhaltspflicht ggü. Testator	+ Auch bei Verweigerung ggü. Kindern	+
Erblasser der Begehung einer Straftat beschuldigen	+	- Fällt u.U. unter § 2333 Abs. 1 Nr. 2 BGB
Testator durch Nötigungsmittel zur Errichtung oder Änderung des Testaments veranlassen	+	- Dafür aber in § 2339 Abs. 1 Nr. 2 BGB allgemein geregelt
Nichterfüllung der ehelichen Pflichten	+	-
Anlass geben zum Verlust der elterlichen Gewalt	+	-
Verüben eines Verbrechens oder schweren vorsätzlichen Vergehens ggü. dem Erblasser, dessen Abkömmlingen oder ihm ähnlich nahe stehenden Personen	-	+
Verurteilung zu einer Freiheitsstrafe / psych. KH / Entziehungsanstalt und daher Unzumutbarkeit für den Erblasser.	-	+

Abbildung 4: Gegenüberstellung der Pflichtteilsentziehungsgründe des hinterbliebenen Ehegatten

b. Stellungnahme zu den Pflichtteilsentziehungsgründen des hinterbliebenen Ehegatten

Bei den Pflichtteilsentziehungsgründen des hinterbliebenen Ehegatten ist erneut zu prüfen, inwiefern Spanien und Deutschland hier sinnvolle Regelungen getroffen haben und ob der Código Civil Anregungen zur Verbesserung der Pflichtteilsentziehungsgründe im Bürgerlichen Gesetzbuch gibt.

Beide Gesetze haben gemein, dass auch die ungerechtfertigte Verletzung der Unterhaltspflicht gegenüber dem Erblasser zur Möglichkeit der Pflichtteilsentziehung führt. Aber im Rahmen dieses Pflichtteilsentziehungsgrundes hat der spanische Gesetzgeber eine begrüßenswerte Erweiterung vorgenommen. Der hinterbliebene Ehegatte kann nämlich auch dann von seinem Pflichtteilsrecht ausgeschlossen werden, wenn er den Kindern den Unterhalt verweigert hat. Dadurch wird dem Interesse des Erblassers Rechnung getragen, dass der hinterbliebene Ehegatte nur dann am Nachlass teilhaben soll, wenn er den Kindern nicht seine Unterstützung verwehrt hat und damit auch der Familiensolidarität nachgekommen ist. Hat er dem Erblasser die gesamte Unterhaltslast aufgebürdet und sich seiner Verpflichtungen entzogen, obwohl es ihm möglich gewesen wäre, diese zu erfüllen, so soll der Erblasser nicht noch mit einer zusätzlichen Einschränkung seiner Testierfreiheit durch das Pflichtteilsrecht belastet werden.

Hat der hinterbliebene Ehegatte wiederholt und schwerwiegend die ehelichen Pflichten nicht erfüllt, so kann ihm nach spanischem Recht ebenfalls der Pflichtteil entzogen werden. Problematisch erscheint hier neben der schwierigen Beweisbarkeit auch, dass hieran sehr oft beide Eheleute einen Anteil tragen und es so unter Umständen nicht gerechtfertigt sein mag, dem hinterbliebenen Ehegatten deshalb den Pflichtteil zu versagen.

Auch die Möglichkeit den Pflichtteil zu entziehen, wenn der Ehegatte den Anlass zum Verlust der elterlichen Gewalt gibt, spiegelt die starke Familiengebundenheit des spanischen Rechts wider. Dieser Pflichtteilsentziehungsgrund leuchtet dann ein, wenn man bedenkt, dass das Pflichtteilsrecht gerade auch noch in der heutigen Zeit Ausprägung der Familiensolidarität ist[257]. Diese Familiensolidarität muss nicht nur gegenüber demjenigen gelten, von dem Pflichtteilsansprüche zu erwarten sind, sondern innerhalb der ganzen Familie. Wenn nun ein Ehegatte den Anlass dazu gegeben hat, dass die Eltern ihre elterliche Gewalt über das Kind verloren haben, so muss hierzu ein schwerwiegender Grund vorgelegen haben, der zeigt, dass der betreffende Ehegatte nicht willens oder nicht fähig ist, das notwendige Maß an Familiensolidarität aufzubringen. Trotzdem sollte dieser Pflichtteilsentziehungsgrund meines Erachtens nicht in den Katalog des Bürgerlichen Ge-

257 Siehe BVerfG NJW 2005, 1561, 1562 f.

setzbuches aufgenommen werden. Denn es sollte dem Kind, das in erster Linie von dem Verhalten des Elternteils betroffen ist, überlassen bleiben, die Entscheidung darüber zu treffen, ob es ihm einen Pflichtteil zukommen lassen möchte oder nicht. Diese Wahl hat der spanische Gesetzgeber für die Abkömmlinge vorgesehen, indem er ihnen die Möglichkeit einräumt den Elternpflichtteil zu entziehen, wenn diese die elterliche Sorge verloren haben. Der andere Ehegatte ist hiervon zwar auch betroffen, allerdings bleibt ihm die Möglichkeit der Scheidung, wenn die Beziehungen zwischen den Ehegatten aufgrund der Vorfälle derart zerrüttet ist. Da dem Abkömmling eine solche Wahl nicht zusteht, erscheint es nur billig, wenn diesem der genannte Pflichtteilsentziehungsgrund zusteht, der Ehegatte jedoch auf die übrigen Gründe beschränkt bleibt.

Das Bürgerliche Gesetzbuch greift im Rahmen der Pflichtteilsentziehung des Ehegatten noch die Pflichtteilsentziehungsmöglichkeit auf, wenn der Ehegatte sich eines Verbrechens oder eines schweren vorsätzlichen Vergehens gegen den Erblasser, dessen Abkömmlinge oder ihm ähnlich nahe stehenden Personen schuldig macht. Dieser Grund umfasst nun auch die nach altem Pflichtteilsrecht geltende Regelung der schweren vorsätzlichen körperlichen Misshandlung des Ehegatten. Dies stellt ein deutliches Signal gegen körperliche Gewalt in der Ehe dar und ist eine wichtige Möglichkeit der Pflichtteilsentziehung, die dem Erblasser in jedem Fall gegeben sein sollte.

Ebenso wie im Rahmen der Pflichtteilsentziehungsgründe der Abkömmlinge und der Eltern, gilt § 2333 Abs. 2, Abs. 1 Nr. 4 BGB auch für den Ehegatten[258].

Somit kann festgehalten werden, dass dem Erblasser auch im deutschen Recht die Möglichkeit der Pflichtteilsentziehung gegeben werden sollte, wenn der hinterbliebene Ehegatte nicht nur dem Erblasser selbst, sondern auch, wenn er den gemeinsamen Kindern böswillig den Unterhalt verweigert hat.

VI. Pflichtteilsbeschränkung in guter Absicht

Die Pflichtteilsbeschränkung in guter Absicht[259] stellt eine Besonderheit des deutschen Rechts dar. Vergleichbares sucht man im Código Civil vergeblich.

Die Existenz des § 2338 BGB ist als äußerst positiv zu bewerten. Insbesondere trägt er der Familienbindung des Vermögens Rechnung, indem verhindert wird, dass die Erbschaft in die Hände der Gläubiger des Pflichtteilsberechtigten fällt oder von diesem in zu verschwenderischer Weise ausgegeben wird.

Dem Erblasser wird so ein Instrument an die Hand gegeben sein Vermögen zu schützen, indem er von den Möglichkeiten, die ihm der § 2338 BGB eröffnet, Gebrauch macht, ohne dass er dem Pflichtteilsberechtigten seinen Pflichtteil aus den Gründen des § 2333 BGB entziehen müsste oder könnte. Er muss also gerade nicht die finanzielle Verantwortung für die Verschwendungssucht seiner Pflichtteilsberechtigten übernehmen.

---

258 Hierzu wird auf das unter Punkt D, V, 2 Gesagte verwiesen.

259 Siehe hierzu die Ausführungen unter Punkt C, II, 6.

E. Weitere Begrenzungen der Testierfreiheit

Das soeben erläuterte Pflichtteilsrecht stellt die bekannteste und größte Einschränkung der Testierfreiheit dar. Doch die Testierfreiheit erfährt noch andere mehr oder weniger gravierende Begrenzungen.

I. Begrenzungen im Código Civil

Neben dem Noterbrecht kennt der Código Civil noch weitere Rechtsinstitute, die die Testierfreiheit des Erblassers schmälern. Die drei relevantesten sollen im Folgenden kurz erläutert werden:

1. Reserva ordinaria o viudal, Art. 968-980 CC

Aus der reserva ordinaria o viudal[260] ergibt sich die Pflicht für den verwitweten Ehegatten, der zum zweiten Mal heiratet, das Eigentum aller von dem verstorbenen Ehegatten erhaltenen Güter den Kindern und Abkömmlingen der ersten Ehe vorzubehalten. Diese Regelung bezieht sich also nur auf den überlebenden Ehegatten.

Das Ziel ist darin zu sehen, dass Familienerbstücke und Güter mit traditionellem Wert in der Familie verbleiben und nicht durch z. B. eine Wiederheirat des hinterbliebenen Ehegatten in fremdes Familienvermögen übergehen. Geschützt wird also die Familie in gerader absteigender Linie[261].

2. Reserva lineal o troncal, Art. 811 CC

Diese Vorschrift[262] legt dem Aszendenten, der von seinem Abkömmling Güter geerbt hat, die dieser wiederum unentgeltlich von einem anderen Aszendenten oder von Geschwistern erworben hat, eine Beschränkung auf. So hat der Asezendent

260 Art. 968 CC: „Der Witwer oder die Witwe, welche eine zweite Ehe schließen, sind verpflichtet, den Kindern und Abkömmlingen aus der ersten Ehe das Eigentum an all denjenigen Vermögensstücken vorzubehalten, welche sie von ihrem verstorbenen Ehegatten testamentarisch, kraft gesetzlicher Erbfolge, kraft Schenkung oder aus jedem sonstigen unentgeltichen Rechtsgrund erworben haben; nicht jedoch ihre Errungenschaftshälfte.".

261 Vgl. die detaillierten Ausführungen bei Sánchez-Henke, Das Ehegattenerbrecht im spanischen Recht, S. 108 ff.

262 Art. 811 CC: „Derjenige Aszendent, welcher von seinem Abkömmling Vermögensgegenstände erbt, die dieser von einem anderen Aszendenten oder von seinen Geschwistern unentgeltich erworben hat, ist verpflichtet, das, was er von Gesetzes wegen erhalten hat, zu Gunsten der Verwandten innerhalb des dritten Grades derjenigen Linie, aus welcher die Vermögensgegenstände stammen, vorzubehalten.", Übersetzung aus: Ferid/Firsching/Dörner/Hausmann, Internationales Erbrecht, Spanien, Texte A I S. 55.

die Vermögenswerte für die Verwandten des dritten Grades zu reservieren, die aus der Linie abstammen, aus der die Güter kommen.

Die reserva lineal setzt also zwei Übertragungsakte voraus. Zunächst muss der Erblasser das betreffende Vermögen selbst unentgeltlich von einem anderen Aszendenten oder von Geschwistern erworben haben (erster Übertragungsakt). Des Weiteren hat der Aszendent ebendiese Güter im Wege der gesetzlichen Erbfolge vom Erblasser erhalten (zweiter Übertragungsakt).

Wenn also ein Erblasser im Wege der gesetzlichen Erbfolge beispielsweise von seiner Mutter beerbt wird (zweiter Übertragungsakt) und er dieser das seinerseits von seinem Vater erhaltene Haus (erster Übertragungsakt) hinterlässt, so wird durch Art. 811 CC sicher gestellt, dass das Haus wieder an den Familienzweig des Vaters zurückfällt und nicht gegebenenfalls von der Mutter an einen neuen Partner oder eine sonstige dritte Person weitergegeben werden kann.

Art. 811 CC hat den Zweck zu verhindern, dass gewisse Vermögensgüter in eine fremde Familie gelangen, sog. Linienwechsel. Es wird somit die Stammesfamilie, aus der das Vermögen herrührt, geschützt[263].

3. Derecho de retorno o reversión, Art. 812 CC

Haben Aszendenten einem Abkömmling, der ohne Nachwuchs gestorben ist, Güter geschenkt, so erben sie diese unter Ausschluss anderer Personen, solange diese Güter beim Erbfall noch im Nachlass vorhanden sind, Art. 812 CC[264].

Wurden die Güter schon veräußert, erben diese Aszendenten alle Ansprüche, die der Beschenkte auf sie hat. Sind die Güter verkauft, haben sie das Recht auf den erzielten Erlös. Bei einem Tauschgeschäft stehen den Aszendenten die an ihrer Stelle erhaltenen Güter zu. Art. 812 CC enthält also eine Beschränkung aufgrund der Herkunft der Güter[265].

263 Vgl. hierzu auch die detaillierte Darstellung der reserva lineal bei Sánchez-Henke, Das Ehegattenerbrecht im spanischen Recht, S. 118 ff. und Ferid/Firsching/Dörner/Hausmann, Internationales Erbrecht, Spanien Grdz. C, Rn. 38.

264 Art. 812 CC: „Die Aszendenten erben unter Ausschluss anderer Personen diejenigen Gegenstände, welche von ihnen ihren ohne Nachkommenschaft verstorbenen Kindern oder Abkömmlingen gegeben worden sind, falls diese Gegenstände sich im Nachlass befinden. Sind sie veräußert worden, so erben sie alle Ansprüche, welche der Beschenkte hinsichtlich dieser Gegenstände hatte, und im Falle des Verkaufs den Kaufpreis, oder die an deren Stelle getretenen Gegenstände, wenn er sie getauscht oder ausgewechselt hat.“, Übersetzung aus: Ferid/Firsching/Dörner/Hausmann, Internationales Erbrecht, Spanien, Texte A I S. 55.

265 Casals/Feliu, Testierfreiheit im innerspanischen Vergleich, S. 323.

4. Zusammenfassung

An diesen Begrenzungen wird erneut die starke Familienbezogenheit des spanischen Rechts deutlich. Das Vermögen soll möglichst nahe bei den Personen verbleiben, von denen es ursprünglich stammt.

Insgesamt wird die Testierfreiheit des spanischen Erblassers durchaus großen Beschränkungen unterzogen. Neben den Pflichtteilen sind somit auch noch die soeben dargestellten Rechtsinstitute zu beachten, die unentgeltlich erworbenes Vermögen von Familienangehörigen aus der Erbmasse ausgliedern und zu dem Familienstamm oder der Linie von der sie herrühren zurückfließen lassen.

II. Begrenzungen im Bürgerlichen Gesetzbuch

Neben dem Pflichtteilsrecht kennt das Bürgerliche Gesetzbuch nur sehr wenige weitere Einschränkungen der Testierfreiheit[266].

Die strengen Formerfordernisse, die an die Errichtung eines Testaments gestellt werden, beeinträchtigen die Testierfreiheit nicht, sondern gewährleisten eine möglichst uneingeschränkte Durchsetzung des Erblasserwillens.

Auch der erbrechtliche Typenzwang kann nicht als Begrenzung der Testierfreiheit angesehen werden. Dieser stellt lediglich sicher, dass der Erblasser sich zur Niederschrift seines letzten Willens eines der vom Bürgerlichen Gesetzbuch zur Verfügung gestellten Instrumente bedient, wie z. B. dem Testament, dem Vermächtnis, der Auflage oder dem Erbvertrag.

Es seien im Folgenden noch die beiden tatsächlichen Einschränkungen, welche die Testierfreiheit im deutschen Recht erfährt, kurz dargestellt:

1. Sittenwidrigkeit letztwilliger Verfügungen gemäß § 138 Abs. 1 BGB

Die Testierfreiheit als Ausfluss der Privatautonomie unterfällt auch den Grenzen der Sittenwidrigkeit. Daher gilt § 138 Abs. 1 BGB[267] nicht nur für Rechtsgeschäfte im Allgemeinen, sondern konsequenterweise auch für letztwillige Verfügungen[268].

Eine Verfügung von Todes wegen verstößt gegen die guten Sitten und ist damit nichtig, wenn sie gegen das Anstandsgefühl aller billig und gerecht Denkenden verstößt[269]. Hierbei ist auf die durchschnittlichen Rechts- und Moralvorstellungen der Gesellschaft abzustellen[270], wobei sich dies sowohl aus dem Inhalt

266 Siehe auch Weiler, MittBayNot 2006, 296, 297.

267 Ausführlich zu den Maßstäben, anhand derer die Sittenwidrigkeit letztwilliger Verfügungen festzustellen ist: Smid, NJW 1990, 409 ff.

268 Smid, NJW 1990, 409; vgl. zur Sittenwidrigkeit letztwilliger Verfügungen auch: Rauscher, Reformfragen, Bd. 1, S. 264 ff.

269 Palandt/Heinrichs, § 138, Rn. 2 m. w. N.

270 Palandt/Heinrichs, § 138, Rn. 3.

allein, aber auch aus den Umständen des Zustandekommens der letztwilligen Verfügung ergeben kann. Daher hat eine Würdigung der Gesamtumstände zu erfolgen. Anhand von Gesamtcharakter, Inhalt, Motiv, Zweck, Auswirkungen sowie der Art und Weise des Zustandekommens der Verfügung[271] ist zu beurteilen, ob sie den „fundamentalen Gerechtigkeitsvorstellungen" eines Durchschnittsbürgers widerspricht[272].

Jedoch ist gerade im Zusammenhang mit letztwilligen Verfügungen aufgrund der großen Bedeutung der Testierfreiheit bei der Annahme von Sittenwidrigkeit Vorsicht geboten[273]. Der Erblasser ist zudem nicht durch moralische Pflichten beschränkt. Er darf durchaus diskriminierende Verfügungen treffen und Angehörige zurücksetzen[274].

Die relevantesten Fälle[275] zur Problematik der Sittenwidrigkeit letztwilliger Verfügungen sind das „Geliebtentestament" und das „Behindertentestament".

Allerdings werden Zuwendungen an die Geliebte nur noch dann als sittenwidrig angesehen, wenn diese den alleinigen Zweck verfolgen die geschlechtliche Hingabe zu fördern oder zu belohnen[276].

In Bezug auf das Behindertentestament wurde vom BGH die Sittenwidrigkeit jedenfalls bei kleineren Vermögen verneint[277]. Offen gelassen hat er die Entscheidung aber, wenn der Erblasser ein großes Vermögen hinterlassen hat und der Pflichtteil des Behinderten so groß wäre, dass daraus seine Versorgung sicher gestellt wäre[278]. Es liege, so der BGH zu kleineren Nachlässen, kein Sittenverstoß vor, obwohl der Zugriff des Sozialhilfeträgers auf das Vermögen vereitelt wird[279].

2. Verstoß gegen ein gesetzliches Verbot gemäß § 134 BGB

Gem. § 134 BGB ist ein Rechtsgeschäft und mithin auch eine Verfügung von Todes wegen nichtig, wenn es gegen ein gesetzliches Verbot verstößt. Zu beachten ist hier aber, dass die Folge der Nichtigkeit nicht nur dann eintritt, wenn der Tat-

---

271 Firsching/Graf/Graf, Teil 1, Rn. 1.58.

272 Vgl. die Ausführgungen bei Schulze/Dörner/Ebert/Dörner, § 138, Rn. 3 ff., wo sich auch eine Aufzählung der relevantesten Fallgruppen findet.

273 Malitz, in: Münchener Anwaltshandbuch Erbrecht, § 7, Rn. 12; Firsching/Graf/Graf, Teil 1, Rn. 1.58; Badura: Erbrecht, Testierfreiheit und Schutz der Familie, S. 153; Führ, MittBayNot 2006, 461, 466.

274 Vgl. auch Weiler, MittBayNot 2006, 296, 297.

275 Siehe zur Problematik von Heiratsklauseln Führ, MittBayNot 2006, 461 ff.; Weiler, MittBayNot 2006, 296, 302 f.; Gaier, ZEV 2006, 2, ff.

276 BGH NJW 1991, 830, 831.

277 BGH MDR 1990, 906; BGH NJW 1994, 248.

278 Pieroth, NJW 1993, 173.

279 Vgl. zur Problematik der Sittenwidrigkeit beim Behindertentestament: Hartmann, ZEV 2001, 89, 90 f.; Mayer, MittBayNot 2005, 286 ff.; ders., DNotZ 1994, 347 ff.; Tersteegen, ZEV 2008, 121, 124.

bestand des Verbotsgesetzes verwirklicht wurde, sondern auch dann, wenn der von ihm verbotene Erfolg herbeigeführt wird[280].

Von praktischer Bedeutung ist insbesondere das gesetzliche Verbot aus § 14 HeimG[281], wonach es dem Träger eines Heims sowie den dortigen Beschäftigten und sonstigen Mitarbeitern verboten ist, sich von Heimbewohnern bzw. Bewerbern um einen Heimplatz oder zu ihren Gunsten geldwerte Leistungen versprechen oder gewähren zu lassen. Hierdurch soll verhindert werden, dass Pflegeleistungen von dem Versprechen einer Erbeinsetzung oder sonstiger geldwerter Leistungen abhängig gemacht werden.

In Bezug auf Verstöße gegen Normen des Grundgesetzes ist Vorsicht geboten. Denn diese machen letztwillige Verfügungen aufgrund der Staatsgerichtetheit der Grundrechte nicht nach § 134 Abs. 1 BGB nichtig. Grundrechte wirken grundsätzlich nur zwischen Bürger und Staat[282], nur höchst ausnahmsweise können sie auch mittelbar zwischen Bürger und Bürger wirken, wobei dies aber an strenge Voraussetzungen geknüpft ist[283]. Keinesfalls wirken Grundrechte aber zwischen einem Erblasser und dem Pflichtteilsberechtigten. Die Motive aus denen ein Testator sein Vermögen verteilt unterliegen keiner Prüfung, es werden ihm Ungleichbehandlungen und Diskriminierungen bei der letztwilligen Verfügung zugestanden[284].

3. Zusammenfassung

Die Einschränkungen des deutschen Rechts beziehen sich auf die letztwillige Verfügung im Allgemeinen. Es stehen keine bestimmten Gegenstände oder Vermögenswerte im Vordergrund. Vielmehr wird durch die Beschränkungen des Bürgerlichen Gesetzbuches nur sicher gestellt, dass die Verfügung nicht in gröbstem Maße unbillig ist und daher die hohe Hürde des Sittenverstoßes oder eines gesetzlichen Verbotes überspringt. Zudem soll der Testierende seine letztwillige Verfügung in dieser Form nicht nur deshalb abgeben, weil er unter dem Druck steht, sonst beispielsweise keinen Heimplatz zu erhalten und daher nicht nach seinem freien und völlig unbeeinflussten Willen handelt.

Der Familienbindung des Vermögens misst der deutsche Gesetzgeber eine untergeordnetere Bedeutung zu, was daran deutlich wird, dass den Pflichtteilsberechtigten lediglich ein Geldanspruch gegen die Erben zusteht, sie also gerade keinen Anspruch auf bestimmte Gegenstände aus dem Nachlass haben. Dies setzt sich auch in den soeben dargestellten weiteren Begrenzungen der Testierfreiheit fort.

---

280 Malitz, in: Münchener Anwaltshandbuch Erbrecht, § 7, Rn. 11.

281 Siehe zu diesem Thema BVerfG NJW 1998, 2964; Stach NJW 1988, 943; Weiler, MittBayNot 2006, 296, 300.

282 Weiler, MittBayNot 2006, 296, 297.

283 Näher hierzu: Manssen, Rn. 103 ff.

284 Ebenso: Firsching/Graf/Graf, Teil 1, Rn. 1.61.

Der deutsche Gesetzgeber möchte dem Erblasser bei der Verteilung seines Vermögens weitestgehend freie Hand lassen.

III. Stellungnahme

Die Einschränkungen des Código Civil unterscheiden sich grundlegend von denen des Bürgerlichen Gesetzbuches.

Während sich der spanische Gesetzgeber vornehmlich um die möglichst enge Familiengebundenheit des Vermögens bemüht, spielt im Bürgerlichen Gesetzbuch eher die Billigkeit der Verfügung eine Rolle. Wie bereits erläutert wurde[285], greifen die Beschränkungen des deutschen Rechts aber nur in sehr seltenen und extremen Ausnahmefällen ein, sodass sie einen Testator unter normalen Umständen überhaupt nicht betreffen.

Die Regelungen des Código Civil hingegen erlauben dem Erblasser nur wenig Spielraum, sofern sich im Nachlass nicht nur selbst angehäuftes Vermögen befindet. Dies mag zwar seine Berechtigung haben, jedoch sollte auch bedacht werden, dass die Gegenstände, die der Erblasser einst von einem Dritten zugewandt bekam, in dessen Eigentum stehen und es auch dem Interesse des Zuwendenden entspricht, dass der Erblasser mit dem Geschenk nach Belieben verfahren kann, das Vermögen für sich selbst verbraucht oder an Dritte weiter gibt.

Das Gesetz lässt zudem ausreichend Spielraum für Gestaltungen, wie beispielsweise die Regelung von Vor- und Nacherbschaft, die sicherstellen, dass letztwillig zugewandtes Vermögen in der Familie bleibt. Macht der Zuwender hiervon keinen Gebrauch, sollte sich der Gesetzgeber nicht einmischen und durch Regelungen wie die Art. 968 ff oder Art. 811 CC diesem Willen entgegentreten.

Die Einschränkungen im deutschen Erbrecht sollten demnach auf die wenigen genannten Ausnahmen beschränkt bleiben. Hier steht die Testierfreiheit weitestgehend im Vordergrund und der Gesetzgeber greift lediglich als Korrektiv ein, anstatt dem Erblasser klare Vorgaben zu machen und diesem nur hinsichtlich eines verhältnismäßig geringen Anteils seines Nachlasses freien Raum zu lassen.

285 Vgl. Punkt E, II.

F. Verfassungsrechtliche Prüfung der Begrenzungen der Testierfreiheit

Die Erbrechtsgarantie ist im deutschen Grundgesetz in Art. 14 Abs. 1 S. 1[286] verankert. Ein Element hiervon ist die Testierfreiheit des Erblassers, welche die erbrechtliche Ausprägung der Privatautonomie darstellt, die sogar noch über den Tod hinaus wirkt[287].

Das bedeutet, dass der Erblasser selbst bestimmen kann, wem sein Vermögen nach dem Tod zufallen soll[288]. Doch dieses Grundrecht wird nicht schrankenlos gewährt, vielmehr werden Inhalt und Schranken durch die Gesetze bestimmt, Art. 14 Abs. 1 S. 2 GG. Sie dürfen jedoch nach Art. 19 Abs. 2 GG den Wesensgehalt des Grundrechts nicht berühren. Somit gewährleistet die Erbrechtsgarantie nicht das unbedingte Recht den Nachlass von Todes wegen ungemindert auf Dritte zu übertragen[289].

Von diesen Beschränkungsmöglichkeiten hat der Gesetzgeber in der oben dargestellten Form Gebrauch gemacht. Es ist im Folgenden zu prüfen, ob sowohl das Pflichtteilsrecht als auch die weiteren Beschränkungen der Testierfreiheit durch § 134 und § 138 Abs. 1 BGB die Grundrechte des Erblassers und auch die der Pflichtteilsberechtigten zu sehr beschränken und damit gegen die Verfassung verstoßen oder ob sie einer verfassungsrechtlichen Prüfung standhalten und damit die von Verfassungs wegen garantierte Testierfreiheit noch gewahrt werden kann.

I. Pflichtteilsrecht

1. Pflichtteilsberechtigter Personenkreis

Im Rahmen des Bürgerlichen Gesetzbuches wird die Testierfreiheit insbesondere durch § 2302 BGB geschützt[290]. Danach ist ein Vertrag nichtig „durch den sich jemand verpflichtet, eine Verfügung von Todes wegen zu errichten oder nicht zu errichten, aufzuheben oder nicht aufzuheben".

In seinem Senatsbeschluss vom 19. April 2005[291] hat sich der Erste Senat des Bundesverfassungsgerichts erstmals mit dem Pflichtteilsrecht befasst. In seiner Entscheidung hat das BVerfG bestätigt, dass „die grundsätzlich unentziehbare und bedarfsunabhängige wirtschaftliche Mindestbeteiligung der Kinder" des Erblas-

286 Eine detaillierte Auseinandersetzung mit dem Schutzbereich der Erbrechtsgarantie aus Art. 14 Abs. 1 S. 1 GG findet sich bei Vyas, ZEV 2002, 1.

287 Reimann, in: Familienerbrecht und Testierfreiheit im eurpoäischen Vergleich, S. 42; Badura: Erbrecht, Testierfreiheit und Schutz der Familie, S. 152.

288 Reimann, in: Familienerbrecht und Testierfreiheit im eurpoäischen Vergleich, S. 42.

289 Siehe auch: Badura: Erbrecht, Testierfreiheit und Schutz der Familie, S. 154; Führ, MittBayNot 2006, 461, 463; Weiler, MittBayNot 2006, 296.

290 Reimann, in: Familienerbrecht und Testierfreiheit im eurpoäischen Vergleich, S. 43.

291 BVerfG NJW 2005, 1561 ff.

sers an dessen Nachlass durch die Erbrechtsgarantie des Art. 14 Abs. 1 S. 1 GG i. V. m. Art. 6 Abs. 1 GG gewährleistet wird[292].

Die Nachlassteilhabe der Kinder sei Ausdruck der Familiensolidarität, welche grundsätzlich in unauflösbarer Weise zwischen dem Erblasser und seinen Kindern bestehe. Art. 6 Abs. 1 GG biete nicht nur Schutz, sondern verpflichte die Parteien gleichzeitig zu materieller sowie auch persönlicher gegenseitiger Verantwortung[293]. Zugleich wurde aber klar gestellt, dass der Erblasser von Verfassungs wegen nicht dazu verpflichtet ist seine Abkömmlinge gleich zu behandeln[294]. Insgesamt sei § 2303 Abs. 1 BGB als Beschränkung der vom Grundgesetz garantierten Testierfreiheit geeignet und erforderlich die Kinder des Erblassers davor zu schützen, dass sich die Familienbeziehungen gar nicht oder nur unzureichend in der Nachlassverteilung widerspiegelten. Hinsichtlich der Höhe der derzeitigen Pflichtteilsquoten seien ebenfalls keine verfassungsrechtlichen Bedenken gegeben. Sie lägen noch innerhalb des weiten Gestaltungsspielraums des Gesetzgebers[295]. Dem Erblasser bliebe noch ausreichend eigener Spielraum die Verteilung seines Nachlasses nach eigenem Ermessen zu gestalten[296]. Damit sind die Normen über das Pflichtteilsrecht der Kinder des Erblassers mit dem Grundgesetz vereinbar[297].

Hinsichtlich der zwingenden Nachlassbeteiligung anderer Angehöriger hat das BVerfG sich nicht geäußert. Überzeugenderweise wird jedenfalls zu dem Pflichtteilsrecht der Ehegatten angeführt, dass durch die Herleitung der Familiengebundenheit des Nachlasses aus Art. 6 Abs. 1 GG, aus diesem auch der Adressatenkreis entnommen werden muss[298]. Daraus ergibt sich im Einklang mit der Verfassung ein Pflichtteilsrecht nicht nur für die Abkömmlinge, sondern auch für den Ehegatten des Erblassers.

Fraglich ist, ob auch die Erblassereltern von der Reichweite des Art. 6 Abs. 1 GG erfasst sind. Dies wird teilweise bestritten[299], jedoch ist mit dem BVerfG davon auszugehen, dass die verfassungsrechtlich geschützte Beziehung zwischen Eltern und Kindern eine „lebenslange Verpflichtung […] einander Beistand zu leisten[300]" beinhaltet. Andernfalls müsste die schwierige Grenze gezogen werden, wann die Eltern aus dem Schutzbereich des Art. 6 Abs. 1 GG herausfallen. Eine

292 BVerfG NJW 2005, 1561, 1562.
293 BVerfG NJW 2005, 1561, 1564.
294 BVerfG NJW 2005, 1561, 1563.
295 Vgl. hierzu auch: Münchener Kommentar/Lange, § 2303, Rn. 4.
296 BVerfG NJW 2005, 1561, 1564.
297 BVerfG NJW 2005, 1561, 1562; so auch die überwiegende Ansicht in der Literatur, wie z. B.: Otte, AcP 202 (2002), 317, 328; Münch/Kunig/Bryde, Art. 14 Rn. 48 ff.; von Mangoldt/Klein/Depenheuer, Art. 14 Rn. 520 f.; Maunz/Dürig/Papier, Art. 14 Rn. 299 ff.; Sachs/Wendt, Art. 14 Rn. 200; Staudinger/Otte, Einl. zum Erbrecht, Rn. 69, 71; Leisner, Verfassungsrechtliche Grenzen, S. 48 ff.; Leipold JZ 1990, 700, 702; ders., JZ 1996, 287, 288; Schlüter, in: 50 Jahre BGH, S. 1064; Haas, ZEV 2000, 249, 254; Kuhla, FS Bezzenberger, S. 497, 498 ff.; Münchener Kommentar/Lange, § 2303, Rn. 4.
298 Haas, ZEV 2000, 249, 253.
299 Z. B. Rauscher, Reformfragen, Bd. 1, S. 45 ff.; Otte, ZEV 1994, 193, 194.
300 BVerfG NJW 1981, 1943.

Altersgrenze der Kinder wäre zu pauschal und würde den Gegebenheiten des Einzelfalles nicht gerecht. Würde die Grenze dort gezogen werden, wo das Kind den elterlichen Haushalt verlässt, würden Eltern in diesem Falle mit in den Schutzbereich einbezogen werden, wenn das Kind das Elternhaus niemals verlässt, selbst wenn die emotionale Bindung möglicherweise kaum mehr vorhanden ist. Die Eltern hingegen, deren Kinder bereits früh von zu Hause ausziehen wären pauschal nie erfasst, unabhängig wie groß die Bindung innerhalb der Familie tatsächlich ist. Meines Erachtens löst das Bürgerliche Gesetzbuch dieses Dilemma sachgerecht, indem die Erblassereltern zwar in den Schutz des Pflichtteilsrechts miteinbezogen werden, diese aber erst dann einen Pflichtteilsanspruch realisieren können, wenn der Erblasser keine Abkömmlinge hinterlässt. So wird der Kernfamilie besondere Bedeutung zugemessen, die Erblassereltern bleiben jedoch trotzdem vom familiären Schutz des Art. 6 Abs. 1 GG umfasst.

Selbst wenn man davon ausginge, die Eltern wären nicht vom Schutz des Art. 6 Abs. 1 GG erfasst, würde dies aber nicht die Verfassungswidrigkeit des Elternpflichtteils bedeuten. Denn der Gesetzgeber kann auch anderen als den durch das Grundgesetz normierten familienrechtlichen Bezügen Rechnung tragen[301]. Dies gilt nämlich auch für die entfernteren Abkömmlinge des Erblassers, welche nicht vom Schutzbereich des Art. 6 Abs. 1 GG erfasst werden[302]. Hier trägt der Gesetzgeber dem im Erbrecht verankerten Repräsentationsprinzip Rechnung[303]. Die Testierfreiheit wird zudem durch die Pflichtteilsberechtigung der entfernteren Abkömmlinge auch nicht über Gebühr beeinträchtigt, denn diese erhalten nur dann einen Anspruch, wenn der direkte Abkömmling bereits vorverstorben ist. Damit unterliegt das Erblasservermögen im gleichen Umfang der Familienbindung, als würde der Abkömmling noch leben. Der pflichtteilsberechtigte Personenkreis stellt folglich für den Erblasser keinen verfassungswidrigen Eingriff in seine Testierfreiheit dar.

2. *Pflichtteilsquoten*

Hinsichtlich der Höhe der Pflichtteilsquote der Kinder hat das BVerfG entschieden, dass diese verfassungsrechtlich nicht strikt vorgegeben seien. Solange eine unentziehbare und angemessene Teilhabe der Kinder am Nachlass des Erblassers gewährleistet wird, bestünde keine weitergehende Verpflichtung des Gesetzgebers den Kindern einen über die derzeitigen Vorschriften hinausgehenden Anteil am Nachlass zuzusichern[304].

Doch die Testierfreiheit ist nicht allein durch die Teilhabe der Abkömmlinge eingeschränkt. Auch die Pflichtteilsquote des hinterbliebenen Ehegatten oder die der Eltern, sofern der Erblasser keine Abkömmlinge hinterlässt, ist zu berücksich-

301 Rauscher, Reformfragen, Bd. 2, 2. TB, S. 101; Haas ZEV 2000, 249, 254.
302 Haas, ZEV 2000, 249, 254.
303 Dieckmann, Verh. zum 49. DJT Bd. II, K 29 ff.; Rauscher, Reformfragen, Bd. 1, S. 94.
304 BVerfG NJW 2005, 1561, 1564.

tigen. Bei den derzeitigen Quoten ist eine Pflichtteilsbelastung von bis zu 50% des Nachlasswertes möglich[305]. Das BVerfG hat sich zwar noch nicht im Zusammenhang mit dem Pflichtteilsrecht zu dieser Problematik geäußert, aber es hat bereits die Frage geklärt, inwieweit eine Erbschaftssteuerbelastung noch mit der Verfassung zu vereinbaren ist und ab wann die Testierfreiheit über die Maße beeinträchtigt wird[306]. Danach ist die Grenze des verfassungsrechtlich Zulässigen dann überschritten, wenn, so das BVerfG, „Vererben vom Standpunkt eines wirtschaftlich denkenden Eigentümers [...] ökonomisch sinnlos[307]" wird. Hieraus wird man keine starren Grenzen ziehen können, aber es ist jedenfalls herauszulesen, dass der Erblasser durch die steuerliche Belastung nicht derart eingeschränkt werden darf, dass eine autonome Vermögensgestaltung für ihn nicht mehr möglich ist. Diese Grundsätze lassen sich auch auf die Frage der Höhe der Pflichtteilsquoten übertragen. Denn ebenso wie durch die steuerliche Belastung, wird dem Erblasser auch durch das Pflichtteilsrecht die Verfügbarkeit über einen Teil seines Vermögens entzogen. Hier wird meines Erachtens eine Belastung durch das Pflichtteilsrecht in Höhe von bis zu 50% des Nachlasses die oberste Grenze darstellen. Darüber hinausgehende Einschränkungen durch Pflichtteilsansprüche würden dem Erblasser kaum noch eigenen Gestaltungsspielraum lassen, sodass die derzeit gültigen Pflichtteilsquoten zwar noch mit der Verfassung zu vereinbaren sind, aber nicht höher ausfallen sollten.

3. Pflichtteilsergänzungsanspruch

Der Pflichtteilsergänzungsanspruch gewährleistet lediglich die Durchsetzbarkeit der Pflichtteilsansprüche und verhindert, dass der Erblasser die ihm auferlegten Beschränkungen durch Rechtsgeschäfte unter Lebenden umgeht[308]. Eine weitergehende Einschränkung der Testierfreiheit ist hierin jedoch nicht zu sehen, sodass auch gegen die Verfassungsmäßigkeit des Pflichtteilsergänzungsanspruchs als solchen keine Einwände bestehen.

Einzig die zeitliche Grenze von zehn Jahren bis die Schenkung auch nicht mehr anteilig angerechnet wird, § 2325 Abs. 3 BGB, ist näher zu untersuchen. Ohne eine zeitliche Festsetzung würden die Bestimmungen über den Pflichtteils-

---

305 So z. B. wenn der Erblasser nur einen Abkömmling hinterlässt, §§ 2303 Abs. 1 S. 2 i. V. m. 1924 Abs. 1, 1930 BGB, oder wenn ein Abkömmling und der Ehegatte zusammenfallen, erhalten diese als gesetzlichen Erbteil jew. 50%, §§ 2303 Abs. 2, Abs. 1 S. 2 i. V. m. 1931 Abs. 1 S. 1, Abs. 3, 1371 Abs. 1 BGB, sowie §§ 2303 Abs. 1 S. 2, 1924 Abs. 1, 1930 BGB was eine Pflichtteilsquote von 25% für jeden ergibt, also eine Belastung des Nachlasses von 50%. Gleiches gilt, wenn keine Verwandten mehr vorhanden sind und der überlebende Ehegatte gem. § 1931 Abs. 2 BGB die gesamte Erbschaft erhielte, also einen Pflichtteilsanspruch in Höhe von 50%. Möchte der Erblasser seine ganze Familie auf den Pflichtteil verweisen, so kann er praktisch nur über die Hälfte des Nachlasses frei verfügen, weil dieser für die Ansprüche der Pflichtteilsberechtigten vorgesehen ist.

306 Vgl. BVerfG NJW 1995, 2624, 2625.

307 BVerfG NJW 1995, 2624, 2625.

308 Ebenso Haas, ZEV 2000, 249, 259; Windel, S. 68.

ergänzungsanspruch ins Leere laufen, daher ist der Gesetzgeber gezwungen, sich für eine Frist zu entscheiden. Hierbei kommt wieder der diesem zukommende weite Gestaltungsspielraum zum Tragen. Der Gesetzgeber begründete die früher geltende starre Zehnjahresfrist damit, dass sowohl der Erblasser als auch die Pflichtteilsberechtigten ausreichend Zeit bekommen sollen, sich an den Zustand zu gewöhnen und die Schenkung sowie die damit einhergehende Verringerung des Pflichtteils nicht mehr als schädigend zu empfinden[309]. Auch wenn eine Frist von zehn Jahren sehr lange bemessen erscheint, so war die Intention des Gesetzgebers Streitigkeiten darüber zu vermeiden, ob der Erblasser nun mit Schädigungsabsicht gehandelt hat oder nicht, durchaus nachvollziehbar. Nach Ablauf von zehn Jahren wurde schlicht vermutet[310], dass keine Benachteiligungsabsicht vorlag und langwierige Prozesse wurden verhindert. Diese Entscheidung wurde von dem dem Gesetzgeber zustehenden Ermessensspielraum gedeckt. Dies muss nun erst Recht seit der Reform des Pflichtteilsrechts gelten. Die Pro-Rata-Lösung gibt dem Erblasser ein Stück Testierfreiheit zurück. Daher sind diesbezüglich keine verfassungsrechtlichen Bedenken zu erkennen.

Anders könnte sich dies aber bei der unterschiedlichen Behandlung hinsichtlich der Schenkungen unter Ehegatten darstellen, wo gem. § 2325 Abs. 3 HS 2 BGB die Frist erst mit Auflösung der Ehe zu laufen beginnt. Dies könnte eine gegen Art. 3 Abs. 1 GG verstoßende ungerechtfertigte Ungleichbehandlung darstellen, da nur die zwischen Ehegatten erfolgte Schenkung auch noch Jahrzehnte später einen Pflichtteilsergänzungsanspruch auslösen kann[311], wenn die Ehe in der Zwischenzeit noch nicht aufgelöst wurde. Das BVerfG hat zu diesem Punkt aber bereits Stellung genommen und die Verfassungsmäßigkeit nicht angezweifelt[312]. Diese Ungleichbehandlung sei dadurch zu rechtfertigen, dass der Pflichtteil bei Schenkungen unter Ehegatten einer besonderen Gefährdung ausgesetzt sei[313]. Das Vermögen sei nicht spürbar aus dem Bereich des Schenkers ausgegliedert, weshalb ihn eine Schenkung an den Ehegatten nicht in gleichem Maße treffe wie eine Schenkung an Dritte[314]. Folglich sind die Regelungen des Pflichtteilsergänzungsanspruchs verfassungsgemäß.

309 Vgl. Haas, ZEV 2000, 249, 259 f., m. w. N.

310 Vgl. auch BT-Drucksache, 96/08, S. 46 mit Bezugnahme auf den historischen Gesetzgeber des BGB.

311 So z. B. Rauscher, Reformfragen, Bd. 1, S. 100 ff.

312 Siehe BVerfG FamRZ 1990, 729, 730.

313 BVerfG FamRZ 1990, 729, 730.

314 Bonefeld/Lange/Tanck, ZErb 2007, 292, 295; Daragan, ZErb 2008, 2.

Auch über die Pflichtteilsentziehungsgründe des § 2333 Nr. 1 und 2[315] BGB a. F. hat das BVerfG entschieden und diese ebenfalls für mit der Verfassung vereinbar erklärt[316]. Der Gesetzgeber dürfe in Fällen in denen es nicht möglich ist, sowohl die Testierfreiheit des Erblassers als auch die unentziehbare Nachlassteilhabe der Kinder zu einem gerechten Ausgleich zu bringen, „generalisierende und typisierende Regelungen verwenden“ [317], wobei diese an Tatbestandsmerkmale anknüpfen dürften, die in einem gerichtlichen Verfahren relativ einfach nachgewiesen werden können. Zudem sei es auch verfassungsgemäß von dem Erblasser zu verlangen den Grund einer Pflichtteilsentziehung deutlich in der letztwilligen Verfügung zu benennen[318]. Hinsichtlich der heutigen Gesetzesfassung bedeutet dies, dass § 2333 Abs. 1 Nr. 1 BGB nach wie vor mit der Verfassung in Einklang steht. Denn dieser wurde nur insoweit geändert, als dass dem Erblasser die Pflichtteilsentziehung erleichtert wurde, indem der geschützte Personenkreis auch auf dem Erblasser ähnlich nahe stehende Personen erweitert wurde.

Zu den weiteren Regelungen des Pflichtteilsentziehungsrechts hat sich das BVerfG noch nicht geäußert. Es bleibt daher zu untersuchen, inwieweit diese mit der Verfassung in Einklang stehen. Denn es fragt sich, ob eine Pflichtteilsentziehung, die nur unter den sehr begrenzten Möglichkeiten des § 2333 BGB erlaubt ist, die Testierfreiheit nicht in verfassungswidriger Weise einschränkt.

Der Gesetzgeber hat sich entschieden in der Neufassung der Pflichtteilsentziehungsgründe die bis dahin unterschiedlichen Entziehungsgründe für die einzelnen Pflichtteilsberechtigten aufzugeben und statt dessen eine einheitliche Regelung für alle Berechtigten einzuführen. Zwar ist es nach wie vor dem Gesetzgeber überlassen den unterschiedlich stark ausgeprägten familiären Bezügen zwischen dem Erblasser und den einzelnen Pflichtteilsberechtigten Rechnung zu tragen. Daher war er auch befugt die Gründe für eine Pflichtteilsentziehung verschiedentlich auszugestalten. Die gesetzgeberische Gestaltungsfreiheit findet jedoch stets in dem in Art. 3 Abs. 1 GG normierten Gleichheitssatz ihre Grenzen.

Bedenken bestanden nach altem Recht insofern, als dass die vorsätzliche körperliche Misshandlung durch einen Abkömmling in den Katalog der §§ 2333 ff BGB aufgenommen wurde, der § 2334 BGB, der die Pflichtteilsentziehungsgründe der Eltern regelte, jedoch nicht hierauf verwies, somit eine körperliche Misshandlung durch die Eltern keine Pflichtteilsentziehung nach sich ziehen konnte. Die frühere Argumentation, dass die elterliche Autorität durch eine richterliche Überprüfung ihres Züchtigungsrechts geschwächt würde[319], kann heute nicht

315 § 2333 Nr. 2 BGB a. F.: „2. wenn der Abkömmling sich einer vorsätzlichen körperlichen Misshandlung des Erblassers oder des Ehegatten des Erblassers schuldig macht, im Falle der Misshandlung des Ehegatten jedoch nur, wenn der Abkömmling von diesem abstammt.“.

316 BVerfG NJW 2005, 1561, 1562.

317 BVerfG NJW 2005, 1561, 1565.

318 BVerfG NJW 2005, 1561, 1565.

319 Vgl. Mertens, FS Gmür, 191, 195.

mehr gelten. Zwar darf die Autorität der Erziehungsberechtigten nicht vom Gesetz untergraben werden, diese ist aber nicht durch körperliche Züchtigungen zu erreichen. Dies zeigt schon § 1631 Abs. 2 BGB, der das Recht des Kindes auf gewaltfreie Erziehung normiert. Daher gab es keine verfassungsrechtliche Rechtfertigung für diese Ungleichbehandlung, womit diese Differenzierung gegen Art. 3 Abs. 1 GG verstieß. Diesem Missstand wurde durch die Reform Rechnung getragen. Die ungerechtfertigte Differenzierung wurde aufgehoben und nun gelten für alle Berechtigten die gleichen Pflichtteilsentziehungsgründe. Eine solche einheitliche Regelung ist ebenfalls zulässig, da kein zwingender verfassungsrechtlicher Grund ersichtlich ist, weshalb eine Differenzierung unbedingt geboten wäre[320].

Der kritisierte § 2333 Nr. 2 BGB a. F. geht heute in der neuen Nr. 2 auf. Hinsichtlich diesem und der weiteren Pflichtteilsentziehungsgründe bestehen ebenfalls keine verfassungsrechtlichen Bedenken. Art. 6 Abs. 1 GG gewährleistet den besonderen Schutz von Ehe und Familie. Zudem betonte das BVerfG die weite gesetzgeberische Gestaltungsfreiheit[321], innerhalb der der Gesetzgeber einen Ausgleich zwischen der Pflicht zur Wahrung einer Mindestteilhabe der nächsten Angehörigen am Nachlass sowie kollidierendem Verfassungsrecht, insbesondere der Testierfreiheit in Art. 14 Abs. 1 S. 1 GG, sowie dem Gleichheitsgebot des Art. 3 Abs. 1 GG finden muss[322]. Auch unter Berücksichtigung der soeben genannten Punkte ist festzustellen, dass sich der Reformgesetzgeber eindeutig für eine Stärkung der Testierfreiheit entschieden hat[323]. Dies wird vordergründig in § 2333 Abs. 1 Nr. 4 S. 2 BGB deutlich, der dem Erblasser eine Pflichtteilsentziehung auch dann erlaubt, wenn der Pflichtteilsberechtigte nach strafrechtlichen Gesichtspunkten nicht schuldfähig war. Das Gesetz betrachtet hier die Position des Erblassers und berücksichtigt, dass es für diesen keine Rolle spielt, ob der Pflichtteilsberechtigte nun schuldfähig war oder nicht. Es kommt darauf an, ob es für den Erblasser noch zumutbar ist, diesem einen Anteil am Nachlass zukommen zu lassen. Hierdurch wird auch die Grundrechtsposition des Pflichtteilsberechtigten nicht unzulässig beschränkt. Denn das BVerfG hat in der oben angesprochenen Entscheidung[324] ausdrücklich festgestellt, dass es gerade nicht auf die Schuldfähigkeit im strafrechtlichen Sinne ankommt, sondern nur dann ein angemessener Ausgleich der gegenüberstehenden Grundrechtspositionen gefunden werden kann, wenn der Pflichtteilsberechtigte „den objektiven Unrechtstatbestand wissentlich und willentlich verwirklichte“ [325]. Insofern bestehen bezüglich der Ausgestaltung der derzeit geltenden Pflichtteilsentziehungsgründe in verfassungsrechtlicher Hinsicht keine Bedenken.

320 Bowitz, JZ 1980, 304, 305.
321 So auch Haas, ZEV 2000, 249, 253.
322 Vgl. Haas, ZEV 2000, 249, 253.
323 Siehe auch BT-Drucksache 96/08, S. 2.
324 BVerfG NJW 2005, 1561 ff.
325 BVerfG NJW 2005, 1561, 1566.

II. Weitere Begrenzungen der Testierfreiheit

1. Verstoß gegen ein gesetzliches Verbot, § 134 BGB

Die Testierfreiheit bewahrt den Erblasser nicht vor der Pflicht sich auch bei Verfügungen von Todes wegen im Rahmen der Gesetze zu halten. Durch die für diesen Fall einschlägigen gesetzlichen Verbote bezweckt der Gesetzgeber ja gerade den freien Willen des Erblassers zur Geltung zu bringen und diesen vor äußerlichen Beeinflussungen zu schützen. Ein verfassungswidriger Eingriff in die Testierfreiheit des Erblassers ist daher meines Erachtens nicht gegeben.

2. Sittenwidriges Rechtsgeschäft, § 138 Abs. 1 BGB

Die zivilrechtlichen Generalklauseln[326] bilden das Einfallstor für die Grundrechte in das Zivilrecht[327]. Diese erhalten eine mittelbare Drittwirkung, indem sie die Staatsorgane bei der Auslegung der Generalklauseln binden[328].

Dadurch, dass bei der Prüfung, ob eine letztwillige Verfügung gegen § 138 Abs. 1 BGB verstößt, alle Gesamtumstände betrachtet werden, stellt diese Norm ein flexibles und differenzierendes Regulativ dar. Ein sittenwidriges Rechtsgeschäft liegt nur in besonders schweren Ausnahmefällen vor, wenn der Testierende aufgrund der in gröbstem Maße unbilligen Verfügung nicht schützenswert ist. Zudem hat der Richter lediglich einen Verstoß gegen das Sittengesetz festzustellen, er ist hingegen nicht befugt zu bestimmen, was unter diesen Begriff fällt. Ein verfassungswidriger Eingriff in die Testierfreiheit ist daher hierin nicht zu erblicken.

---

326 Neben § 138 ist insbesondere noch § 242 BGB von praktischer Bedeutung.

327 Führ, MittBayNot 2006, 461; Rauscher, Reformfragen, Bd. 1, S. 106.

328 Weiler, MittBayNot 2006, 296, 297.

G. Internationales Privatrecht – welches Erbrecht findet Anwendung?

Aus den vorhergehenden Darstellungen wird ersichtlich, dass das spanische Erbrecht keineswegs mit dem Deutschen identisch ist. Daher kann es insbesondere dann zu Problemen kommen, wenn ein Erbfall mit Auslandsbezug vorliegt. Hierbei soll vorliegend auf die folgenden Konstellationen eingegangen werden[329]:

a) Ein *spanischer* Erblasser hinterlässt bewegliches und unbewegliches Vermögen sowohl in Spanien als auch in Deutschland.
b) Ein *deutscher* Erblasser hinterlässt bewegliches und unbewegliches Vermögen sowohl in Spanien als auch in Deutschland.

Im Unterschied zum nationalen Erbfall kommt beim internationalen Erbfall immer „etwas hinzu“[330]: Der Erbfall kann nämlich nicht nur durch deutsches, sondern auch durch ein oder mehrere ausländische Rechte, in unserem Fall gemeinspanisches Recht, beeinflusst werden. Das bedeutet, dass zunächst das anzuwendende Recht bestimmt werden muss. Dies kann entweder deutsches oder spanisches Recht sein, möglicherweise auch beide Rechte[331]. Die Kollisionsnormen, also die für die Bestimmung der anzuwendenden Rechtsordnung maßgeblichen Normen, sind Bestandteile des nationalen Rechts eines jeden Staates.

I. Bestimmung des Erbstatuts aus Sicht der spanischen Behörden bzw. Gerichte

Die Bestimmungen des spanischen IPR sind im Título Preliminar des Código Civil, insbesondere in den Art. 8-12 CC zu finden[332]. Hierbei befasst sich Art. 9.8 CC mit dem spanischen internationalen Erbrecht. Dieser besagt:

„Die Nachfolge von Todes wegen richtet sich nach dem Heimatrecht des Erblassers im Augenblick seines Todes, was auch immer die Natur des Vermögens und das Land, in welchem es belegen ist, sein mag. Indessen behalten die gemäß dem Heimatrecht des Testators oder des Verfügenden im Zeitpunkt ihrer Errichtung in einem Testament vorgenommenen Verfügungen und Erbverträge ihre Gültigkeit, auch wenn das den Erbfall regelnde Recht ein anderes ist; die Noterbrechte passen sich allerdings gegebenenfalls dem letzteren an. Die Rechte, die kraft Gesetzes dem überlebenden Ehegatten zustehen, richten sich nach dem gleichen

329 Siehe ausführlich zu diesen und anderen Konstellationen: Flick/Piltz, Der internationale Erbfall, Rn. 2.
330 Flick/Piltz, Der internationale Erbfall, Rn. 4.
331 Vgl. Flick/Piltz, Der internationale Erbfall, Rn. 4, 5.
332 Vgl. Flick/Piltz, Der internationale Erbfall, Rn. 920; Ferid/Firsching/Dörner/Hausmann, Internationales Erbrecht, Spanien Grdz. C, Rn. 29.

Recht, das die Ehewirkungen regelt, jedoch in jedem Falle unbeschadet des Noterbenrechtes der Abkömmlinge[333]."

Somit geht das spanische Recht vom Staatsangehörigkeitsprinzip[334] und der Nachlasseinheit[335] aus. Unabhängig davon, wo die Nachlassgegenstände belegen sind und ob es sich um Mobilien oder Immobilien handelt, findet grundsätzlich immer das Heimatrecht des Erblassers Anwendung[336]. Der deutsche Erblasser mit Wohnsitz in Spanien wird folglich hinsichtlich seines gesamten Nachlasses nach deutschem Recht beerbt. Der spanische Erblasser mit Wohnsitz in Spanien wird dementsprechend auch hinsichtlich seines in Deutschland belegenen Vermögens nach spanischem Recht beerbt.

Jedoch ist in Art. 9.8 S. 3 CC[337] eine Ausnahme geregelt, wonach sich das gesetzliche Erbrecht des Ehegatten nicht nach dem Erbstatut, sondern nach dem Ehewirkungsstatut richtet[338]. Es ist zu betonen, dass Art. 9.8 S. 3 CC sich also nicht auf die Rechte bezieht, die der Ehegatte aufgrund eines Testamentes des Erblassers erwirbt, sondern einzig das gesetzliche Erbrecht des Ehegatten erfasst[339].

II. Bestimmung des Erbstatuts aus Sicht der deutschen Behörden bzw. Gerichte

Auch in Deutschland gilt das Staatsangehörigkeitsprinzip[340], welches in Art. 25 EGBGB[341] verankert ist. Dieser lautet:

„Rechtsnachfolge von Todes wegen

(1) Die Rechtsnachfolge von Todes wegen unterliegt dem Recht des Staates, dem der Erblasser im Zeitpunkt seines Todes angehörte.

(2) Der Erblasser kann für im Inland belegenes unbewegliches Vermögen in der Form einer Verfügung von Todes wegen deutsches Recht wählen."

---

333 Übersetzung aus: Ferid/Firsching/Dörner/Hausmann, Internationales Erbrecht, Spanien Texte A I, S. 7.

334 Kroiß, Internationales Erbrecht, S. 274; Ferid/Firsching/Dörner/Hausmann, Internationales Erbrecht, Spanien Grdz. C, Rn. 34; Süß/Haas/Löber/Huzel, Rn. 3; Gantzer, Spanisches Immobilienrecht, S. 91; Borngräber, Immobilien in Spanien, S. 141; Gerboth, MDR 2005, 844.

335 Kroiß, Internationales Erbrecht, S. 275; Gerboth, MDR 2005, 844; Ferid/Firsching/Dörner/Hausmann, Internationales Erbrecht, Spanien Grdz. C, Rn. 34; Süß/Haas/Löber/Huzel, Rn. 3; Gantzer, Spanisches Immobilienrecht, S. 91; Kuhn, BWNotZ 2006, 139, 145.

336 Mauch, BWNotZ 2001, 25, 39; Rudolph, MittRhNotK 1990, 93, 106.

337 Zur Reform des Art. 9.8 CC und der Ergänzung um Satz 3: Kirchmayer, StAZ 1991, 158; zur Reform des spanischen internationalen Privatrechts siehe: Rau, IPRax 1986, 254 ff.

338 Siehe auch Ferid/Firsching/Dörner/Hausmann, Internationales Erbrecht, Spanien Grdz. C, Rn. 46; Mauch, BWNotZ 2001, 25, 39; Kuhn, BWNotZ 2006, 139, 145.

339 Steinmetz/Lozano, ZErb 2008, 64.

340 Schöllhorn, Spanienimmobilien, S. 169; Borngräber, Immobilien in Spanien, S. 141.

341 Dass Pflichtteils- und Pflichtteilsergänzungsansprüche eindeutig unter den Art. 25 EGBGB fallen, hat der BGH bereits entschieden, BGH NJW 1993, 1921 ff., sowie Palandt/Heldrich, Art. 25 EGBGB, Rn. 10 m. w. N.; Kegel/Schurig, S. 859; Werkmüller, ZEV 1999, 474.

Eine Besonderheit im Gegensatz zum spanischen IPR findet sich in Art. 25 Abs. 2 EGBGB. Hier wird der Grundsatz der Nachlasseinheit durchbrochen. So kann also ein Spanier mit Grundbesitz in Deutschland durch letztwillige Verfügung bestimmen, dass seine Immobilie/n deutschem Recht unterstellt werden soll/en[342]. Im Ergebnis unterfällt dann aufgrund der spanischen Staatsangehörigkeit der gesamte Nachlass dem spanischen Recht, ausgenommen jedoch dem Immobilienvermögen, welches sich in Deutschland befindet und ausdrücklich durch Testament dem deutschen Recht unterworfen wurde, sog. partielle Nachlassspaltung[343].

Nach der deutschen Regelung wird also der deutsche Erblasser auch hinsichtlich seines in Spanien befindlichen Vermögens nach deutschem Recht beerbt, der spanische Erblasser mit letztem Wohnsitz in Deutschland wird dagegen grundsätzlich nach spanischem Recht beerbt, wobei ihm die Möglichkeit verbleibt von Art. 25 Abs. 2 EGBGB Gebrauch zu machen.

III. Zusammenfassung

Art. 9. 8 CC und Art. 25 Abs. 1 EGBGB kommen zum gleichen Ergebnis. Beide gehen vom Staatsangehörigkeitsprinzip aus und unterscheiden hierbei nicht zwischen beweglichem und unbeweglichem Vermögen[344]. Sowohl Deutschland als auch Spanien nehmen daher die Verweisung der jeweiligen Kollisionsnormen an.[345] Jedoch kennt das spanische Recht keine dem Art. 25 Abs. 2 EGBGB vergleichbare Regelung[346].

Folglich wird ein deutscher Erblasser, der Mobilien oder Immobilien in Spanien besitzt, immer nach deutschem Erbrecht beerbt[347]. Ein Erblasser mit spanischer Staatsangehörigkeit wird grundsätzlich nach spanischem Erbrecht beerbt[348], mit Ausnahme der Möglichkeit des Art. 25 Abs. 2 EGBGB. Nur das Verfahrensrecht richtet sich nach dem Recht des Gerichtsstandes (lex-fori Grundsatz)[349].

Allerdings ist zu beachten, dass die erbrechtliche Abwicklung eines deutschen Erbfalles zwar nicht nach spanischem Recht erfolgen muss, es gilt ja wie gesagt das deutsche Recht. Jedoch können Verzögerungen in der Abwicklung vermieden werden, wenn die spanischen Gepflogenheiten beachtet werden, da die spanischen

342 Vertiefend: Palandt/Heldrich, Art. 25 EGBGB, Rn. 7 f.

343 Süß/Haas/Löber/Huzel, Rn. 36.

344 Vgl. Selbherr, MittBayNot 2002, 165; Ferid/Firsching/Dörner/Hausmann, Internationales Erbrecht, Spanien Grdz. C, Rn. 34; Wachter, ZEV 2003, 137; Steinmetz/Lozano, ZErb 2008, 64; Eberl, MittBayNot 1999, 455, 456; Borngräber, Immobilien in Spanien, S. 141.

345 Dies ist nicht immer so. Knüpft das Kollisionsrecht eines anderen Staates z. B. an den letzten Wohnsitz an, kann sich eine Rückverweisung auf das deutsche Recht oder eine Weiterverweisung auf das Recht eines dritten Staates ergeben.

346 Steinmetz/Lozano, ZErb 2008, 64.

347 Vgl. hierzu auch: Norbisrath, Spanisches Immobilien- und Steuerrecht, S. 262; Johnen, MittRhNotK 1986, 57, 58; Hermann, ZEV 2002, 259, 261; Schöllhorn, Geldanlage, S. 33.

348 Steinmetz/Lozano, ZErb 2008, 64.

349 Siehe dazu Gerboth, MDR 2005, 844.

Beamten von ihrem eigenen nationalen Recht ausgehen[350]. Insbesondere bei in Spanien belegenen Grundstücken und Immobilien ist daher eine notarielle Annahmeerklärung (aceptación de herencia) der Erben ratsam, um eine schnellere Eintragung im spanischen Eigentumsregister zu bewirken.

IV. Ausnahme: Doppelstaatler

Besaß der Erblasser zum Zeitpunkt seines Todes sowohl die spanische als auch die deutsche Staatsangehörigkeit, so geht aus deutscher Sicht gem. Art. 5 Abs. 1 S. 2 EGBGB die deutsche Staatsangehörigkeit vor, der deutsche Richter wendet also deutsches Recht an.

Gleiches gilt aus spanischer Sicht. Hier geht gem. Art. 9.9 Abs. 2 CC die spanische Staatsangehörigkeit vor, was zur Folge hat, dass der spanische Richter spanisches Recht anwenden würde.

Das kann zu einer faktischen Nachlassspaltung führen, wenn sowohl in Deutschland als auch in Spanien Erben die dort belegenen Nachlassgegenstände beanspruchen[351].

---

350 Vgl. Schöllhorn, Spanienimmobilien, S. 177; Gerboth, MDR 2005, 844.

351 Vertiefend: Ferid/Firsching/Dörner/Hausmann, Internationales Erbrecht, Spanien Grdz. C, Rn. 85.

H. Die Rechte des überlebenden Ehegatten nach IPR

War der Erblasser verheiratet, ist zu beachten, dass zunächst eine güterrechtliche Abwicklung zu erfolgen hat[352]. Denn diese bestimmt den Umfang des Nachlasses[353]. Erst wenn die güterrechtlichen Ansprüche des hinterbliebenen Ehegatten befriedigt sind, bildet der verbliebene Teil des Erblasservermögens den Nachlass.

Abweichend vom Grundsatz des Art. 9.8 CC richtet sich das gesetzliche Erbrecht des Ehegatten gem. Art. 9.8 S. 3 CC nach dem Ehewirkungsstatut. Dieser bestimmt, dass die Rechte, die kraft Gesetzes dem überlebenden Ehegatten zustehen, sich nach dem gleichen Recht richten, das die Ehewirkungen regelt, jedoch unbeschadet dem Noterbenrecht der Abkömmlinge. Wie oben bereits angedeutet, geht es hier einzig und allein um das gesetzliche Erbrecht des hinterbliebenen Ehegatten. Nicht erfasst sind die Rechte des Ehegatten, die er aufgrund eines Testaments erwirbt oder gar die Rechte anderer potentieller Erben[354].

Meist wird das Ehewirkungsstatut mit dem Erbstatut übereinstimmen[355]. Dann richten sich die Ansprüche des überlebenden Ehegatten entweder gänzlich nach spanischem oder nach deutschem Recht und es gibt in dieser Hinsicht keine Besonderheiten. Relevanz bekommt diese Verweisung jedoch bei gemischten Ehen, wenn Erbstatut und Güterstatut nicht übereinstimmen. In solchen Fällen kommt oft die Problematik auf, dass Erb- und Güterrecht nur innerhalb einer Rechtsordnung aufeinander abgestimmt sind[356]. Dies gilt aber in den meisten Fällen nicht länderübergreifend. Folge eines Zusammentreffens verschiedener Rechtsordnungen können sowohl ein Normenmangel, als auch eine Normenhäufung sein[357]. Ein Normenmangel liegt vor, wenn der überlebende Ehegatte durch die Kombination zweier Rechtsordnungen weniger bekommt, als wenn sich Erb- und Güterstatut nach dem einen oder dem anderen Recht allein richten würden[358].

Hingegen liegt im umgekehrten Fall eine Normenhäufung vor. Nämlich dann, wenn der überlebende Ehegatte dadurch begünstigt wird, dass Erb- und Güterstatut sich nach unterschiedlichen Rechtsordnungen richten und er auf Grund dessen mehr bekommt als er bekäme, wenn sich seine Ansprüche allein nach dem Recht eines der beiden Länder richten würde[359].

Die soeben dargestellte Problematik wird durch das spanische Kollisionsrecht in Art. 9.8 S. 3 CC gelöst. Dadurch wird sicher gestellt, dass sich sämtliche Rechte des überlebenden Ehegatten, also sowohl die erb- als auch die güterrechtlichen Ansprüche, nach einer einheitlichen Rechtsordnung richten[360].

---

352 Siehe zu den Gestaltungsmöglichkeiten des überlebenden Ehegatten durch Rechtswahl beim Erbrecht in internationalen Fällen: Mankowski/Osthaus, DNotZ 1997, 10 ff.
353 Süß/Haas/Löber/Huzel, Rn. 22.
354 Steinmetz/Lozano, ZErb 2008, 64.
355 Ferid/Firsching/Dörner/Hausmann, Internationales Erbrecht, Spanien Grdz. C, Rn. 35.
356 Vgl. hierzu die Ausführungen bei Beier, S. 10.
357 Henrich, Ehegattenerbrecht und IPR, S. 339.
358 Henrich, Ehegattenerbrecht und IPR, S. 339.
359 Henrich, Ehegattenerbrecht und IPR, S. 339 f.
360 Vgl. Ferid/Firsching/Dörner/Hausmann, Internationales Erbrecht, Spanien Grdz. C, Rn. 48.

I. Spanisches Erbstatut und deutsches Güterstatut

Beispiel: Heiratet ein *Spanier* in Deutschland eine Deutsche und haben beide auch in Deutschland ihren gewöhnlichen Aufenthalt, während keine Rechtswahl vorgenommen wurde, so richten sich die allgemeinen Ehewirkungen sowie der Güterstand nach deutschem Recht, Art. 15 Abs. 1 i. V. m. Art. 14 Abs. 1 Nr. 2 EGBGB, sowie Art. 9.2 CC[361].

Stirbt der spanische Ehegatte, so richtet sich im Beispielsfall die Erbfolge grundsätzlich nach spanischem Recht[362], Art. 25 Abs. 1 EGBGB. An dieser Stelle ist aber Art. 4 Abs. 1 EGBGB zu beachten. Denn dieser bestimmt, dass vorliegend nicht nur auf die Sachnormen des spanischen Rechts verwiesen wird, sondern auch auf die Kollissionsnormen des Código Civil. Somit kommt man zu Art. 9.8 CC und dementsprechend zu Satz 3[363]. In diesem findet sich die personale Rückverweisung auf das deutsche Recht. Im Falle einer Rückverweisung bezieht diese sich gem. Art. 4 Abs. 1 EGBGB aber nicht erneut auf das deutsche internationale Privatrecht, sondern nur auf die deutschen Sachvorschriften. Das bedeutet, dass gem. Art. 9.8 S. 3[364] CC das spanische Erbrecht zwar grundsätzlich anzuwenden ist, aber nicht für das gesetzliche Erbrecht des überlebenden Ehegatten gilt.

Somit bestimmen sich die Rechte des überlebenden Ehegatten gänzlich nach deutschem Recht und zwar unabhängig davon, ob es sich um erbrechtliche oder güterrechtliche Ansprüche handelt[365]. Daher steht auch der Anwendung des § 1371 BGB nichts im Wege[366].

Zu beachten sind hier aber die Noterbrechte der Abkömmlinge, Art. 9.8 S. 3 a. E. CC. Diese dürfen durch das Erbrecht des Ehegatten nicht beeinträchtigt werden. In der Konsequenz heißt das, dass der überlebende Ehegatte, wenn der Erblasser nach spanischem Recht beerbt wird, die Rechte des Ehegatten sich aber nach deutschem Recht richten, höchstens das zur freien Verfügung stehende Drit-

361 Dieser besagt: „Die Ehewirkungen richten sich nach dem gemeinsamen Personalstatut der Ehegatten zum Zeitpunkt der Eheschließung und, bei dessen Fehlen, nach dem Personalstatut oder dem Recht des Ortes des gewöhnlichen Aufenthalts eines von ihnen, das beide mittels öffentlicher, vor der Eheschließung errichteten Urkunde gewählt haben; bei Fehlen einer solchen Wahl nach dem Recht des Ortes des gemeinsamen gewöhnlichen Aufenthalts unmittelbar nach der Eheschließung und, bei Fehlen eines solchen Aufenthalts, nach dem Recht des Ortes der Eheschließung. Die Nichtigkeit, die Trennung und die Ehescheidung richten sich nach dem Recht, auf das durch Art. 107 verwiesen wird.“, Übersetzung aus: Ferid/Firsching/Dörner/Hausmann, Internationales Erbrecht, Spanien, Texte A I S. 7.

362 Vgl. die Ausführungen oben unter G, III.

363 Siehe zu den mit dem gesetzlichen Erbrecht des überlebenden Ehegatten verbundenen Problemen die Dissertation von Beier.

364 Ausführlich zu dem in Spanien herrschenden Meinungsstreit über die Auslegung des Art. 9.8 S. 3 CC: Steinmetz/Lozano, ZErb 2008, 64 f.

365 Siehe Ferid/Firsching/Dörner/Hausmann, Internationales Erbrecht, Spanien Grdz. C, Rn. 87.

366 Vertiefend: Johnen, MittRhNotK 1986, 57, 68; Ferid/Firsching/Dörner/Hausmann, Internationales Erbrecht, Spanien Grdz. C, Rn. 52.

tel der Erbmasse erhalten kann, Art. 808 Abs. 4 CC. Andernfalls wären die Noterbenteile der Abkömmlinge beschränkt, was Art. 9.8 S. 3 CC ja ausdrücklich verbietet[367]. Damit wäre der überlebende Ehegatte zwar schlechter gestellt als nach deutschem Recht, er bekäme aber immer noch mehr als ihm nach spanischem Recht zustehen würde, wo er lediglich den Nießbrauch erhielte.

Hieraus ist aber wiederum der Rückschluss zu ziehen, dass allein den Abkömmlingen das ihnen zustehende Erbrecht vorbehalten ist, während das Recht anderer potentieller Erben keinen Schutz erfährt, diese also nur dann etwas erben können, wenn nach der Nachlasszuweisung an den Ehegatten und die Abkömmlinge noch etwas übrig bleibt[368].

II. Deutsches Erbstatut und spanisches Güterstatut

Beispiel: Heiratet ein *Deutscher* in Spanien eine Spanierin und haben beide auch in Spanien ihren gewöhnlichen Aufenthalt, während keine Rechtswahl vorgenommen wurde, so richten sich die allgemeinen Ehewirkungen sowie der Güterstand nach spanischem Recht, Art. 9.2 CC, sowie Art. 15 Abs. 1 i. V. m. Art. 14 Abs. 1 Nr. 2 EGBGB.

Verstirbt der deutsche Ehegatte, richtet sich in diesem Beispielsfall die Erbfolge nach deutschem Recht[369], Art. 9.8 CC, wohingegen spanisches Güterrecht eingreift. Haben die Ehegatten nun Gütertrennung vereinbart, so stellt sich die Frage nach der Anwendung der erbrechtlichen Regelung des § 1931 Abs. 4 BGB. Da es sich, wie gesagt, um eine erbrechtliche Regelung handelt, ist deren Anwendung aus deutscher Sicht zu bejahen.

Dies ist grundsätzlich aus spanischer Sicht ebenso, da deutsches Erbrecht gilt. Aber auch hier kommt wieder Art. 9.8 S. 3 CC zum Tragen. Danach richten sich die gesetzlichen Erbrechte des überlebenden Ehegatten im dargestellten Fall ausschließlich nach spanischem Recht, was konsequenterweise bedeutet, dass § 1931 Abs. 4 BGB keine Anwendung findet[370]. Gem. Art. 11.2 CC[371] bezieht sich die Verweisung des spanischen internationalen Privatrechts lediglich auf das materielle ausländische, hier deutsche, Recht, nicht dagegen auf das Kollisionsrecht, sodass der spanische Richter erst gar nicht zum Kollisionsrecht kommt[372].

---

367 Siehe auch Steinmetz/Lozano, ZErb 2008, 64, 66.

368 Steinmetz/Lozano, ZErb 2008, 64, 66 mit weiteren Ausführungen zu Art. 9.8 S. 3 CC.

369 Vgl. die Ausführungen oben bei Punkt G, III.

370 Ebenso Ferid/Firsching/Dörner/Hausmann, Internationales Erbrecht, Spanien Grdz. C, Rn. 51.

371 Art. 11.2 CC lautet: „Die Verweisung auf ausländisches Recht wird als auf dessen materielles Recht gerichtet angesehen und man beachtet die Weiterverweisung nicht, welche dessen Kollisionsnormen auf ein anderes Recht als das spanische vornehmen können.“, Übersetzung aus: Ferid/Firsching/Dörner/Hausmann, Internationales Erbrecht, Spanien, Texte A I S. 8 f.

372 Peuster, Das spanische internationale Privatrecht, S. 3; Süß, IPRax 2001, 488.

I. Immobilienerbschaften

Immer mehr Deutsche besitzen Immobilien im Ausland. Spanien ist als eines der Lieblingsreiseziele der Deutschen auch für den Erwerb einer Ferienimmobilie besonders beliebt[373].

I. Problemaufwurf

Irgendwann stellen sich jedoch die meisten Immobilieneigentümer die Frage, was im Todesfall passiert:

1. Muss bei der Vererbung der Immobilie spanisches Erbrecht berücksichtigt werden?
2. Sind Pflichtteilsansprüche zu beachten?
3. Wie kann die Immobilie am günstigsten weiter gegeben werden ohne dass die Erben gleich mit hohen Steuerforderungen belastet werden?
4. Kann verhindert werden, dass die Erben die Auslandsimmobilie verkaufen müssen, um die Pflichtteilsansprüche ausbezahlen zu können?
5. Fazit: Wie kann dem Erblasserwillen am Besten Rechnung getragen werden?

All das sind mögliche Fragen, die sich ein Immobilieneigentümer stellen kann oder wird.

II. Lösungsansätze

1. Muss bei der Vererbung der Immobilie spanisches Erbrecht berücksichtigt werden?

Zunächst einmal kann aus dem zuvor Gesagten festgehalten werden, dass ein Erblasser, der die deutsche Staatsangehörigkeit besitzt, nach deutschem Erbrecht beerbt wird, Art. 25 Abs. 1 EGBGB, Art. 9.8 CC, auch wenn er seinen Lebensabend in Spanien verbracht hat. Er muss die spanischen Erbrechtsvorschriften also bei der Testamentserrichtung nicht beachten.

Der in Deutschland lebende Spanier wird hingegen nach seinem spanischen Heimatrecht beerbt, Art. 25 Abs. 1 EGBGB, Art. 9.8 CC. Er hat aber die Möglichkeit von Art. 25 Abs. 2 EGBGB Gebrauch zu machen und hinsichtlich seiner in Deutschland belegenen Immobilien deutsches Erbrecht zu wählen.

---

373 Eberl, MittBayNot 1999, 455; Wachter, ZEV 2003, 137; Piske, ZEV 2003, 495; Kowallik, DStR 1999, 1129; Gerboth, MDR 2005, 844.

2. Sind Pflichtteilsansprüche zu beachten?

Es gilt somit auch für die in Spanien gelegene Immobilie deutsches Erbrecht, mithin auch deutsches Pflichtteilsrecht. Hinterlässt ein Erblasser also einen Ehegatten und Kinder bzw. Eltern, so können diese ihren Anteil am Nachlass nach deutschem Recht geltend machen.

Nachdem die Pflichtteilsansprüche des deutschen Erbrechts deutlich geringer ausfallen als die des spanischen Erbrechts, dürfte dies für den Erblasser zunächst eine gute Nachricht sein. Aber natürlich kommt er auch bei dem im Ausland gelegenen Nachlass nicht um die Ansprüche der Pflichtteilsberechtigten herum.

Ein spanischer Erblasser wird hingegen grundsätzlich die Beeinträchtigung durch die großzügigen spanischen Noterbquoten nicht verhindern können. Daher ist ihm hinsichtlich des in Deutschland belegenen Immobilienvermögens anzuraten, von der Möglichkeit des Art. 25 Abs. 2 EGBGB Gebrauch zu machen und durch Verfügung von Todes wegen anzuordnen, dass dieses deutschem Erbrecht unterfallen soll[374]. So kann er jedenfalls für diesen Teil des Nachlasses die hohen Noterbquoten seines Heimatlandes umgehen, muss sich aber dafür den Regelungen des deutschen Pflichtteilsrechts unterwerfen[375].

3. Wie kann die Immobilie am günstigsten weiter gegeben werden ohne dass die Erben gleich mit hohen Steuerforderungen belastet werden?

Voraussetzung für die Eintragung des Erben ins spanische Eigentumsregister ist die Bezahlung der Erbschaftssteuer[376]. Diese kann unter Umständen sehr hoch ausfallen[377].

Jedoch gibt es Möglichkeiten diese zu umgehen[378]. Manche dieser Optionen sind allerdings nicht ganz legal. Formalrechtlich betrachtet begeht der Erbe hier zwar eine Steuerhinterziehung, allerdings scheint diese Praxis gerade in südlichen Ländern gängig zu sein[379]. Trotzdem seien im Folgenden die gängigsten, aber wie gesagt nicht immer ganz legalen, Möglichkeiten aufgezeigt[380]:

---

374 Süß/Haas/Löber/Huzel, Rn. 8.

375 Hierzu: Milzer, BWNotZ 2002, 166, 182 f.

376 Gerboth, MDR 2005, 844, 846; Schöllhorn, Geldanlage, S. 34.

377 Zu den Grundzügen des spanischen Erbschaft- und Schenkungsteuerrechts vgl. Herzig/-Watrin/Walter, ZEV 2000, 473 ff.

378 Die folgenden Ausführungen sollen weder eine steuerliche Beratung darstellen noch sind sie als Empfehlung zu verstehen. Es werden lediglich gängige Praktiken dargestellt.

379 Vgl. Schöllhorn, Geldanlage, S. 35.

380 Ausführungen zum Thema der steueroptimalen Übertragung von Immobilien in Spanien finden sich bei Wachter, ZEV 2003, 137; Börner, ZEV 2004, 368.

a. Erteilung einer Vollmacht

Wurde dem künftigen Erben eine Vollmacht erteilt, die ihn berechtigt die Immobilie auf sich zu übertragen oder weiterzuverkaufen, so kann dieser ohne Zahlung von Erbschaftssteuer von beiden Möglichkeiten Gebrauch machen, sofern der spanische Fiskus nichts von dem Todesfall erfährt. Da in Spanien kein notarieller Vertrag zur wirksamen Verpflichtung über den Verkauf einer Immobilie notwendig ist, sondern schon mündliche oder privatschriftliche Abmachungen in vollem Umfang rechtsverbindlich sind[381], kann der Erbe die Immobilie mittels eines Proforma-Kaufvertrages unauffällig auf sich selbst übertragen, allerdings ist dann Grunderwerbsteuer zu entrichten, die jedoch im Vergleich zur Erbschaft- oder Schenkungsteuer oft niedrig ausfällt[382].

b. Verjährung der Erbschaftsteuer abwarten

Eine weitere Möglichkeit der bisweilen hohen Erbschaftsteuer zu entkommen wäre, diese verjähren zu lassen. Die Verjährungsfrist beträgt in Spanien vier Jahre, denen eine halbjährige Erklärungsfrist vorausgeht[383].

Jedoch bedeutet das Abwarten auch, dass der Erbe bis zum Ablauf der Verjährungsfrist nicht gänzlich frei über die Immobilie verfügen kann, ohne befürchten zu müssen, dass der Fiskus seine Ansprüche geltend macht. Für diesen Fall könnte dem Erben ebenfalls eine notarielle Vollmacht ausgestellt werden, sodass dieser ohne den Erbfall angeben zu müssen, mit der Immobilie wirtschaften kann.

Soll die Immobilie nach Ablauf der Verjährungsfrist schließlich ins spanische Eigentumsregister auf den Erben umgetragen werden, so ist es ratsam eine in Spanien gem. Art. 988 ff CC notwendige[384] Erbschaftsannahmeerklärung[385] abzugeben. Dies ist zwar nach deutschem Recht nicht erforderlich, jedoch geht die Eintragung in Spanien schneller von statten, wenn dem spanischen Beamten nicht zunächst ein Gutachten vorgelegt werden muss, um zu belegen, dass eine derartige Erklärung nach deutschem Recht nicht gefordert wird.

Für die Erbschaftsannahme gibt es in Spanien keine Fristen[386]. Wenn der Erbe die Umschreibung der Immobilie auf seinen Namen erreichen will, muss die Annahme ausdrücklich erfolgen. Sie kann jedoch auch schweigend, also konkludent

---

381 Eberl, MittBayNot 1999, 455, 456; Schöllhorn, Spanienimmobilien, S. 180; ders., Geldanlage, S. 89; Sarrate i Pou, S. 44 f.

382 Schöllhorn, Spanienimmobilien, S. 180; ders., Geldanlage, S. 35.

383 Gerboth, MDR 2005, 844, 847.

384 Selbherr, MittBayNot 2002, 165, 167; Borngräber, Immobilien in Spanien, S. 147; Schöllhorn, Geldanlage, S. 33; Gantzer, Spanisches Immobilienrecht, S. 94; Gerboth, MDR 2005, 844.

385 Zur Umschreibung einer Immobilie ins spanische Eigentumsregister ist die Vorlage verschiedener Unterlagen notwendig. Eine Aufzählung findet sich beispielsweise in: Selbherr, MittBayNot 2002, 165, 169 oder bei Gerboth, MDR 2005, 844, 845 f.

386 Norbisrath, Spanisches Immobilien- und Steuerrecht, S. 272.

in der Vornahme bestimmter Geschäfte vorgenommen werden. Nach Ablauf der Verjährungsfrist kann der Erbe dann die Erbschaft ausdrücklich annehmen, die Zahlung der Erbschaftsteuer aber dadurch verhindern, dass er angibt die Erbschaft bereits unmittelbar nach dem Tod des Erblassers durch die Übernahme der Nachlassverbindlichkeiten angenommen zu haben[387].

Wird die spanische Steuerverwaltung aber vor Ablauf der Verjährungsfrist tätig, so hat das zur Folge, dass bei Überschreitung der halbjährigen Erklärungsfrist ein Steuerstrafzuschlag zuzüglich Zinsen fällig wird[388].

c. Vorweggenommene Erbfolge

Eine bereits lebzeitige Übertragung der Immobilie auf den künftigen Erben mittels Schenkung ist aufgrund der immensen spanischen Schenkungsteuer wenig attraktiv. Anders als die Erbschaftsteuer kennt die Schenkungsteuer nämlich keine Freibeträge[389]. Da bei der schenkweisen Übertragung von Immobilien grundsätzlich auch in Spanien eine notarielle Beurkundung erforderlich ist[390], wird oftmals versucht der Schenkungsteuer zu entkommen, indem ein notarieller Kaufvertrag geschlossen wird, wobei dann wieder Grunderwerbsteuer zu entrichten ist[391]. Hierbei ist in Spanien eine sog. Unterverbriefung üblich. Das bedeutet, dass nicht der tatsächlich gezahlte Kaufpreis notariell beurkundet wird, sondern ein geringerer, um so die Grunderwerbsteuer zu reduzieren[392].

Auf diese Art wird die Immobilie bereits zu Lebzeiten des Erblassers „verschenkt“. Würde dies innerhalb der Zehnjahresfrist geschehen, wären bei einem deutschen Erblasser auch keinerlei Pflichtteilsergänzungsansprüche hinsichtlich dieser Immobilie zu befürchten. Allerdings würde diese dann vollständig aus der Hand gegeben, der künftige Erblasser hätte also keine Verfügungsmöglichkeiten und Rechte mehr an der Immobilie.

Unabhängig von der soeben dargestellten Praxis ist es sinnvoll, sich zu erkundigen wie hoch die zu erwartende Erbschaftsteuer sein wird, da diese je nach Verwandtschaftsgrad Freibeträge vorsieht, und es daher unter Abwägung aller Gesichtspunkte günstig ist, die Immobilie testamentarisch zu vererben[393].

---

387 So auch Norbisrath, Spanisches Immobilien- und Steuerrecht, S. 272.

388 Gerboth, MDR 2005, 844, 847.

389 Selbherr MittBayNot 2002, 165, 168; Borngräber, Immobilien in Spanien, S. 140; Schöllhorn, Spanienimmobilien, S. 179; Gantzer, Spanisches Immobilienrecht, S. 97 f.

390 Schöllhorn, Spanienimmobilien, S. 179.

391 Schöllhorn, Spanienimmobilien, S. 179; Selbherr, MittBayNot 2002, 165, 172.

392 Eberl, MittBayNot 1999, 455, 457.

393 Vgl. Schöllhorn, Spanienimmobilien, S. 179.

d. Kaufvertrag mit Nießbrauchsvorbehalt

Eine weitere Möglichkeit besteht darin, die Immobilie bereits beim Erwerb an die zu begünstigende Person zu übertragen, während sie gleichzeitig mit einem lebenslangen Nießbrauch (uso fructo vitalicio) des Schenkers belastet wird[394].

Sollen die Kinder die Immobilie übertragen bekommen, so können diese das zum Erwerb notwendige Kapital unter Ausnutzung der in Deutschland bestehenden Schenkungsteuerfreibeträge von den Eltern zur Verfügung gestellt bekommen und damit die Immobilie erwerben[395], während die Eltern sich auch hier ein lebenslanges Nießbrauchsrecht vorbehalten.

Soll die Übertragung an einen Dritten erfolgen, so kann die Immobilie auch später an diesen verkauft und mit einem Nießbrauch des Erblassers belastet werden. Dann fallen beim Kauf nur ca. 7% Grunderwerbsteuer an, die sich lediglich aus dem durch den Nießbrauch geminderten Wert der Immobilie berechnen[396].

Diese Variante bringt den Vorteil mit sich, dass der Erblasser die Immobilie bis zu seinem Tod nutzen kann. Das Kind beziehungsweise der Dritte kann diese zwar verkaufen, das Nießbrauchsrecht erlischt jedoch auch nicht durch Verkauf. Zudem ist es fraglich, wer eine derart belastete Immobilie kauft[397]. Weiterhin bleibt dem Erblasser so die Möglichkeit vorab zu bestimmen, wem er die Immobilie hinterlässt.

4. Kann verhindert werden, dass die Erben die Auslandsimmobilie verkaufen müssen, um die Pflichtteilsansprüche ausbezahlen zu können?

Diese Frage stellt sich, wenn der Erblasser die Immobilie entweder einem Pflichtteilsberechtigten alleine hinterlassen will, der übrige Nachlass dann aber nicht mehr ausreichen würde, um die Ansprüche der anderen Pflichtteilsberechtigten zu erfüllen, oder aber wenn die Immobilie einem Dritten, völlig Außenstehenden überlassen werden soll und auch hier Pflichtteilsansprüche befriedigt werden müssen.

Wird insgesamt ein recht großes Vermögen hinterlassen, so kann der Erblasser die Ferienimmobilie in der Regel nach Belieben weitergeben, sowohl an Pflichtteilsberechtigte als auch an Dritte, da der übrige Nachlass zur Deckung bestehender Pflichtteilsansprüche ausreichen wird.

Bei mittleren bis kleineren Vermögen stellt sich die Situation jedoch anders da. Hier wird die Auslandsimmobilie einen großen Teil des Nachlasses ausmachen, sodass oftmals – jedenfalls ein Teil der Ansprüche – aus der Substanz der

394 Borngräber, Immobilien in Spanien, S. 141; Selbherr MittBayNot 2002, 165, 172; Gantzer, Spanisches Immobilienrecht, S. 98; Norbisrath, Spanisches Immobilien- und Steuerrecht, S. 282; Gerboth, MDR 2005, 844, 847.

395 Piske, ZEV 2003, 495, 497.

396 Piske, ZEV 2003, 495, 497; Gantzer, Spanisches Immobilienrecht, S. 98.

397 Piske, ZEV 2003, 495, 497.

Immobilie befriedigt werden muss, was zu einem Verkauf oder einer Belastung derselben führen kann.

Daher ist es für den Erblasser von Interesse die Übertragung des Ferienhauses bzw. der Ferienwohnung möglichst so auszugestalten, dass der soeben dargestellte Fall nicht eintreten wird.

a. Erbverzicht

Der Erblasser hat die Möglichkeit mit dem Pflichtteilsberechtigten einen Erbverzicht gem. § 2346 BGB zu vereinbaren, wobei dies nur unter Mitwirkung des Berechtigten realisierbar ist.

Ein Erbverzicht ist ein Vertrag[398] mit dem der gesetzliche Erbe bzw. Pflichtteilsberechtigte gegenüber dem Erblasser auf den Anfall seines künftigen Erbrechts verzichtet[399]. Er gibt dem Erblasser ein Stück seiner Testierfreiheit zurück. Damit kann dieser über einen größeren Teil des Vermögens frei verfügen und verhindern, dass der betreffende Pflichtteilsberechtigte Ansprüche gegen die Erben geltend macht.

Zu unterscheiden ist zwischen dem generellen Erbverzicht und dem bloßen Pflichtteilsverzicht. Insbesondere im vorliegenden Fall, da es dem Erblasser darauf ankommt, die größtmögliche Testierfreiheit zurück zu erlangen und die Beschränkungen des Pflichtteilsrechts so gering wie möglich zu halten, ist dieser Unterschied von großer Bedeutung. Aus diesem Grund ist dem Erblasser zu der Vereinbarung eines Pflichtteilsverzichts zu raten.

Da der Verzichtende bei einem Erbverzicht auf sein gesetzliches Erbrecht verzichtet, aus dem sich die Berechnung der Pflichtteilsansprüche berechnet, führt dieser dazu, dass der Verzichtende bei der Berechnung des Pflichtteils der übrigen Berechtigten nicht mitgezählt wird, § 2310 S. 2 BGB, wodurch sich deren Pflichtteil erhöht. Dies ist bei einem reinen Pflichtteilsverzicht nicht der Fall[400], denn hier gelten die §§ 2310 S. 2, 2316 Abs. 1 S. 2 BGB nicht und der Verzichtende bleibt gesetzlicher Erbe, er nimmt nur sein Pflichtteilsrecht nicht in Anspruch[401].

Das bedeutet, dass bei einem Pflichtteilsverzicht gem. § 2346 Abs. 2 BGB der Verzichtende bei der Berechnung der Höhe der einzelnen Pflichtteile mitgezählt wird, als hätte der Verzicht nie stattgefunden. Die übrigen Berechtigten erhalten daher trotz des Verzichts keine höhere Quote[402].

---

398 Und dementsprechend ein Rechtsgeschäft unter Lebenden, keine Verfügung von Todes wegen. Daher finden auf den Erbvertrag auf die Vorschriften des Allgemeinen Teils des BGB Anwendung.

399 Reul, MittRhNotK 1997, 373, 374; Schöllhorn, Spanienimmobilien, S. 172.

400 Vgl. Mayer, ZEV 2007, 556, mit einer ausführlichen Auseinandersetzung zu den „unliebsamen Folgen des Pflichtteilsverzichts“; Scherer, in: Unternehmensnachfolge, § 17, Rn. 54; Zimmermann, Der Verlust der Erbschaft, Rn. 85.

401 Reul, MittRhNotK 1997, 373, 374; Thoma, ZEV 2003, 278, 280.

402 Siehe auch Reul, MittRhNotK 1997, 373, 374.

Der Pflichtteilsverzicht umfasst auch Ansprüche auf den Pflichtteilsrest aus §§ 2305, 2307 sowie die Ansprüche auf Pflichtteilsergänzung gem. §§ 2325, 2329 BGB[403]. Das gesetzliche Erbrecht des Verzichtenden bleibt durch den bloßen Pflichtteilsverzicht aber bestehen[404]. Deshalb ist es dringend notwendig, dass der Erblasser ein Testament errichtet, um der gesetzlichen Erbfolge zu entgehen.

Es ist zu beachten, dass der Pflichtteilsverzicht der notariellen Form bedarf, § 2348 BGB. Wurde er privatschriftlich geschlossen, ist er somit aufgrund des Formmangels nach §§ 125 S. 1, 128 BGB nichtig[405].

Kann keine Einigung hinsichtlich eines vollständigen Pflichtteilsverzichts zwischen Erblasser und Pflichtteilsberechtigtem erzielt werden, so besteht auch die Möglichkeit den Verzicht nur auf die Pflichtteilsergänzungsansprüche gem. § 2325 BGB zu beschränken. So könnte die Auslandsimmobilie bereits durch Rechtsgeschäft unter Lebenden verschenkt werden, ohne dass der Beschenkte oder die testamentarischen Erben mit Ansprüchen des Pflichtteilsberechtigten rechnen müssten. Kann der Erblasser sich mit den Pflichtteilsberechtigten überhaupt nicht auf einen Verzicht einigen, so bleiben ihm trotzdem noch die folgenden Möglichkeiten.

b. Ehevertragliche Gestaltungen

Durch geschickte ehevertragliche Gestaltungen ist es den Ehegatten zu Lebzeiten möglich, den Erbteil des Ehegatten zu vergrößern und damit den gesetzlichen Erbteil, also auch den Pflichtteil insbesondere der Abkömmlinge, zu verringern.

Denn der Wert des Nachlasses, aus dem auch der Pflichtteil errechnet wird, sowie die Pflichtteilsquote der Abkömmlinge hängen vom Güterstand der Ehegatten ab.

aa. Welcher Güterstand gewährleistet die geringsten Pflichtteilsquoten der Abkömmlinge?

Lebten die Ehegatten im gesetzlichen Güterstand und beurteilt sich das gesetzliche Erbrecht des hinterbliebenen Ehegatten nach § 1931 Abs. 1 S. 1, Abs. 3, § 1371 Abs. 1 BGB, beträgt der Pflichtteil der Abkömmlinge ein Viertel des Nachlasses, da das gesetzliche Erbrecht von Kindern und Ehegatte (hier aufgrund von § 1371 Abs. 1 S. 1 BGB, erhöht um den fiktiven Zugewinnausgleich) jeweils die Hälfte des Nachlasses beträgt.

Wird der hinterbliebene Ehegatte aber nicht Erbe und bekommt er daher auch nicht den fiktiven Zugewinnausgleich, erhalten die Abkömmlinge insgesamt eine

---

403 Reul, MittRhNotK 1997, 373, 378.

404 Bengel, ZEV 2006, 192.

405 Zum Streit, ob ein Erbverzicht auch stillschweigend geschlossen werden kann, siehe: Keim, ZEV 2001, 1; Reul, MittRhNotK 1997, 373, 377 f.; Keller, ZEV 2005, 229, 230.

Pflichtteilsquote von ⅜. Denn jetzt bekommt der Ehegatte einen gesetzlichen Erbteil von ¼, den Kindern fällt der Rest von ¾ zu. Allerdings fließt hier nicht das gesamte Vermögen des Erblassers in den Nachlass, da sich dieser noch um den rechnerischen Zugewinnausgleich verringert[406].

War die Gütertrennung der gewählte Güterstand der Ehegatten, so hängt die Pflichtteilsquote der Abkömmlinge von der Zahl der Kinder ab. Hinterlässt der Erblasser lediglich den Ehegatten und ein Kind, so fällt beiden die Hälfte der Erbschaft zu, § 1931 Abs. 4 BGB, was zu einer Pflichtteilsquote des Abkömmlings von einem Viertel führt.

Bei zwei Kindern wird der Nachlass ebenfalls gleichmäßig aufgeteilt, § 1931 Abs. 4 BGB, jeder hat also ein gesetzliches Erbrecht von ⅓, was einen Pflichtteil von einem Sechstel für jeden Abkömmling ergibt.

Hinterlässt der Erblasser dagegen drei oder mehr Kinder, richtet sich das gesetzliche Erbrecht auch im Falle der Gütertrennung nach § 1931 Abs. 1 BGB, wonach der Ehegatte eine Erbquote von ¼ bekommt und die Kinder gemeinsam die übrigen ¾ erhalten. Damit teilen sich die Abkömmlinge eine Pflichtteilsquote von ⅜.

In den Nachlass fällt das gesamte Vermögen des Erblassers. Im Falle der Gütergemeinschaft erhält der Ehegatte ein gesetzliches Erbrecht von einem Viertel, § 1931 Abs. 1 S. 1 BGB, die Kinder erhalten ¾ Damit teilen sie sich eine Pflichtteilsquote von ⅜. Der Nachlass besteht hier aus dem Sonder- und Vorbehaltsgut des Erblassers, sowie aus der Hälfte des Gesamtgutes, § 1476 Abs. 1 BGB, unabhängig davon ob der Erblasser dies selbst in die Ehe eingebracht hat oder ob es vom hinterbliebenen Ehegatten herrührt.

	Pflichtteil des Abkömmlings bei 1 Kind	Pflichtteil der Abkömmlinge insgesamt bei 2 Kindern	Pflichtteil der Abkömmlinge insgesamt bei 3 und mehr Kindern
Gesetzlicher Güterstand, Ehegatte wird Erbe, § 1371 Abs. 1 BGB	¼ = 25%	¼ = 25%	¼ = 25%
Gesetzlicher Güterstand, Ehegatte wird **nicht** Erbe	⅜ = 37,5%	⅜ = 37,5%	⅜ = 37,5%
Gütertrennung	¼ = 25%	⅓ = 33%	⅜ = 37,5%
Gütergemeinschaft	⅜ = 37,5%	⅜ = 37,5%	⅜ = 37,5%

Abbildung 5: Pflichtteilsquote der Abkömmlinge neben dem hinterbliebenen Ehegatten

406 Vgl. hierzu auch: Thoma, ZEV 2003, 278.

Aus der vorhergehenden Abbildung wird ersichtlich, dass die Pflichtteilsquoten der Abkömmlinge beim gesetzlichen Güterstand jedenfalls dann am Geringsten sind, wenn der Erblasser den hinterbliebenen Ehegatten als Erben oder Vermächtnisnehmer einsetzt.

Damit ist festzuhalten, dass die Wahl der Zugewinngemeinschaft als Güterstand im Todesfall die Pflichtteile der Abkömmlinge am Niedrigsten ausfallen lässt. Sind die Ehegatten bereits in einem anderen Güterstand verheiratet, empfiehlt es sich also zur Reduzierung der Pflichtteilsquoten der Abkömmlinge in den gesetzlichen Güterstand zu wechseln[407].

bb. Wie kann Vermögen auf den anderen Ehegatten übertragen werden, ohne dass Pflichtteilsergänzungsansprüche zu befürchten sind?

Mithilfe der sog. „Güterstandsschaukel"[408] kann auch zu Lebzeiten Vermögen auf den Ehegatten übertragen werden. Darunter versteht man den Wechsel zwischen den Güterständen.

So kann beispielsweise ein lebzeitiger Zugewinnausgleich durchgeführt werden, indem der gesetzliche Güterstand beendet und Güter*trennung* vereinbart wird. Wird im Anschluss daran erneut der gesetzliche Güterstand gewählt, gelten die sich hieraus ergebenden Pflichtteilsquoten, jedoch mit dem Unterschied, dass aufgrund des Wechsels des Güterstandes bereits ein tatsächlicher Zugewinnausgleich durchgeführt wurde, der das Vermögen des Erblassers geschmälert hat. Aufgrund des Zurückwechselns in den gesetzlichen Güterstand wird wegen der Regelung des § 1371 Abs. 1 BGB aber im Todesfall wieder ein fiktiver Zugewinn ausgeglichen, auch wenn in der Zeit seit erneuter Vereinbarung der Zugewinngemeinschaft gar kein Zugewinn erzielt wurde. Durch solche Gestaltungen wird die Erbmasse verkleinert, womit auch die Pflichtteilsquote aus der geringeren Hinterlassenschaft errechnet wird[409].

Im Wechsel zwischen Zugewinngemeinschaft und Güter*trennung* ist in der Regel auch keine Schenkung zu sehen, die dann der Pflichtteilsergänzung unterliegen würde. Eine solche wird angenommen, wenn der Güterstandswechsel aufgrund eines einheitlichen Plans erfolgte und gerade nicht zum Zweck der Verwirklichung der Ehe auf eine Ordnung beiderseitigen Vermögens, sondern nur zu dem Zweck vorgenommen wurde, die Pflichtteilsansprüche der Abkömmlinge zu verringern[410].

Es ist aber immer zu bedenken, dass das Gesetz es den Ehegatten jederzeit erlaubt, Änderungen des Güterstandes vorzunehmen, ob dies vor oder während der

407 So auch Wegmann, ZEV 1996, 201, 203.

408 Siehe hierzu auch die Ausführungen bei Zimmermann, Der Verlust der Erbschaft, Rn. 231 ff.

409 Vgl. hierzu: Reimann, in: Familienerbrecht und Testierfreiheit im eurpoäischen Vergleich, S. 39 f.; Scherer, in: Unternehmensnachfolge, § 17, Rn. 52.

410 Siehe auch: Scherer, in: Unternehmensnachfolge, § 17, Rn. 52; Langenfeld NJW 1994, 2133, 2134; Klingelhöffer NJW 1993, 1097, 1101; Hayler, DNotZ 2000, 681, 688 f.

Ehe geschieht, spielt hierbei keine Rolle[411]. Zudem kann ein Ausgleich des Zugewinns nach § 1378 Abs. 3 S. 1 BGB nur mit Beendigung des Güterstandes erfolgen. Gerade in Anbetracht der durch Art. 6 Abs. 1 GG geschützten Position der Ehegatten ist es diesen aber nicht zuzumuten, den Güterstand durch Auflösung der Lebensgemeinschaft zu beenden. Vielmehr muss doch in der vom Gesetz eingeräumten Möglichkeit auch die Motivation der Ehegatten darin gesehen werden, einen Zugewinnausgleich vorzunehmen. Denn auch im Falle einer Scheidung würde, anders als beim Tod eines Ehegatten, ein tatsächlicher Zugewinnausgleich vorgenommen werden. Es ist daher nur als legitim zu betrachten, dass ein Ehegatte dem anderen das zukommen lassen möchte, was diesem nach ehelichem Güterrecht ohnehin zustünde.

Auch wenn die Ehegatten unmittelbar nach dem Wechsel zur Gütertrennung erneut den Güterstand der Zugewinngemeinschaft wählen, ist hierin kein Missbrauch zu sehen, sondern das weiterhin bestehende Interesse sich wechselseitig am künftigen Vermögenserwerb zu beteiligen[412].

Anders kann die Beurteilung bei einem Wechsel zur Güter*gemeinschaft* und wieder zurück zur Zugewinngemeinschaft ausfallen. Denn diese Variante wird insbesondere für solche Ehegatten von Interesse sein, bei denen das Vermögen nicht während der Ehe erwirtschaftet wurde, sondern von einem Ehegatten bereits in die Ehe mitgebracht wurde oder aus anderen Gründen in das Anfangsvermögen fällt[413]. Dieses Vermögen würde nämlich auch bei einem Ausgleich des Zugewinns nach wie vor bei dem Ehegatten verbleiben, von dem es herrührt, § 1374 Abs. 1 und 2 BGB. Daher kann solches Vermögen nur mithilfe einer Güterstandsschaukel zur Gütergemeinschaft und wieder zurück zum gesetzlichen Güterstand auf den weniger vermögenden Ehegatten transferiert werden.

Bei dieser Konstruktion wird zunächst mit Beendigung des gesetzlichen Güterstandes ein tatsächlicher Zugewinnausgleich durchgeführt. Durch die Vereinbarung einer Gütergemeinschaft wird sämtliches Vermögen beider Ehegatten zu einem Gesamtgut zusammengefasst. An diesem Gesamtgut sind dann beide Ehegatten zur Hälfte beteiligt, § 1416 BGB. Mit der daran anschließenden erneuten Vereinbarung des gesetzlichen Güterstandes erfolgt die Auseinandersetzung der Gütergemeinschaft. Dabei fällt das Vermögen, das nach Abzug der Verbindlichkeiten noch übrig ist, beiden Ehegatten zu gleichen Teilen zu, § 1476 Abs. 1 BGB. Auf diesem Weg kann die Hälfte des Vermögens des einen Ehegatten auf den anderen übertragen werden, was zu einer Verringerung des Nachlasses des Vermögenderen führt.

---

411 BGH, NJW 1992, 558, 559.

412 Dies ist umstritten, ähnlich beispielsweise bei Hayler, DNotZ 2000, 681, 688 f.; Wegmann, ZEV 1996, 201, 206 f.; Bedenken, ob bei einer Güterstandsschaukel nicht doch eine Schenkung vorliegt äußern z. B.: Klingelhöffer, NJW 1993, 1097 ff.; Langenfeld, NJW 1994, 2133 ff.; Thoma, ZEV 2003, 278 ff.

413 Beispielsweise Vermögen, das der eine Ehegatte während der Ehe durch Verfügung von Todes wegen erhalten hat oder durch Schenkung erwarb, vgl. § 1374 Abs. 2 BGB.

Bei dieser Gestaltung ist aber höchste Vorsicht geboten. Denn die Rechtsprechung neigt hierbei dazu, eine Schenkung im Sinne von § 2325 BGB anzunehmen[414].

Insbesondere bei einem schnellen Wechsel zwischen den Güterständen, aber auch wenn die Gütergemeinschaft über längere Zeit aufrecht erhalten wird, kann dies einen einheitlichen Plan darstellen und ein Indiz dafür sein, dass ehefremde Zwecke verfolgt werden, nämlich die Vermögensübertragung zum Zwecke der Minderung der Pflichtteilsansprüche der Abkömmlinge[415].

Dies soll aber nicht bedeuten, dass eine lebzeitige Auseinandersetzung einer Gütergemeinschaft stets eine Schenkung darstellt und Pflichtteilsergänzungsansprüche nach sich zieht. Verfolgen die Ehegatten andere Motive[416] als die Reduzierung der Pflichtteilsansprüche, liegt dem Wechsel der Güterstände eindeutig kein einheitlicher Plan zugrunde und somit sieht auch die Rechtsprechung hierin keine Schenkung.

cc. Zusammenfassung

Durch ehevertragliche Gestaltungen kann folglich großer Einfluss auf die Pflichtteile der Abkömmlinge genommen werden. Die geringste Beteiligung am Nachlass haben diese beim gesetzlichen Güterstand und, falls nur ein Kind vorhanden ist, bei der Gütertrennung.

Zudem ist auch eine Vermögensübertragung auf den weniger begüterten Ehegatten möglich. Diese stellt nur in Ausnahmefällen eine – Pflichtteilsergänzungsansprüche auslösende – Schenkung dar, nämlich dann, wenn vom gesetzlichen Güterstand zur Gütergemeinschaft und wieder zurück gewechselt wird und diese Wechsel auf einem einheitlichen Plan beruhen, der die Reduzierung der Pflichtteilsansprüche der Abkömmlinge zum Ziel hat.

Die Auseinandersetzung der Zugewinngemeinschaft durch Beendigung derselben und die erneute Vereinbarung des gesetzlichen Güterstandes stellt meines Erachtens keine Schenkung dar, sondern einen legitimen lebzeitigen Ausgleich dessen, was während der Ehe bis dahin erwirtschaftet wurde und beiden Ehegatten gleichermaßen zusteht.

Soll die Auslandsimmobilie daher dem Ehegatten zum alleinigen Eigentum übertragen werden, stellen güterrechtliche Gestaltungen eine Möglichkeit dar. So muss der Zugewinnausgleich nicht in Geld erfolgen, sondern kann beispielsweise auch durch die Überlassung bestimmter Gegenstände, also auch einer Immobilie, befriedigt werden.

---

414 BGH, NJW 1992, 558, 559.

415 BGH, NJW 1992, 558, 559.

416 Andere Motive liegen nach Wegmann, ZEV 1996, 201, 206 beispielsweise vor, wenn die Gütergemeinschaft schon bei Eheschließung oder vor der Geburt von Abkömmlingen vereinbart wurde oder zum Anlass einer Vermögensübergabe, die die Mitbeteiligung eines Ehegatten an einem Vermögensgegenstand bezweckte.

c. Vorweggenommene Erbfolge durch lebzeitige Zuwendungen

aa. Vermögensübertragung zu Lebzeiten

Recht unproblematisch stellt sich eine Übertragung der Immobilie noch zu Lebzeiten des Erblassers dar, sofern die Schenkung mindestens zehn Jahre vor dem Erbfall vollzogen wurde. Damit ist sie keinen Pflichtteilsergänzungsansprüchen mehr ausgesetzt, § 2325 Abs. 3 BGB. Diese Schenkung sollte dann aber nicht unter Nießbrauchsvorbehalt erfolgen, da sonst die Frist nicht zu laufen beginnt[417]. Allerdings steht ein Wohnrecht des Schenkers dem nicht entgegen[418]. Hinsichtlich der damit verbundenen Steuerprobleme, die sich bei einem Erbfall mit Auslandsbezug ergeben, sind die obigen Ausführungen zu beachten[419]. Weiterhin sollten derartige Vermögensübertragungen an Pflichtteilsberechtigte immer vorsorglich mit der Bestimmung vorgenommen werden, dass die Schenkung gem. § 2315 BGB auf den Pflichtteil anzurechnen ist[420]. Das schließt weitere, auch testamentarische, Zuwendungen nicht aus, im Falle eines späteren Zerwürfnisses kann der Pflichtteilsberechtigte aber nur noch den Differenzbetrag zwischen seinem Pflichtteilsanspruch und der erfolgten Schenkung verlangen.

bb. Vermögensübertragung gegen Leibrente oder Pflegeleistungen

Ist aufgrund des fortgeschrittenen Alters des Schenkers zu erwarten, dass der Erbfall bereits vor Ablauf der Frist des § 2325 Abs. 3 BGB eintritt, so kann auch eine entgeltliche Übertragung der Immobilie erfolgen. Diese müsste dann so ausgestaltet sein, dass der Begünstigte die Immobilie erhält und dem „Schenker" im Gegenzug eine Leibrente[421] bzw. Pflegeleistungen[422] verspricht. Diese Lösung ist nur dann Pflichtteilsergänzungsansprüchen ausgesetzt, wenn darin eindeutig eine Umgehung des § 2325 BGB gesehen werden kann, weil die Vertragsparteien in der sicheren Erwartung des Todes gehandelt haben[423].

---

417 Zimmermann, Der Verlust der Erbschaft, Rn. 220 ff.

418 Dies ist umstritten. Nach Thoma, ZEV 2003, 278, 279 beginnt die Frist bei einem Wohnrecht trotzdem zu laufen, nach Klinger/Konrad, NJW-Spezial 2007, 301 (m. w. N.) ist dies nicht der Fall.

419 Siehe I, II, 3.

420 So auch Klinger/Konrad, NJW-Spezial 2007, 301.

421 Münchener Kommentar/Lange, § 2325, Rn. 25.

422 Zimmermann, Der Verlust der Erbschaft, Rn. 211 ff.

423 Scherer, in: Unternehmensnachfolge, § 17, Rn. 55.

5. Fazit: Wie kann dem Erblasserwillen am Besten Rechnung getragen werden?

Leider gibt es kein „Patentrezept", nachdem ein künftiger Erblasser vorgehen kann, um seinen Willen vollends durchzusetzen. Denn genau dies will das Pflichtteilsrecht ja verhindern. Aufgrund der Familienzugehörigkeit sollen die nahestehendsten Personen eine Teilhabe am Nachlass bekommen, auch wenn dies dem Erblasserwillen widerspricht.

Der deutsche Erblasser mit Immobilienvermögen in Spanien ist hier sogar noch in der glücklichen Lage, dass er dem deutschen Erbrecht unterfällt und nicht bezüglich des in Spanien gelegenen Vermögens den hohen spanischen Noterbquoten der Abkömmlinge ausgesetzt ist. Grundsätzlich wird er aber kaum sämtliche Pflichtteilsansprüche verhindern können. Er ist auf die oben dargestellten Gestaltungen angewiesen und kann versuchen, dadurch den größtmöglichen Freiraum zu gewinnen.

J. Reformdiskussion

In Deutschland wurde und wird das Pflichtteilsrecht seit langem kontrovers diskutiert[424]. Ursache hierfür ist nicht zuletzt, dass auch in der Beratungspraxis zunehmend der Wunsch laut wird, Vermögen an den Pflichtteilsberechtigten vorbei zu übertragen[425].

Aufgrund dieses starken Drucks aus der Praxis gab es in der Literatur sogar Stimmen, die eine völlige Abschaffung des Pflichtteilsrechts forderten[426]. Diese Diskussion ist allerdings spätestens seit der Entscheidung des BVerfG[427] vom 19. April 2005, welche die „grundsätzlich unentziehbare und bedarfsunabhängige Mindestbeteiligung der Kinder am Nachlass" als durch das Grundgesetz gewährleistet hervorhob, verebbt[428]. Die derzeitige Reformdebatte dreht sich somit mehr um die inhaltliche Ausgestaltung des Pflichtteilsrechts als um die grundsätzliche Legitimität. Von vielen wurde das bis zum 31. Dezember 2009 geltende Pflichtteilsrecht als veraltet, unnötig kompliziert und zu starr angesehen[429]. Es gab daher zahlreiche Reformvorschläge, wie dieses den heutigen Bedürfnissen besser angepasst werden könnte.

Auch der Gesetzgeber hat diese Probleme gesehen und aufgrund dessen das deutsche Pflichtteilsrecht erst jüngst reformiert. Am 01. Januar 2010 trat die neue Gesetzesfassung in Kraft. Allerdings hat der Gesetzgeber nicht alle Reformvorschläge und Kritikpunkte berücksichtigt. Daher ist im Folgenden zweierlei zu untersuchen:

Zum einen stellt sich die Frage, wo auch heute noch Reformbedarf besteht. Inwieweit hätte der Gesetzgeber demnach noch handeln sollen. Zum anderen sind die Gesetzesänderungen kritisch zu würdigen, und es gilt herauszufinden, ob diese gelungen sind oder nach wie vor einer Überarbeitung bedürfen.

Mit Hilfe der im Rechtsvergleich gewonnenen Erkenntnisse soll deshalb auf die in Deutschland nach wie vor geführte Diskussion zur Reform des Pflichtteilsrechts eingegangen werden. Es soll gezeigt werden, wie die herausgearbeiteten Stärken des spanischen Noterbrechts in das deutsche Pflichtteilsrecht integriert werden könnten und wie letzteres darüber hinaus den Bedürfnissen der heutigen Zeit besser angepasst werden könnte. Ziel ist es eine Lösung zu finden, die den bestmög-

---

424 Bereits im Jahre 1878, noch vor Inkrafttreten des BGB, wurde auf dem 14. DJT die Legitimität des Pflichtteilsrechts bestritten; Vgl. Lipp, NJW 2002, 2201, 2205; Kick, in: Jahrbuch Junger Zivilrechtswissenschaftler, S. 172; Dauner-Lieb, DNotZ 2001, 460 ff.; Leisner, NJW 2001, 126 f.; Schlüter, in: 50 Jahre BGH, S. 1063 ff.; Otte, AcP 202 (2002), 317, 355 ff.

425 Dauner-Lieb, FF 2001, 78, 79; dies., DNotZ 2001, 460.

426 Stöcker, WM 1979, 214, 221; Petri, ZRP 1993, 205, 206.

427 BVerfG NJW 2005, 1561.

428 Vgl. auch Herzog, FF 2006, 86, 93; Huber, Das Pflichtteilsrecht, S. 56; Diwell: Reformen im Erb- und Pflichtteilsrecht, S. 186; Langenfeld, ZEV 2007, 453, 456.

429 Lipp, NJW 2002, 2201, 2206; Martiny: Zur Reform des Pflichtteilsrechts, S. 195; Langenfeld, ZEV 2007, 453.

lichen Ausgleich zwischen der Testierfreiheit des Erblassers und den Pflichtteilsansprüchen der nächsten Angehörigen bietet.

I. Kreis der potentiell Pflichtteilsberechtigten und Umfang des Ehegattenpflichtteils

1. Erhöhung des Ehegattenpflichtteils zu Lasten der Abkömmlinge

Nicht zuletzt der Wandel der sozialen Verhältnisse seit Schaffung des Bürgerlichen Gesetzbuches[430] hat das Bedürfnis einer Erhöhung des Ehegattenerbteils zu Lasten der Abkömmlinge laut werden lassen[431].

Allein die durchschnittliche Kinderzahl ist von ca. 4,6 Kindern im Jahr 1900 auf derzeit etwa 1,3 Kinder pro Frau drastisch gesunken[432]. Damit hat sich auch die durchschnittliche Erbquote des einzelnen Kindes erhöht. Von einer derartigen Steigerung war der damalige Gesetzgeber gewiss nicht ausgegangen.

Auch die gestiegene Lebenserwartung führt dazu, dass die Kinder beim Tod eines Elternteils meist nicht mehr finanziell von diesem abhängig sind, sondern bereits eine eigene Lebensgrundlage geschaffen haben, womit dem Pflichtteilsrecht auch keine Versorgungsfunktion bzgl. der Abkömmlinge mehr zukommt[433].

Aber selbst wenn man die Versorgungsfunktion des Pflichtteilsrechts hervorheben möchte, so fällt doch auf, dass diese durch die geltenden Regelungen gar nicht erfüllt werden kann. Denn das Pflichtteilsrecht besteht unabhängig von den ökonomischen Verhältnissen, folglich unabhängig von der Bedürftigkeit der Berechtigten. Hinterlässt ein Erblasser mit geringem Vermögen beispielsweise einen Ehegatten und zwei finanziell völlig selbständige, gut situierte Kinder, so haben die Kinder einen Anspruch auf ihren Pflichtteil, obwohl der verbleibende Elternteil den Nachlass viel dringender bräuchte. Während also die Kinder keiner Versorgung mehr bedurften, weil sie möglicherweise bereits ihre Ausbildung finanziert bekommen haben und so die Chance hatten auf eigenen Beinen zu stehen, wäre die Versorgung des verwitweten Ehegatten sehr viel nötiger. Doch hier kennt das Pflichtteilsrecht keine Ausnahme[434].

---

430 Hierzu ausführlich: Martiny, Gutachten zum 64. DJT A 65 ff.; so auch bereits Leipold, AcP 180 (1980), 160 ff.

431 Edenfeld, ZEV 2001, 457, 459; Gerken, RPfleger 1989, 45, 46; ders., ZRP 1991, 426 ff.; Otte, ZEV 1994, 193, 195; Dumoulin, DNotZ 1972, Sonderheft S. 84 ff.; Lange/Kuchinke, § 2 V 2. Für eine Verringerung der Pflichtteilsquote der Abkömmlinge spricht sich auch Odersky, MittBayNot 2008, 2, 3 aus, ohne jedoch genaue Quoten zu benennen.

432 Odersky, MittBayNot 2008, 2, 4.

433 So auch: Kick, in: Jahrbuch Junger Zivilrechtswissenschaftler, S. 174; Edenfeld, ZEV 2001, 457, 460; Keim, DNotZ 2001, 434, 438; Reichert-Facilides, Anhang I zum Gutachten zum 49. DJT, A 63.

434 Im Ergebnis ähnlich: Henrich, Testierfreiheit vs. Pflichtteilsrecht, S. 19; Dauner-Lieb, DNotZ 2001, 460, 463.

Das Bedürfnis, den hinterbliebenen Ehegatten finanziell abzusichern und diesen möglichst geringen Belastungen aufgrund von Pflichtteilsansprüchen auszusetzen, ist nur zu verständlich. Hinzu kommt, dass der Ehegatte, meist anders als die Abkömmlinge, auch einen Anteil an der Leistung des Erblassers hatte. Daher ist der Vorschlag den Pflichtteilsanspruch der Abkömmlinge zu Gunsten des hinterbliebenen Ehegatten zu reduzieren[435], begrüßenswert.

Dem stünden auch keine verfassungsrechtlichen Probleme entgegen, da das BVerfG die derzeitigen Pflichtteilsquoten zwar für verfassungskonform erachtet, dem Gesetzgeber aber ausdrücklich einen weiten eigenen Gestaltungsspielraum[436] einräumt. Er ist also keinesfalls an die derzeitige Quote gebunden.

Weiterhin sollte in Anlehnung an den spanischen Código Civil die Pflichtteilsquote der Abkömmlinge eindeutig aus dem Gesetz abgelesen werden können. Denn im deutschen Recht hängt die Pflichtteilsquote der Abkömmlinge vom Güterstand des Erblassers ab[437], was zu unterschiedlichen Quoten der Abkömmlinge führt. Derzeit erhalten die Abkömmlinge neben dem Ehegatten schlechtestenfalls ¼ (= 25%) und bestenfalls ⅜ (= 37,5%) der Erbmasse als Pflichtteil. Obwohl man beachten muss, dass auch die Höhe des Nachlasses aus dem sich der Pflichtteil errechnet, je nach Güterstand variiert, ergibt sich ein rein prozentualer Unterschied von 12,5%.

Würde man die Pflichtteilsquoten der Abkömmlinge vereinheitlichen, entstünden zwar trotz gleicher Quote keine gleich hohen Pflichtteilsansprüche, da der Nachlass unterschiedlich hoch ausfällt. Doch die genaue Höhe des Nachlasses hängt grundsätzlich von unterschiedlichen Faktoren ab. Neben der güterrechtlichen Auseinandersetzung sind insbesondere auch noch die Verbindlichkeiten des Erblassers zu berücksichtigen. Dies ist nicht durch das Gesetz zu beeinflussen und muss hingenommen werden.

Zusammenfassend sollte die Pflichtteilsquote der Abkömmlinge nicht nur reduziert, sondern auch güterstandsunabhängig vereinheitlicht werden. Hierbei hätte der Gesetzgeber einen weiten Gestaltungsspielraum, wobei meines Erachtens eine Quote von 1/7 (= 14%) für ein bis zwei Abkömmlinge angemessen wäre und eine Quote von 1/5 (= 20%) für drei und mehr Abkömmlinge. So gingen sie nicht gänzlich leer aus, der Erblasser hätte jedoch die Möglichkeit seinen Ehegatten in größerem Maße am Nachlass zu beteiligen und diesen für die Zukunft abzusichern.

Im Gegenzug zu der Reduktion des Pflichtteils der Abkömmlinge könnte der Pflichtteil des hinterbliebenen Ehegatten erhöht werden, ohne dass hiermit weiter

---

435 Edenfeld, ZEV 2001, 457, 459; Gerken, RPfleger 1989, 45, 46; ders., ZRP 1991, 426 ff.; Otte, ZEV 1994, 193, 195; Dumoulin, DNotZ 1972, Sonderheft S. 84 ff.; Lange/Kuchinke, § 2 V 2.

436 BVerfG NJW 2005, 1561, 1564.

437 Vgl. die obigen Ausführungen zu den Quoten der Abkömmlinge in Zusammenhang mit dem Güterstand des Erblassers unter Punkt C, II, 2, a.

in die Testierfreiheit des Erblassers eingegriffen würde. Hier macht es auch Sinn, dass die Quote vom gewählten Güterstand abhängig ist, da dieser von beiden Ehegatten nicht nur im Hinblick auf lebzeitige Vermögensordnung gewählt wurde, sondern gerade auch im Hinblick darauf, was im Falle der Beendigung des Güterstandes passieren soll. Dementsprechend sollte sich der Pflichtteil des Ehegatten weiterhin am gesetzlichen Erbteil orientieren. Durch eine güterstandsunabhängige Erhöhung des Ehegattenpflichtteils um ⅛ (= 12,5%), wäre schon von Gesetzes wegen eine bessere Versorgung des hinterbliebenen Ehegatten gewährleistet. Es würde auch nicht weiter in die Testierfreiheit des Erblassers eingegriffen werden, da im Gegenzug die Quoten der Abkömmlinge verringert würden.

3. Abschaffung des Elternpflichtteils

Schon seit der Schaffung des Bürgerlichen Gesetzbuches steht insbesondere die Forderung der Abschaffung des Elternpflichtteils[438] im Raum, während das Pflichtteilsrecht der Kinder auf allgemeine Akzeptanz stößt[439].

Gerade die veränderten Lebensmodelle der heutigen Zeit lassen immer wieder Zweifel an der Legitimität des Pflichtteilsrechts der Eltern aufkommen. Anders als früher wird die häusliche Gemeinschaft der Kinder mit den Eltern heute in der Regel schon im frühen Erwachsenenalter beendet[440]. Gerade durch diese räumliche Trennung von den Eltern verlagern sich die Prioritäten der Kinder und es steht nun die selbst gegründete Familie im Vordergrund, während die Eltern weitgehend nur noch am Rande mit dem Leben der Kinder in Berührung kommen[441]. Diese Entwicklung wird auch daran deutlich, dass nicht nur die Kinder verhindern möchten, dass die Eltern einen Pflichtteil erhalten, sondern auch die Eltern immer stärker den Ehegatten und dessen Altersversorgung in den Vordergrund stellen und den Pflichtteil der Abkömmlinge daher möglichst niedrig halten wollen[442].

Weiterhin wird bezweifelt, ob heute ein bedarfsunabhängiges Pflichtteilsrecht der Eltern aus unterhaltsrechtlicher Sicht überhaupt noch geboten erscheint. Wäh-

---

438 Für die Beseitigung des Elternpflichtteils etwa: Klingelhöffer, ZEV 2002, 293, 295; Staudinger/Haas, Einl. zu §§ 2303 ff. Rn. 34; Mertens, S. 101 ff.; Stöcker, FamRZ 1971, 609; Gerken, RPfleger 1989, 45; Steffen, DRiZ 1972, 263; Martiny, Gutachten zum 64. DJT, a. E. Thesen II, 20.

439 Lipp, NJW 2002, 2201, 2206; Schlüter, in: 50 Jahre BGH, S. 1067; Coing, Gutachten zum 49. DJT, A 48.

440 Martiny, Gutachten zum 64. DJT A 101; Strätz, FamRZ 1998, 1553, 1555; Staudinger/Haas Einl. zu §§ 2303 ff. Rn. 34b.

441 Schlüter, in: 50 Jahre BGH, S. 1067.

442 Klingelhöffer, ZEV 2002, 293, 295; Staudinger/Haas, Einl. zu §§ 2303 ff. Rn. 34; Mertens, S. 101 ff.; Stöcker, FamRZ 1971, 609; Gerken, RPfleger 1989, 45; Steffen, DRiZ 1972, 263; Martiny, Gutachten zum 64. DJT, a. E. Thesen II, 20.

rend früher die Kinder die Alterssicherung der Eltern waren, übernehmen dies heute die Sozialversicherungen[443].

In diesem Zusammenhang wird auch die Solidarität zwischen den Generationen gegen die Abschaffung des Elternpflichtteils angeführt. Die zwischen Verwandten bestehenden und durch Verwandtschaft begründeten Unterhaltspflichten, wie auch das Pflichtteilsrecht sind auf Gegenseitigkeit ausgerichtet[444]. Weiterhin bestehende Unterhaltspflichten wären mit der Abschaffung des Pflichtteilsrechts der Eltern kaum zu rechtfertigen[445].

Zudem haben die Eltern vielfach zur Vermögensbildung der Kinder beigetragen[446], indem sie deren Ausbildung finanziert oder diese in größerem Rahmen beschenkt haben, um ihnen den Start in die Selbständigkeit zu erleichtern.

Aufgrund der genannten Argumente steht auch eine Kompromisslösung im Raum, nämlich das Pflichtteilsrecht der Eltern nicht gänzlich abzuschaffen, sondern zumindest eine Einschränkung des Elternpflichtteils gegenüber dem hinterbliebenen Ehegatten durchzusetzen[447].

4. Stellungnahme

Ein gesellschaftlicher Wandel während der vergangenen hundert Jahre hat sicherlich stattgefunden und auch die engen Familienbande werden in vielen Fällen nicht mehr so bestehen, wie das früher die Regel war. Trotzdem ist es nach wie vor so, dass die Eltern für den Unterhalt ihrer Kinder aufkommen. Dies mag in manchen Familien nur in den ersten Jahren, also bis zum Abschluss der Schulausbildung, der Fall sein. Vielfach finanzieren die Eltern aber auch die gesamte Ausbildung der Abkömmlinge oder unterstützen diese soweit ihnen das finanziell möglich ist. So kommen die Eltern oftmals noch weit über das Erwachsenenalter für den Unterhalt ihrer Kinder auf und legen damit den Grundstein für deren späteres Erwerbsleben.

Die Fürsorge der Eltern endet aber nicht an diesem Punkt. Aufgrund des Pflichtteilsrechts sind sie nämlich auch noch dadurch belastet, ihren Abkömmlingen einen Teil ihres Vermögens von Todes wegen hinterlassen zu müssen.

Die Kinder wiederum sind ihren Eltern gegenüber zwar grundsätzlich ebenfalls unterhaltspflichtig, allerdings greifen hier meist die sozialen Sicherungssysteme wie Pflegeversicherungen ein. Obgleich die zunächst einspringenden Sozialhilfeträger grundsätzlich bei den vorrangig verpflichteten Kindern Regress neh-

---

443 Siehe dazu Schlüter, in: 50 Jahre BGH, S. 1068; ebenso: Bengel, MittBayNot 2003, 270, 274; Klingelhöffer, ZEV 2002, 293, 295; Leipold, AcP 180 (1980), 160, 188; Strätz, FamRZ 1998, 1553, 1556.

444 BVerfG NJW 2005, 1561, 1564.

445 BVerfG NJW 2005, 1561, 1564; zustimmend: Lipp, NJW 2002, 2201, 2206 f.; Martiny, Gutachten zum 64. DJT A 101; Strätz, FamRZ 1998, 1553, 1559.

446 Haas, ZEV 2000, 249, 254; Henrich, Testierfreiheit vs. Pflichtteilsrecht, S. 17; Rauscher, Reformfragen, Bd. 2, 2. TB, S. 101.

447 Schlüter, in: 50 Jahre BGH, S. 1068; Martiny, Gutachten zum 64. DJT A 102.

men können, kommt den unterhaltspflichtigen Kindern häufig die schuldnerfreundliche Rechtsprechung des BGH zugute[448].

Somit erhalten die Kinder lebzeitige Unterstützung von den Eltern, während sie aufgrund der sozialen Sicherungssysteme deutlich weniger in Anspruch genommen werden.

Dies ist auch insofern richtig, als dass die Kinder meist eigene Abkömmlinge haben, für die sie ebenso sorgen müssen, wie für sie selbst gesorgt wurde und eine Doppelbelastung für die meisten Haushalte finanziell kaum zu tragen ist.

Deshalb ist auch an der derzeitigen Ausgestaltung des Elternpflichtteils festzuhalten. Da die Eltern nur dann pflichtteilsberechtigt sind, wenn keine Abkömmlinge vorhanden sind, steht die Unterstützung der eigenen Abkömmlinge des Erblassers im Vordergrund. Lediglich wenn dieser keine eigenen Kinder hatte, ist den Eltern ein Pflichtteil vorbehalten, § 2309 BGB.

Die Pflichtteilsquote sollte sich meines Erachtens an der Quote orientieren, die auch für die Abkömmlinge vorgeschlagen wurde, wenn der Erblasser ein bis zwei Kinder hinterlässt. Sie sollte also 1/7 betragen.

Durch den Pflichtteilsentziehungsgrund des § 2333 Abs. 2 i. V. m. Abs. 1 Nr. 3 BGB wird auch der familiären Solidarität Rechnung getragen. Haben sich die Eltern nämlich lebzeitig nicht um ihre Kinder gekümmert, obwohl ihnen das finanziell möglich gewesen wäre, so ist nicht einzusehen, warum die Kinder den Eltern im Todesfall etwas hinterlassen sollen. Hier hat niemals eine familiäre Solidarität zwischen Eltern und Kind stattgefunden und es erscheint deshalb ungerecht, wenn die Eltern auch noch einen Pflichtteil verlangen könnten. Dies wurde vom Gesetzgeber berücksichtigt, sodass folglich an der bestehenden Regelung des Elternpflichtteils, mit geänderter Quote, festzuhalten ist.

5. Einbeziehung faktischer Familienangehöriger

Die Diskussion um die Einbeziehung faktischer Familienangehöriger, dreht sich insbesondere um die Einbeziehung des nichtehelichen Lebenspartners[449].

Doch ist diesem Vorschlag bereits von vorne herein – egal in welcher Form – nicht zuzustimmen. Ein gesetzliches Erbrecht und damit auch ein Pflichtteilsrecht des nichtehelichen Lebenspartners würde bedeuten, dass der nicht verheiratete Erblasser zu Lebzeiten nicht in den Genuss der rechtlichen Vorzüge einer Ehe kommt, aber im Tode deren Lasten tragen muss. Wollte er seinen Lebenspartner bedenken, bleibt ihm nach wie vor die Möglichkeit, dies durch eine testamentarische Verfügung zu tun. Zudem haben unverheiratete Paare sicher gute Gründe

448 Siehe zur schuldnerfreundlichen Rechtsprechung des BGH z. B.: BGH FamRZ 1992, 795; BGH FamRZ 2002, 1698; BGH FamRZ 2004, 1184.

449 Vgl. hierzu auch die Ausführungen bei Strätz, FamRZ 1998, 1553, 1564 f., sowie bei Rauscher, Reformfragen, Bd. 2, 1. TB, S. 270 ff.

nicht zu heiraten. So sollten ihnen nicht durch Gesetz die Folgen einer Eheschließung, gegen die sie sich ja gerade entschieden haben, aufgezwungen werden[450].

Auch die praktische Umsetzung scheint schwierig. Ab welchem Zeitpunkt soll ein Lebenspartner einen Anspruch haben? Ist eine häusliche Gemeinschaft dafür zwingend erforderlich? Stehen sich zwei Menschen weniger nahe, nur weil sie keinen (offiziellen) gemeinsamen Haushalt führen? Die Grenzziehung ist hier deutlich schwieriger, als wenn man das Kriterium „Ehe“ anwendet.

Aufgrund der genannten Argumente ist daher die Einbeziehung des nichtehelichen Lebenspartners und erst recht die weiterer Personen abzulehnen.

6. Einbeziehung der Wohnung der Ehegatten in den Voraus

Die Einbeziehung der Wohnung der Ehegatten in den Voraus ist ein Reformvorschlag der ebenfalls auf die Besserstellung des hinterbliebenen Ehepartners abzielt[451]. Hierbei müsste der Voraus aber auch noch dahingehend ausgeweitet werden, dass er nicht nur für das gesetzliche Erbrecht des Ehegatten gilt, sondern auch für den Pflichtteil. Denn gerade für den enterbten Ehegatten soll eine Verbesserung erreicht werden.

Dabei geht es nicht nur um die finanzielle Besserstellung, sondern vorrangig darum, den räumlichen Lebensmittelpunkt des Hinterbliebenen zu erhalten und dessen Lebenssituation nicht noch zusätzlich durch einen Umzug zu erschweren.

Die Ausgestaltungsmöglichkeiten sind vielzählig. So könnte zunächst die Rechtsstellung des Erblassers auf den Ehegatten übertragen werden, sodass dieser also den Eigentumsanteil erhält. Auch über ein Nießbrauchsrecht[452] des hinterbliebenen Ehepartners wird diskutiert[453].

7. Stellungnahme

Mit der Umsetzung der genannten Vorschläge würde man jedoch über das angestrebte Ziel hinausgeschießen. Der Ehegatte soll nicht der ehelichen Wohnung beraubt werden, sondern lediglich die Möglichkeit behalten den gemeinsamen Haushalt weiterzuführen. Hierfür bedarf es meines Erachtens aber weder einer Eigentumsübertragung noch einer Belastung mit einem Nießbrauchsrecht.

Zudem sollte bei einer Erweiterung des Voraus auf das Pflichtteilsrecht des Ehegatten bedacht werden, dass dadurch keine doppelte Besserstellung des Ehegatten erreicht werden soll. Denn der Erhalt des Voraus neben dem Pflichtteil würde den Ehegatten in zu großem Maße begünstigen. Dieser Missstand könnte

450 Ähnlich: Leipold, AcP 180 (1980), 160, 180 f.
451 Siehe hierzu auch ausführlich Rauscher, Reformfragen, Bd. 2, 2. TB, S. 119 ff.
452 So z. B. Strätz, FamRZ 1998, 1553, 1558.
453 Vgl. die Darstellung bei Otte, AcP 202 (2002), 317, 356 ff.

dadurch verhindert werden, dass der Voraus bereits bei der Berechnung der Pflichtteilsquote des Ehegatten außen vor bliebe.

Sinnvollerweise sollte der Ehegatte ein Wohnungsrecht im Sinne der Einräumung einer beschränkten persönlichen Dienstbarkeit nach § 1093 BGB erhalten[454]. Anders als das Nießbrauchsrecht ist das Wohnungsrecht ohne Zustimmung nicht übertragbar, § 1092 Abs. 1 BGB, und kann daher von dem Begünstigten auch nicht kommerzialisiert werden.

Der Ehegatte würde mit dieser Lösung hinsichtlich seiner Wohnung nicht besser, aber auch nicht schlechter gestellt werden als zuvor. Zusätzlich sollte der pflichtteilsberechtigte Ehegatte die zum ehelichen Haushalt gehörenden Gegenstände, soweit sie nicht Zubehör eines Grundstücks sind, und die Hochzeitsgeschenke als Voraus erhalten.

Erst auf Grundlage des um diese Gegenstände reduzierten Nachlasses sollte dann die Berechnung des Ehegattenpflichtteils erfolgen.

8. Neufassung des § 2303 BGB aufgrund der gewonnenen Erkenntnisse

Ein die genannten Vorschläge aufgreifender § 2303 BGB könnte wie folgt lauten:

„(1) [1]Ist ein Abkömmling des Erblassers durch Verfügung von Todes wegen von der Erbfolge ausgeschlossen, so kann er von dem Erben den Pflichtteil verlangen. [2]Der Pflichtteil besteht bei bis zu zwei Abkömmlingen in insgesamt einem Siebtel, bei drei und mehr Abkömmlingen in einem Fünftel der Erbmasse.
(2) Sind die Eltern durch Verfügung von Todes wegen von der Erbfolge ausgeschlossen worden, so steht ihnen ebenfalls der Pflichtteil im Wert von insgesamt einem Siebtel der Erbmasse zu.
(3) [1]Dem durch Verfügung von Todes wegen von der Erbfolge ausgeschlossenen Ehegatten steht gleichermaßen ein Pflichtteil zu. [2]Weiterhin gebührt diesem ein lebenslanges Wohnungsrecht im Sinne des § 1093 sowie die zum ehelichen Haushalt gehörenden Gegenstände, soweit sie nicht Zubehör eines Grundstücks sind, und die Hochzeitsgeschenke als Voraus. [3]Der Pflichtteil besteht in der Hälfte des Wertes des gesetzlichen Erbteils, erhöht um ein zusätzliches Achtel der Erbmasse, wobei die Berechnung auf Grundlage des um den Voraus reduzierten Nachlasses erfolgt. [4]Die Vorschrift des § 1371 bleibt unberührt."

454 So auch: Otte, AcP 202 (2002), 317, 357; Rauscher, Reformfragen, Bd. 2, 2. TB, S. 116 ff.; ebenfalls zu diesem Thema äußert sich Odersky, MittBayNot 2008, 2, 7.

II. Erleichterung der Pflichtteilsentziehung

In § 2333 BGB findet sich eine abschließende Aufzählung der Pflichtteilsentziehungsgründe, welche nicht analogiefähig[455] ist. Sie stellen eine unwiderlegliche Vermutung für die Entfernung des Pflichtteilsberechtigten von der familiären Bindung dar[456]. Hierdurch ist die Entziehung des Pflichtteils nur in wenigen klar definierten Ausnahmefällen möglich, was vor einem zu großen richterlichen Einfluss auf den inneren Bereich der Familie schützt. Im Zuge der Reform des Pflichtteilsrechts wurde ein großes Augenmerk auf die Pflichtteilsentziehungsgründe der §§ 2333-2335 BGB a. F. gelegt. Denn diese waren schon seit der Schaffung des Bürgerlichen Gesetzbuches immer wieder heftig kritisiert worden[457]. Daher ist in diesem Rahmen zu untersuchen, ob die neue Gesetzesfassung gelungen ist oder ob trotz der Reform noch weiter Verbesserungsbedarf besteht.

1. Einführung einer allgemeinen Zerrüttungs- oder Entfremdungsklausel

Es finden sich Vorschläge zur Einführung einer Generalklausel, die sich am Auffangtatbestand des § 1579 Nr. 7 BGB orientieren soll[458]. Danach wäre eine Pflichtteilsentziehung bereits dann möglich, wenn dem Pflichtteilsberechtigten ein „offensichtlich schwerwiegendes, eindeutig bei ihm liegendes Fehlverhalten gegen den Verpflichteten zur Last fällt".

2. Stellungnahme

Problematisch an diesem Vorschlag wäre die praktische Umsetzbarkeit einer solchen Regelung. Überließe man es dem Erblasser festzulegen, ob der Tatbestand nun erfüllt ist oder nicht, liefen die Pflichtteilsentziehungsgründe ins Leere, da jede noch so kleine Differenz zum Anlass genommen werden könnte dem Pflichtteilsberechtigten seinen Anteil am Nachlass zu entziehen.

Aber auch eine richterliche Inhaltskontrolle scheint schwer umsetzbar. Zwar mag ein Richter objektivere und strengere Maßstäbe an die Verwirklichung des Tatbestandes knüpfen können, aber wo genau die Grenzen zu ziehen sind, muss letztlich anhand des Einzelfalles entschieden werden, was eine enorme Rechtsunsicherheit mit sich brächte. Gerade deshalb sind im Rahmen der Pflichtteilsentziehung genau umrissene, klar abgrenzbare Tatbestände zu wählen, damit sowohl der

---

455 Dauner-Lieb, FF 2001, 78, 81; Frank, § 20, Rn. 41; BGH NJW 1977, 339, 340; BGH NJW 1974, 1084, 1085; Schulze/Dörner/Ebert/Hoeren, § 2333, Rn. 1; Münchener Kommentar/Lange, § 2333, Rn. 1; Palandt/Edenhofer, § 2333, Rn. 1; Leisner, NJW 2001, 126.

456 Haas, ZEV 2000, 249, 258.

457 Ein kurzer Überblick über die Unzulänglichkeiten des § 2333 BGB a. F. findet sich beispielsweise bei: Münchener Kommentar/Lange, § 2333, Rn. 1, 2.

458 Schlüter, in: 50 Jahre BGH, S. 1071 f.; ebenfalls für eine Auffangklausel: Otte, AcP 202 (2002), 317, 330.

Pflichtteilsberechtigte weiß, wann ihm eine Pflichtteilsentziehung droht, aber auch der Erblasser einschätzen kann unter welchen Umständen er eine wirksame Pflichtteilsentziehung vornehmen kann[459].

Weiterhin müssen auch der Grundsatz der Verhältnismäßigkeit und das sich daraus ergebende Übermaßverbot beachtet werden. Hiernach wäre es bedenklich dem Erblasser die Entziehung des Pflichtteils zu einfach zu machen, da „eine Pflichtteilsentziehung mit ihrem außerordentlichen Gewicht und ihrem demütigenden Charakter [...] einer ‚Verstoßung über den Tod hinaus' nahe (kommt)[460]". Deshalb ist eine schwere Verletzung der dem Erblasser geschuldeten familiären Achtung zu fordern, um dem verfassungsrechtlichen Übermaßverbot, welches auch in das Zivilrecht hineinwirkt, gerecht zu werden.

Zudem hat sich das BVerfG zu diesem Vorschlag bereits geäußert und ihm eine Absage erteilt[461]. Hier sei die vermögensmäßige Familiensolidarität sowie die wenigstens teilweise Gebundenheit des Vermögens an die nächsten Angehörigen zu beachten[462]. Der Erblasser solle gerade nicht die Möglichkeit haben, ein Kind aufgrund einer bloßen Entfremdung oder eines Zerwürfnisses, durch Enterbung „zu ‚bestrafen'[463]". Eine Durchbrechung der Familiensolidarität solle nur in extremen Ausnahmefällen zulässig sein – und zulässig bleiben[464]. Zudem solle dem Umstand vorgebeugt werden, dass nichteheliche Kinder von einer Pflichtteilsentziehung eher betroffen wären als eheliche Kinder, was zu einer Verletzung des Art. 6 Abs. 5 GG führte[465].

Daraus wird deutlich, dass es eben nicht um intakte Familienverhältnisse, sondern um Rechte des Pflichtteilsberechtigten aus seinem Status heraus geht. Folglich muss unterschieden werden zwischen bloßen Entfremdungen und Zerrüttungen, die vom Erblasser nicht durch Entziehung des Pflichtteilsrechts sanktioniert werden können und erbrechtlich relevanten Pflichtverstößen, welche sehr wohl pflichtteilsrechtliche Konsequenzen haben können. Die Einführung einer allgemeinen Zerrüttungs- oder Entfremdungsklausel ist deshalb abzulehnen.

3. Die Pflichtteilsentziehungsgründe des § 2333 BGB

Seit dem 01. Januar 2010 sind die Pflichtteilsentziehungsgründe im Bürgerlichen Gesetzbuch neu geregelt worden. Um diese Neuregelung, deren Hintergründe und Kritikpunkte hinreichend würdigen zu können, soll zur Veranschaulichung im Folgenden zunächst der Text der zu Recht kritisierten Fassung der §§ 2333-2335 BGB a. F. aufgeführt werden:

---

459 Siehe auch Dauner-Lieb, FF 2001, 78, 81.

460 So Badura: Erbrecht, Testierfreiheit und Schutz der Familie, S. 155.

461 Anders Herzog, FF 2006, 86, 94, der die Einführung eines Auffangtatbestandes am Beispiel von § 1579 Nr. 7 BGB nach wie vor für geboten hält.

462 BVerfG NJW 2005, 1561, 1564 f.

463 BVerfG NJW 2005, 1561, 1564.

464 BVerfG NJW 2005, 1561, 1564 f.; so auch schon Lipp, NJW 2002, 2201, 2206.

465 Vgl. auch die Ausführungen bei Gaier: Pflichtteil und grundrechtliche Freiheit, S. 165.

„§ 2333. Entziehung des Pflichtteils eines Abkömmlings.
Der Erblasser kann einem Abkömmling den Pflichtteil entziehen:

1. wenn der Abkömmling dem Erblasser, dem Ehegatten oder einem anderen Abkömmling des Erblassers nach dem Leben trachtet,
2. wenn der Abkömmling sich einer vorsätzlichen körperlichen Misshandlung des Erblassers oder des Ehegatten des Erblassers schuldig macht, im Falle der Misshandlung des Ehegatten jedoch nur, wenn der Abkömmling von diesem abstammt,
3. wenn der Abkömmling sich eines Verbrechens oder eines schweren vorsätzlichen Vergehens gegen den Erblasser oder dessen Ehegatten schuldig macht,
4. wenn der Abkömmling die ihm dem Erblasser gegenüber gesetzlich obliegende Unterhaltspflicht böswillig verletzt,
5. wenn der Abkömmling einen ehrlosen oder unsittlichen Lebenswandel wider den Willen des Erblassers führt."

„§ 2334. Entziehung des Elternpflichtteils.
[1]Der Erblasser kann dem Vater den Pflichtteil entziehen, wenn dieser sich einer der in § 2333 Nr. 1, 3, 4 bezeichneten Verfehlungen schuldig macht. [2]Das gleiche Recht steht dem Erblasser der Mutter gegenüber zu, wenn diese sich einer solchen Verfehlung schuldig macht."

„§ 2335. Entziehung des Ehegattenpflichtteils.
Der Erblasser kann dem Ehegatten den Pflichtteil entziehen:

1. wenn der Ehegatte dem Erblasser oder einem Abkömmling des Erblassers nach dem Leben trachtet,
2. wenn der Ehegatte sich einer vorsätzlichen körperlichen Misshandlung des Erblassers schuldig macht,
3. wenn der Ehegatte sich eines Verbrechens oder eines schweren vorsätzlichen Vergehens gegen den Erblasser schuldig macht,
4. wenn der Ehegatte die ihm dem Erblasser gegenüber gesetzlich obliegende Unterhaltspflicht böswillig verletzt."

Dem aufmerksamen Leser werden bereits bei der Lektüre einige Ansatzpunkte aufgefallen sein, die Anlass zur Kritik gaben.

a. Kritikpunkte vor der Reform

aa. Zu § 2333 BGB a. F.

So leuchtete es nicht ein, warum der in § 2333 Nr. 1 BGB a. F. aufgezählte Personenkreis auf den Erblasser, dessen Ehegatten und andere Abkömmlinge des Erblassers beschränkt war. Wieso sollte es dem Erblasser nicht möglich sein den Pflichtteil auch dann zu entziehen, wenn beispielsweise seinem nichtehelichen Lebensgefährten nach dem Leben getrachtet wurde[466]? Oder dem Stiefkind, den Geschwistern oder gar den Eltern des Erblassers bzw. anderen diesem sehr nahe stehenden Personen? So konnte ein Vater nach der alten Regelung dem Abkömmling nicht den Pflichtteil entziehen, wenn dieser der eigenen Mutter nach dem Leben trachtete und die Eltern nicht verheiratet waren. Der persönliche Schutzbereich des § 2333 Nr. 1 BGB a. F. war demnach gerade in Anbetracht der heutigen Lebensmodelle viel zu eng gefasst.

Ebendiese Kritik war auch für § 2333 Nr. 2 BGB a. F. angebracht, welcher sich auch nur auf den Erblasser selbst und dessen Ehegatten beschränkte. Des Weiteren konnte sogar die körperliche Misshandlung des Ehegatten des Erblassers nicht zur Pflichtteilsentziehung führen, wenn der misshandelnde Abkömmling nicht von dem Ehegatten abstammte, also ein Stiefelternteil misshandelte[467].

Zudem erschien es nicht mehr zeitgemäß, dass die seelische Misshandlung der körperlichen nicht gleichgestellt war[468], obwohl seelische Misshandlungen den Erblasser bedeutend stärker belasten und unter Umständen gravierendere Auswirkungen haben können als körperliche Verletzungen[469]. Ebenso wie im spanischen Recht, sollte auch im Bürgerlichen Gesetzbuch die seelische Misshandlung zur Pflichtteilsentziehung führen können.

Auch § 2333 Nr. 3 BGB a. F. war zu eng gefasst, da dieser sich nur auf den Erblasser selbst und dessen Ehegatten beschränkte, andere Verwandte, wie z. B. weitere Kinder, die Eltern oder sonst nahe stehende Personen aber auch hier nicht mit einbezog. Daher sollte auch hier der Kreis der Personen, die in den Schutzbereich der Norm einbezogen werden, erweitert werden. Zudem musste es der Erblasser bei der damaligen Gesetzeslage hinnehmen, wenn sich sein Abkömmling eines solchen Vergehens oder Verbrechens gegenüber einem Dritten schuldig machte. Einem Mörder, Räuber oder Kinderschänder konnte der Pflichtteil nicht entzogen werden, auch wenn seine Taten mit den Wertvorstellungen des Erblassers in krassem Gegensatz standen. Daher sollte § 2333 Nr. 3 BGB a. F. nicht nur auf dem Erblasser nahe stehende Personen erweitert werden, vielmehr musste diesem auch die Möglichkeit gegeben werden den Pflichtteil zu entziehen, wenn der Abkömmling grundsätzlich eine hohe kriminelle Energie aufweist und diese auch auslebt.

Fraglich war zudem, ob § 2333 Nr. 5 BGB a. F., der die Familienehre schützen sollte, überhaupt noch Bestand haben sollte[470]. Hier stellte sich nämlich die

466 So auch: Bonefeld/Lange/Tanck, ZErb 2007, 292, 297.

467 Ebenso: Dauner-Lieb, FF 2001, 78, 81; Diwell: Reformen im Erb- und Pflichtteilsrecht, S. 188.

468 Haas, ZEV 2000, 249, 259.

469 So auch Haas, ZEV 2000, 249, 259; Schlüter, in: 50 Jahre BGH, S. 1053.

470 Für die Abschaffung des § 2333 Nr. 5 BGB sprechen sich aus: Diwell: Reformen im Erb- und Pflichtteilsrecht, S. 188; Kroiß, FPR 2008, 543; Klinger/Roth, FPR 2008, 542; Bonefeld/Lange/Tanck, ZErb 2007, 292, 296 f.

Frage, was das Gesetz mit einem „ehrlosen und unsittlichen Lebenswandel" meinte und warum ein solcher mit dem Entzug des Pflichtteils bestraft werden sollte[471].

Setzte man hier subjektive Kriterien an und stellte auf das Empfinden des Erblasses ab, so waren dem Missbrauch Tür und Tor geöffnet. Sah vielleicht ein streng gläubiger Erblasser bereits den Austritt aus der Kirche als ehrlos und unsittlich an, so war eine Pflichtteilsentziehung aus diesem Grund kaum nachvollziehbar.

Auch die Prostitution, welche zur Zeit der Schaffung des Bürgerlichen Gesetzbuches sicher ein Motiv für die Einführung der Nr. 5 war, konnte spätestens nach ihrer Legalisierung im Prostituiertengesetz vom 01. Januar 2002 keinen Grund mehr darstellen, der Tochter oder dem Sohn den Pflichtteil zu entziehen. Daher war die gänzliche Streichung des § 2333 Nr. 5 BGB a. F. zu befürworten.

bb. Zu § 2334 BGB a. F.

Bei Betrachtung des § 2334 BGB a. F. fiel auf, dass dieser nur auf die Nrn. 1, 3 und 4 des § 2333 BGB a. F. verwies. Für diese gilt insofern das oben Gesagte.

Jedoch stellte sich hier die Frage, warum die vorsätzliche körperliche Misshandlung durch einen Elternteil oder beide Elternteile nicht zu einer Entziehung des Pflichtteils führen soll[472].

Der Código Civil erlaubt es sogar, einem Elternteil den Pflichtteil zu entziehen, wenn dieser seine Kinder im Stich gelassen oder prostituiert hat. Derartige körperliche und seelische Misshandlungen müssen dem Kind das Recht geben, die Eltern komplett von der Nachlassteilhabe ausschließen zu dürfen. Hier existiert in der Regel keine familiäre Bindung, die es rechtfertigen würde, den Eltern ein Pflichtteilsrecht einzuräumen.

Gleiches gilt, wenn die Eltern ihre elterliche Gewalt verlieren, weil diese ihre elterlichen Pflichten nicht erfüllt haben. Auch in diesem Fall besteht keine familiäre Beziehung, die den Anspruch der Eltern auf Nachlassteilhabe rechtfertigen würde. Zudem tragen in all diesen Fällen die Eltern die Verantwortung für diesen familiären Missstand, sodass es den Kindern erst recht nicht zuzumuten ist, den Eltern etwas zu hinterlassen.

Diese Punkte sollten meines Erachtens auch im Bürgerlichen Gesetzbuch Berücksichtigung finden.

---

471 Vgl. hierzu: Gotthardt, FamRZ 1987, 757 ff.

472 Dauner-Lieb, FF 2001, 78, 81; Bengel, MittBayNot 2003, 270, 274; Bonefeld/Lange/Tanck, ZErb 2007, 292, 297; Haas, ZEV 2000, 249, 258; vgl. außerdem die Ausführungen zur Verfassungsmäßigkeit der Pflichtteilsentziehungsgründe unter Punkt F, I, 4.

cc. Zu § 2335 BGB a. F.

Auch der für den Ehegatten geltende § 2335 BGB a. F. gab Anlass zu Kritik. Für die Nr. 1 gilt auch hier das zu § 2333 Nr. 1 BGB a. F. Gesagte. Der Kreis der betroffenen Personen war zu eng gefasst, es war ein weiterer persönlicher Schutzbereich angezeigt.

Zu Nr. 2 fiel auf, dass hier nur die vorsätzliche körperliche Misshandlung des Erblassers zur Entziehung des Pflichtteils führte. Die Misshandlung von Kindern des Erblassers oder gar gemeinsamen Kindern fiel nicht darunter. Dies war insbesondere seit der Einführung des § 1631 Abs. 2 BGB, welcher ein Recht der Kinder auf gewaltfreie Erziehung festsetzt[473], nicht mehr nachzuvollziehen. Zudem fehlte auch hier die Bestrafung einer seelischen Misshandlung.

§ 2335 Nr. 3 BGB a. F. erlaubte eine Pflichtteilsentziehung nur dann, wenn der Ehegatte sich eines Verbrechens oder schweren vorsätzlichen Vergehens gegenüber dem Erblasser schuldig machte. Auch in diesem Fall war der Kreis der Betroffenen zu eng gezogen.

Im Rahmen von § 2335 Nr. 4 BGB a. F. sollte die Regelung des spanischen Rechts übernommen werden, wonach nicht nur die Unterhaltspflichtverletzung gegenüber dem Erblasser zur Pflichtteilsentziehung führen kann, sondern auch die Verletzung der Unterhaltspflicht gegenüber den Abkömmlingen. Hierdurch würde der Familiensolidarität im Rahmen der Pflichtteilsentziehung ein besonderer Ausdruck verliehen.

b. Zusammenfassung

Zusammenfassend kann festgehalten werden, dass die Pflichtteilsentziehungsgründe für alle Pflichtteilsberechtigten gleichermaßen gelten sollten. Es gibt keinen nachvollziehbaren Grund, warum der Erblasser einem Abkömmling den Pflichtteil aus einem Grund entziehen kann, der den Elternpflichtteil überhaupt nicht berühren würde.

Weiterhin sollte der persönliche Schutzbereich der Pflichtteilsentziehungsgründe ausgeweitet werden. Nicht nur der Erblasser selbst sollte künftig erfasst sein, sondern grundsätzlich auch der Ehegatte, die Abkömmlinge und andere dem Erblasser ähnlich nahe stehende Personen. Bei schwerst kriminellen Pflichtteilsberechtigten war zudem eine Pflichtteilsentziehungsmöglichkeit zu befürworten, auch wenn die Taten gegenüber Dritten verübt wurden. Die seelische Misshandlung sollte der körperlichen Misshandlung gleich gestellt werden. Außerdem sollte der Pflichtteilsentziehungsgrund des ehrlosen und unsittlichen Lebenswandels komplett entfallen. Dagegen wäre es erstrebenswert die Anregungen des Código Civil zu übernehmen und dem Abkömmling die Möglichkeit zu geben dem El-

---

473 § 1631 Abs. 2 BGB lautet: „[1]Kinder haben ein Recht auf gewaltfreie Erziehung. [2]Körperliche Bestrafungen, seelische Verletzungen und andere entwürdigende Maßnahmen sind unzulässig.“.

ternteil den Pflichtteil zu entziehen, wenn dieser seine Kinder im Stich gelassen oder prostituiert hat oder wenn die Eltern ihre elterliche Gewalt verlieren, weil diese ihre elterlichen Pflichten nicht erfüllt haben. Des Weiteren ist es an der Zeit die seelische Misshandlung der körperlichen gleichzustellen.

Ferner wäre es sachgerecht dem Ehegatten nicht nur dann den Pflichtteil entziehen zu können, wenn er dem Erblasser gegenüber seine Unterhaltspflicht verletzt hat, sondern auch dann, wenn er der Unterhaltspflicht gegenüber den gemeinsamen Kindern nicht nachgekommen ist.

Angesichts der geringen Bedeutung des Pflichtteils für die soziale Absicherung des Pflichtteilsberechtigten in der heutigen Zeit, ist das Schutzbedürfnis der Pflichtteilsberechtigten gegenüber der Testierfreiheit des Erblassers in den Hintergrund getreten[474]. Daher sollte zwar der Katalog der Pflichtteilsentziehungsgründe nicht gänzlich zugunsten des Erblassers geöffnet werden. Aber auch über die Änderungsvorschläge hinaus, sollten die Anforderungen der Rechtsprechung an die Erfüllung der Tatbestandsvoraussetzungen niedriger gehalten werden als dies bis jetzt der Fall ist.

c. Reformierte Gesetzesfassung des § 2333 BGB

Das neue Pflichtteilsrecht trat am 01. Januar 2010 in Kraft. Die §§ 2334 und 2335 BGB sind danach gänzlich entfallen, stattdessen wurde die Entziehung des Pflichtteils für Abkömmlinge, Eltern und Ehegatten gleich geregelt. Insofern kam der Vorschlag den oben dargestellten Kritikpunkten nach.

Der neue § 2333 Abs. 1 BGB erweitert den persönlichen Schutzbereich der Nrn. 1 und 2 dahingehend, dass auch „eine dem Erblasser ähnlich nahe stehende Person" einbezogen wird. Damit geht das Gesetz noch über den im Vergleich zur alten Fassung des Bürgerlichen Gesetzbuches schon weiteren persönlichen Schutzbereich des Código Civil hinaus und fördert insbesondere den Schutz der nichtehelichen Lebensgefährten, der Eltern des Erblassers oder auch dessen Geschwistern und wird darüber hinaus den geänderten familiären Strukturen besser gerecht[475].

§ 2333 Abs. 1 Nr. 2 BGB sieht nach wie vor keine Pflichtteilsentziehung bei seelischen Misshandlungen vor, vielmehr wurde die alte Nr. 3 nun in § 2333 Abs. 1 Nr. 2 zusammengefasst. Danach entfällt die Formulierung der vorsätzlichen körperlichen Misshandlung vollständig. Stattdessen spricht § 2333 Abs. 1 Nr. 2 BGB von der Begehung eines Verbrechens oder eines schweren vorsätzlichen Vergehens.

Die Pflichtteilsentziehung aufgrund der böswilligen Verletzung der Unterhaltspflicht blieb bestehen, während die veraltete Nr. 5 ersatzlos gestrichen wurde. Stattdessen findet sich eine neue Nr. 4 in § 2333 BGB. Danach wird eine Pflichtteilsentziehung auch dann möglich, wenn der Pflichtteilsberechtigte wegen einer

474 So auch das BVerfG (NJW 2005, 1561, 1565).
475 So auch: Klinger/Roth, FPR 2008, 542, 543; Kroiß, FPR 2008, 543, 544.

vorsätzlich begangenen Straftat rechtskräftig zu einer Freiheitsstrafe von mindestens einem Jahr ohne Bewährung verurteilt wurde und es aufgrund dessen unzumutbar wäre, dem Abkömmling einen Pflichtteilsanspruch zu gewähren. Die Unterbringung in einem psychiatrischen Krankenhaus oder einer Entziehungsanstalt wurde der vorsätzlichen Straftat gleich gestellt.

Mit dieser Änderung kann der Erblasser anders als noch nach der alten Regelung den Pflichtteil entziehen, wenn der Pflichtteilsberechtigte eine schwere Straftat begeht, die nicht gegen den Erblasser oder dessen Ehegatten gerichtet ist. So muss er also beispielsweise einen von einem Pflichtteilsberechtigten verübten Mord oder Raub nicht hinnehmen. Die Grenze der Zumutbarkeit verhindert zudem, dass etwa der als Mittäter an der Straftat beteiligte Erblasser dem Pflichtteilsberechtigten aufgrund der gemeinsam begangenen Straftat den Pflichtteil entzieht.

d. Würdigung des neuen § 2333 BGB

Mit der Änderung der Pflichtteilsentziehungsgründe ist dem Gesetzgeber bereits ein großer Schritt in die richtige Richtung gelungen. So fällt mit der Gleichbehandlung der Pflichtteilsberechtigten hinsichtlich der körperlichen Misshandlung ein gewichtiger Kritikpunkt weg. Die verfassungswidrige Ungleichbehandlung zwischen Eltern und Abkömmlingen wurde aus der Welt geschafft. Damit hat auch der Gedanke des § 1631 Abs. 2 BGB endlich auch Einzug in das Recht der Pflichtteilsentziehungsgründe gefunden. Zudem wurde auch dem Vorschlag gefolgt, dem Erblasser ähnlich nahe stehende Personen in den Kreis der geschützten Personen mit aufzunehmen, was den heutigen Lebensverhältnissen und damit auch den Bedürfnissen und Vorstellungen des Erblassers viel besser gerecht wird. Auch verleihen die Änderungen dem Erblasser insofern eine gewisse Planungssicherheit, dass durch den Verzicht auf eine Generalklausel klar umschrieben ist, welche Handlungen zu einer Pflichtteilsentziehung führen.

Die neu gestaltete Nr. 4 entspricht, anders als die gestrichene Nr. 5 der alten Gesetzesfassung, der heutigen Lebenswirklichkeit und umfasst endlich auch Straftaten, die der Pflichtteilsberechtigte gegenüber Dritten begeht, sodass der Erblasser nicht mehr gezwungen ist, Pflichtteile zu hinterlassen, wenn der Lebenswandel des Pflichtteilsberechtigten und insbesondere dessen kriminelle Energie den Wertvorstellungen des Erblassers völlig widersprechen.

Leider wurde auch in der reformierten Gesetzesfassung die seelische Misshandlung des Erblassers außer Betracht gelassen, was meines Erachtens noch Anlass zu einer Nachbesserung gibt.

Auch die Änderungsvorschläge aus dem Código Civil sollten noch Einzug finden. Denn der Gesetzgeber ist von Verfassungs wegen nicht verpflichtet alle Pflichtteilsberechtigten gleich zu behandeln. Es ist vielmehr ihm überlassen den unterschiedlich stark ausgeprägten familiären Bezügen zwischen dem Erblasser und den einzelnen Pflichtteilsberechtigten Rechnung zu tragen, solange er sich im

Rahmen des durch Art. 3 Abs. 1 GG Zulässigen bewegt bzw. die Ungleichbehandlung durch einen sachlichen Grund gerechtfertigt ist. Den Abkömmlingen die Möglichkeit der Pflichtteilsentziehung zu geben, wenn die Eltern sie im Kindesalter im Stich gelassen oder prostituiert haben, sowie wenn diese die elterliche Gewalt verloren haben, stellt zwar eine Ungleichbehandlung dar. Allerdings findet diese ihre Rechtfertigung darin, dass diese Taten regelmäßig im Eltern-Kind-Verhältnis stattfinden und ein Kind seinen Eltern, von denen es in vielerlei Hinsicht abhängig ist, bei weitem wehrloser gegenübersteht als dies bei zwei Erwachsenen der Fall ist. Auch wenn die Eltern ihre elterliche Gewalt über die Kinder verloren haben, liegen solch gravierende Missstände im familiären Verhältnis vor, dass der Gesetzgeber dem Kind jedenfalls die Möglichkeit einräumen muss, den Eltern aus diesem Grund den Pflichtteil zu entziehen.

Ähnliches gilt für die Pflichtteilsentziehung des Ehegatten. Diesem sollte auch dann der Pflichtteil entzogen werden können, wenn er seinen Kindern gegenüber böswillig die Unterhaltspflicht verletzt. Denn das trifft nicht nur die Kinder, sondern im Besonderen auch den anderen Ehegatten, der stattdessen die finanzielle Last alleine stemmen muss. Es wäre ihm nicht zuzumuten die finanzielle Doppelbelastung zu tragen und dem Ehegatten dann auch noch einen Pflichtteil zukommen lassen zu müssen.

Schließlich sollte der Gesetzgeber nicht nur in der neuen Nr. 4, sondern auch in den Nrn. 1, 2 und 3 klarstellen, dass entsprechend der Entscheidung des BVerfG[476] keine Schuldfähigkeit des Pflichtteilsberechtigten im strafrechtlichen Sinne erforderlich ist.

e. Reformvorschlag des § 2333 BGB

Ein die genannten Verbesserungsvorschläge aufgreifender § 2333 BGB könnte wie folgt lauten:

„(1) [1]Der Erblasser kann einem Abkömmling den Pflichtteil entziehen, wenn der Abkömmling:

1. dem Erblasser, dem Ehegatten des Erblassers, einem anderen Abkömmling oder einer dem Erblasser ähnlich nahe stehenden Person nach dem Leben trachtet,
2. sich einer vorsätzlichen körperlichen oder seelischen Misshandlung gegen eine der in Nr. 1 bezeichneten Personen schuldig macht,
3. sich eines Verbrechens oder eines schweren vorsätzlichen Vergehens gegen eine der in Nr. 1 bezeichneten Personen schuldig macht,
4. die ihm dem Erblasser gegenüber gesetzlich obliegende Unterhaltspflicht böswillig verletzt oder

476 BVerfG NJW 2005, 1561, 1566.

5. wegen einer vorsätzlichen Straftat zu einer Freiheitsstrafe von mindestens einem Jahr ohne Bewährung rechtskräftig verurteilt wird und die Teilhabe des Abkömmlings am Nachlass deshalb für den Erblasser unzumutbar ist. Gleiches gilt, wenn die Unterbringung des Abkömmlings in einem psychiatrischen Krankenhaus oder in einer Entziehungsanstalt wegen einer ähnlich schwerwiegenden vorsätzlichen Tat rechtskräftig angeordnet wird.

²Schuldfähigkeit im strafrechtlichen Sinne ist nicht erforderlich. ³Die Tatbestände müssen wissentlich und willentlich verwirklicht worden sein.

(2) Der Erblasser kann einem Elternteil den Pflichtteil aus einem der in Abs. 1 genannten Gründe entziehen, außerdem wenn:

1. dieser seine Kinder im Stich gelassen oder prostituiert hat oder
2. wenn die Eltern ihre elterliche Gewalt verlieren, weil diese ihre elterlichen Pflichten nicht erfüllt haben.

(3) Der Erblasser kann dem Ehegatten den Pflichtteil aus einem der in Abs. 1 genannten Gründe entziehen, außerdem wenn der Ehegatte die ihm dem gemeinsamen Abkömmling gegenüber obliegende Unterhaltspflicht böswillig verletzt hat."

III. Umgestaltung des Pflichtteilsrechts in einen unterhaltsähnlichen, bedarfsabhängigen Anspruch

Um die Starrheit des geltenden Pflichtteilsrechts etwas aufzulockern wird vereinzelt gefordert, dass das Pflichtteilsrecht von der Bedürftigkeit[477] des Pflichtteilsberechtigten abhängig gemacht werden soll[478]. Dies würde der Testierfreiheit zu Gute kommen, da Eingriffe in diese nur noch auf ein Mindestmaß beschränkt wären[479].

Eine solche Regelung wäre wenig praktikabel. Es müsste entschieden werden, ob eine Höchstaltersgrenze eingeführt werden soll, und wenn nicht, ab wann ein Pflichtteilsberechtigter bedürftig ist und wann keine Bedürftigkeit mehr vorliegt.

Hinzu kommt, dass es nur vom Zufall abhängen kann, ob der Pflichtteilsberechtigte zum Zeitpunkt des Erbfalles tatsächlich bedürftig ist oder nicht[480]. Würde also beispielsweise der Berechtigte kurz nach dem Erbfall seinen Arbeitsplatz verlieren und daraufhin bedürftig werden, ginge er trotzdem leer aus, weil er zur Zeit des Erbfalles noch nicht bedürftig war[481]. Auch der umgekehrte Fall, dass ein

477 Zur Voraussetzung der Bedürftigkeit im eurpoäischen Vergleich: Henrich, DNotZ 2001, 441, 448.

478 So z.B.: Kick, in: Jahrbuch Junger Zivilrechtswissenschaftler, S. 178 f.; Mayer/Süß/Tank/Bittler/Wälzholz, Handbuch Pflichtteilsrecht, § 1, Rn. 18 m. w. N.Reichert-Facilides, Anhang I zum Gutachten zum 49. DJT, A 67; Trittel, DNotZ 1991, 237, 246; Bosch, FamRZ 1992, 993, 999; Dauner-Lieb, DNotZ 2001, 460, 465.

479 Martiny, Gutachten zum 64. DJT A 87.

480 So auch Martiny, Gutachten zum 64. DJT, A 88; Kick, in: Jahrbuch Junger Zivilrechtswissenschaftler, S. 179; Otte, AcP 202 (2002), 317, 349 f.

481 Vgl. auch: Bengel, MittBayNot 2003, 270, 273.

zur Zeit des Erbfalles noch bedürftiger Pflichtteilsberechtigter beispielsweise kurz darauf einen Lottogewinn erzielt, wäre ungerecht. Denn dieser hätte einen Pflichtteilsanspruch. Sein nachträglicher Gewinn würde hieran nichts ändern.
Um einer solchen Ungerechtigkeit zu entgehen, dürfte nicht auf den Zeitpunkt des Erbfalles abgestellt werden. Ein Pflichtteilsberechtigter müsste seine Ansprüche geltend machen können, auch wenn seit dem Erbfall schon Jahre vergangen sind, er aber erst jetzt bedürftig wird.

Dies würde die Frage, ob auch nichtbedürftige Pflichtteilsberechtigte bei der Berechnung des Anspruches eines bedürftigen Pflichtteilsberechtigten mitzuzählen wären, eindeutig mit einem „Ja" beantworten. Denn wenn der Pflichtteilsberechtigte jederzeit Ansprüche geltend machen kann, so müssen diese hypothetischen Forderungen von vorne herein für diesen bereit gehalten werden.

Was wiederum zum nächsten Problem führt: Man bedenke nur, dass die Erbmasse als Haftungsgrundlage für den Unterhalt erhalten bleiben müsste, was die Auseinandersetzung des Nachlasses zusätzlich komplizierter machen würde[482]. Der Erbe hätte, solange es Pflichtteilsberechtigte gibt, keine Möglichkeiten über den gesamten Nachlass zu verfügen, weil er immer damit rechnen muss, dass Unterhaltsansprüche auf ihn zukommen. In der Konsequenz würde das bedeuten, dass der Erbe den pflichtteilsbelasteten Anteil am Nachlass komplett blockieren müsste, solange noch Ansprüche auf ihn zukommen könnten[483].

Folglich dürfte eine solche Änderung in der praktischen Umsetzung sowohl zu schwierigen und langwierigen Einzelfallprüfungen sowie auch zu Unsicherheiten und vermehrten Streitigkeiten zwischen den einzelnen Pflichtteilsberechtigten führen. Im Ergebnis stellt diese Lösung keinesfalls eine Vereinfachung der bestehenden Regelungen dar.

Diese Ansicht wird auch vom BVerfG[484] geteilt, auch wenn das Gericht das Argument der „unentziehbaren und bedarfsunabhängigen Teilhabe der Kinder am Nachlass" anführt, welche zu den von der Verfassung erfassten traditionellen Kernelementen des deutschen Erbrechts gehöre[485].

Diese Entscheidung spricht ganz klar gegen die Einführung eines bedarfsabhängigen Pflichtteilsrechts.

IV. Reform des § 2325 Abs. 3 BGB

Auch der § 2325 Abs. 3 BGB a. F. stand lange unter enormer Kritik[486]. Der Gesetzgeber hat diese Kritik zum Anlass genommen und den § 2325 Abs. 3 BGB a. F. ebenfalls einer Änderung unterzogen. Um die Neufassung einer kritischen

482 Bengel, MittBayNot 2003, 270, 272; zudem Coing, Gutachten zum 49. DJT, A 47.
483 Im Ergebnis ähnlich: Otte, AcP 202 (2002), 317, 349 f.
484 BVerfG NJW 2005, 1561, 1564.
485 BVerfG NJW 2005, 1561, 1563; so auch schon Münchener Kommentar/Lange, § 2303, Rn. 4 m. w. N.
486 So z. B. von Diwell: Reformen im Erb- und Pflichtteilsrecht, S. 190.

Würdigung unterziehen zu können, wird im Folgenden dargestellt, wie die alte Fassung ausgestaltet war und welchen Kritikpunkten sie ausgesetzt war. Schließlich ist zu untersuchen, ob dem Gesetzgeber die Neuregelung gelungen ist oder ob eine andere Fassung zu befürworten wäre.

1. Die Zehnjahresfrist des § 2325 Abs. 3 HS 1 BGB a. F.

§ 2325 Abs. 3 HS 1 BGB a. F. lautete: „Die Schenkung bleibt unberücksichtigt, wenn zur Zeit des Erbfalls zehn Jahre seit der Leistung des verschenkten Gegenstands verstrichen sind."

Die starre Ausschlussfrist von zehn Jahren wurde vielfach bemängelt[487]. Sowohl für den Beschenkten als auch für den Pflichtteilsberechtigten ging es hierbei um „Alles oder Nichts". Verstarb der Erblasser kurz vor Ablauf der Zehnjahresfrist, wurde der gesamte Betrag der Schenkung in den Nachlass eingerechnet, starb der Erblasser jedoch unmittelbar nach dem Ablauf der Frist, so blieb die Schenkung unberücksichtigt. Hintergedanke dieser Regelung war es, Streitigkeiten darüber zu vermeiden, ob der Erblasser nun mit Benachteiligungsabsicht gegenüber den Pflichtteilsberechtigten gehandelt hat oder nicht[488]. Deshalb wurde vom Gesetzgeber eine generalisierende Norm geschaffen, die festlegte, dass nach Ablauf von zehn Jahren keine Benachteiligungsabsicht mehr gegeben ist, denn je länger die Schenkung zurückliege, desto weniger könne man von einer Benachteiligungsabsicht ausgehen[489]. Dies brachte insbesondere für den Beschenkten Probleme mit sich. So konnte sich dieser auf Grund seiner subsidiären Haftung aus § 2329 BGB des Geschenkes vor Fristablauf nicht sicher sein. Zwar konnte er sich gem. § 2329 Abs. 1 S. 1 i. V. m. § 818 Abs. 3 BGB auf Entreicherung berufen, dies aber auch nur, wenn er das ihm Zugewendete beispielsweise für eine Kreuzfahrt aufgewendet hat, die er sonst nicht gemacht hätte oder für sonstige sog. Luxusausgaben.

Hatte er dagegen mit dem Geschenk seine Schulden getilgt, die er ja ohnehin hätte zurückbezahlen müssen, so konnte er sich nicht auf die Entreicherung berufen und musste damit rechnen, dass er den Betrag innerhalb von zehn Jahren nach der Schenkung möglicherweise wieder ganz oder zu einem Teil an die Pflichtteilsberechtigten auszahlen muss[490].

Um diesen Missstand zu beheben wurde vorgeschlagen die starre Regelung durch eine Pro-Rata-Lösung abzumildern. Dies bedeutet, dass die Schenkung lediglich innerhalb des ersten Jahres voll zum Ansatz kommt, im zweiten Jahr nur noch zu 90%, im dritten Jahr zu 80% und so weiter. Stirbt also der Erblasser fünf

487 Siehe etwa: von Diwell: Reformen im Erb- und Pflichtteilsrecht, S. 190.

488 Vgl. auch BT-Drucksache, 96/08, S. 46.

489 Siehe hierzu die Begründung zur neuen Gesetzesfassung in BT-Drucksache, 96/08, S. 46 mit Bezugnahme auf den historischen Gesetzgeber des BGB.

490 Ausführlich zur Entreicherung: Palandt/Sprau, § 818, Rn. 34 ff.

Jahre nach der Schenkung, so sollte diese nur noch zur Hälfte auf den Pflichtteil angerechnet werden können, die andere Hälfte verbleibt dem Beschenkten[491]. Der Reformgesetzgeber hat diesen Vorschlag aufgegriffen und die genannte Pro-Rata-Lösung ins Gesetz aufgenommen.

2. Stellungnahme

Die vom Gesetzgeber gewählte Pro-Rata-Lösung schafft einen fairen Ausgleich zwischen den Interessen des Erblassers und des Beschenkten auf der einen Seite und den Interessen des Pflichtteilsberechtigten auf der anderen Seite. Würde die Schenkung unmittelbar nach deren Vollzug gänzlich aus dem Nachlass heraus bleiben, so könnte das Pflichtteilsrecht ausgehöhlt werden. Folgte man dem spanischen Beispiel und würde die Schenkung auch noch nach 20 oder 30 Jahren zum Nachlass hinzugerechnet werden, führte dies wieder zu der oben dargestellten Kritik. Daher blieb es unvermeidlich einen Ausgleich zwischen diesen beiden Extremlösungen zu finden.

Mit der Pro-Rata-Lösung wurde ein gelungener Kompromiss gefunden. Dem Erblasser wird ein Stück mehr Freiheit zugestanden, da die von ihm gemachten Zuwendungen in Jahresschritten aus der Erbmasse ausgegliedert und aus dem Zugriffsbereich der Pflichtteilsberechtigten herausfallen. Zudem hat der Beschenkte etwas mehr Planungssicherheit als zuvor. Und auch für die Pflichtteilsberechtigten stellt diese Lösung einen akzeptablen Kompromiss dar. Im Ergebnis stehen sie zwar schlechter dar, wenn der Erblasser innerhalb von zehn Jahren nach der Zuwendung verstirbt. Aber geht man von dem Gedanken aus, dass der Erblasser die Pflichtteilsberechtigten, aus welchen Gründen auch immer, enterben, also nicht an seinem Vermögen teilhaben lassen will, so erscheint es nicht unbillig, ihm durch die Pro-Rata-Lösung ein bisschen mehr von dieser Freiheit zuzugestehen. Die Pflichtteilsberechtigten haben mit diesem Vorschlag nach wie vor zehn Jahre Zeit sich an den Umstand zu gewöhnen, dass bestimmte Vermögenswerte nun nicht mehr in den Nachlass fallen und partizipieren trotzdem noch in einem gewissen Umfang davon, sofern der Erbfall noch innerhalb der Frist eintritt.

Aus den genannten Gründen ist die gewählte Neuregelung zu befürworten. Der Gesetzgeber hat eine zeitgemäße Regelung getroffen, die einen angemessenen Ausgleich zwischen den widerstreitenden Interessen ermöglicht.

3. Änderung der Sonderregelung bei Schenkungen unter Ehegatten

§ 2325 Abs. 3 HS 2 BGB a. F. enthielt eine Sonderregelung bei Schenkungen unter Ehegatten. In diesem Fall sollte die Frist erst mit der Auflösung der Ehe zu

491 Vgl. Diwell: Reformen im Erb- und Pflichtteilsrecht, S. 190.

laufen beginnen. Auch nach der Gesetzesreform wurde diese Ausnahme beibehalten.

Diese Vorschrift wirft aber in einer Konstellation besondere Probleme auf: im Verhältnis zwischen dem zweiten Ehegatten und den Kindern des Erblassers aus erster Ehe. Hier trifft das Interesse der Kinder am Familienvermögen auf das Interesse des zweiten Ehegatten, welcher finanziell oft mehr von der Hinterlassenschaft abhängig ist, als die Kinder. Nach dem aktuellen § 2325 Abs. 3 S. 3 BGB würden aber sämtliche Schenkungen des Erblassers an den hinterbliebenen Ehegatten während der Ehe rechnerisch in den Nachlass mit einfließen und so auch den Pflichtteil der Kinder erhöhen.

Das Gesetz geht davon aus, dass der geschenkte Gegenstand oder die geschenkte Geldsumme nicht vollständig aus dem Vermögen des Schenkenden ausgegliedert ist, sondern dieser nach wie vor damit wirtschaften kann und der Gegenstand gemeinschaftliches Vermögen bleibt[492].

4. Stellungnahme

Die Regelung ist aber insofern inkonsequent, als auch bei einer Schenkung an minderjährige Kinder das Vermögen nicht vollständig ausgegliedert ist, diese aber nicht der Sonderregelung des § 2325 Abs. 3 S. 3 BGB unterliegt. Zudem kann nicht pauschal angenommen werden, dass der beschenkte Ehegatte den Gegenstand oder das zugewendete Vermögen nicht für seine eigenen Bedürfnisse aufwendet und der Schenker tatsächlich gar nichts mehr davon hat. Allein die Tatsache, dass Schenker und Beschenkter miteinander verheiratet sind, rechtfertigt eine solche Annahme nicht.

Weiterhin wird der gesetzliche Güterstand der Zugewinngemeinschaft, also der Gütertrennung mit Ausgleich des Zugewinns, außer Betracht gelassen[493]. Denn danach müsste der geschenkte Gegenstand mit Vollzug der Schenkung in das Vermögen des Beschenkten übergehen und erst im Rahmen einer Scheidung wieder Berücksichtigung finden. Selbst wenn man dem oben genannten Argument also zustimmen würde und davon ausginge, dass der Schenker das Vermögen noch tatsächlich nutzen kann, solange er mit dem Beschenkten zusammen lebt, so müsste der Fristbeginn aber konsequenterweise an die Beendigung des gemeinsamen Haushalts geknüpft werden und nicht an die Auflösung der Ehe[494].

Auch ein Vergleich mit dem Anfechtungsgesetz und der Insolvenzordnung zeigt, dass der Gesetzgeber die Argumentation im Rahmen von § 2325 Abs. 3 S. 3 BGB nicht konsequent über das gesamte Zivilrecht aufrecht erhält. Denn sowohl in § 4 Abs. 1 AnfG als auch in § 134 Abs. 1 InsO finden sich dem § 2325 Abs. 3 BGB ähnliche Regelungen, die aber nicht zwischen Ehegatten und Dritten unterscheiden. Danach können unentgeltliche Leistungen grundsätzlich angefochten

---

492 Bonefeld/Lange/Tanck, ZErb 2007, 292, 295; Daragan, ZErb 2008, 2.

493 So auch: Klingelhöffer, ZEV 2002, 293, 295.

494 Ebenso: Lipp, NJW 2002, 2201, 2207.

werden, wenn sie innerhalb der letzten vier Jahre vor der Anfechtung erfolgt sind. Geschah die Schenkung mit der Absicht die Gläubiger zu benachteiligen und kannte der Beschenkte diesen Vorsatz zum Zeitpunkt der Schenkung, beträgt die Frist zehn Jahre, § 3 Abs. 1 AnfG bzw. § 133 Abs. 1 InsO. Im Anfechtungs- und Insolvenzrecht ist dementsprechend auch eine Schenkung unter Ehegatten frühestens nach vier und spätestens nach zehn Jahren seit deren Vollzug nicht mehr anfechtbar, unabhängig davon wie lange die Ehe noch besteht[495].

Das Argument, dass das Pflichtteilsrecht durch das Grundgesetz geschützt ist, ist zwar richtig, aber es darf nicht übersehen werden, dass auch die Interessen der durch das Anfechtungsgesetz und die Insolvenzordnung betroffenen Gläubiger durch die Eigentumsgarantie des Art. 14 Abs. 1 GG schutzwürdig sind. Denn im Unterschied zum Pflichtteilsberechtigten, dessen Anspruch ihm aufgrund seiner familiären Zugehörigkeit zum Erblasser „geschenkt" wird, hat der Gläubiger eigenes Vermögen aufgewendet, um zu seinem Anspruch zu kommen. Die Tatsache, dass also besagter Gläubiger seine Ansprüche auch gegen den Ehegatten in jedem Fall nach zehn Jahren verliert, der Pflichtteilsberechtigte den Ehegatten aber unbegrenzt in Anspruch nehmen kann, sofern die Ehe noch zum Zeitpunkt des Erbfalls Bestand hatte, widerspricht dem sonst im Zivilrecht beispielsweise in § 822 oder § 988 BGB verankerten Prinzip, dass der unentgeltliche Erwerb weniger schützenswert ist als der entgeltliche Erwerb[496].

Somit bleibt festzuhalten, dass eine Änderung des § 2325 Abs. 3 S. 3 BGB geboten und notwendig ist. Die Ungleichbehandlung von Schenkungen unter Ehegatten ist eine nicht zu rechtfertigende und auch nicht gebotene Regelung, die auch den sonstigen Wertungen des Zivilrechts widerspricht. Sie ist daher aufzuheben.

5. Änderungsvorschlag für § 2325 Abs. 3 BGB

Die Neufassung des § 2325 Abs. 3 BGB sollte lauten:

„[1]Die Schenkung wird innerhalb des ersten Jahres vor dem Erbfall in vollem Umfang, innerhalb jedes weiteren Jahres vor dem Erbfall um jeweils ein Zehntel weniger berücksichtigt. [2]Sind zehn Jahre seit der Leistung des verschenkten Gegenstandes verstrichen, bleibt die Schenkung unberücksichtigt."

V. Änderung der Anrechnungsbestimmungen nach § 2315 BGB

Nach alter wie auch nach neuer Rechtslage ist gem. § 2315 Abs. 1 BGB die Anrechnung einer Zuwendung auf den Pflichtteil nur dann möglich, wenn die Zuwendung mit der Bestimmung erfolgte, dass sie auf den Pflichtteil angerechnet

---

495 Ähnlich: Daragan, ZErb 2008, 2, 3.
496 Im Ergebnis ebenso: Daragan, ZErb 2008, 2, 4.

werden soll. Diese strenge Regelung wird einem rechtsunkundigen Erblasser jedoch fremd sein. Vielmehr wird dieser doch davon ausgehen, dass die Zuwendung auf den Pflichtteil angerechnet wird, sofern er nichts anderes bestimmt[497]. Es besteht folglich die Gefahr, dass ein Pflichtteilsberechtigter doppelt am Vermögen des Erblassers beteiligt werden muss, weil die Anrechnung nicht erfolgte und auch nicht nachgeholt werden kann[498]. Daher wurde angeregt die Anrechnungsbestimmung in der Gestalt zu ändern, dass grundsätzlich jede Schenkung auf den Pflichtteil angerechnet wird, es sei denn, die Nichtanrechnung wird angeordnet[499]. Jedenfalls sollte eine Anrechnung nachgeholt werden können, um vom Erblasser unbeabsichtigte Ungerechtigkeiten zu vermeiden[500].

Der Reformgesetzgeber hat sich ebenfalls mit § 2315 Abs. 1 BGB befasst und im Gesetzesentwurf[501] eine Änderung der Vorschrift vorgesehen. Danach wäre eine Anrechnung auch dann noch möglich, wenn sie durch Verfügung von Todes wegen nachträglich bestimmt wurde[502]. Die Bestimmung, dass die nachträgliche Anrechnung durch Verfügung von Todes wegen zu erfolgen hat, wurde damit begründet, dass so einer Übereilung vorgebeugt werden soll[503]. Ein weiterer Vorteil der testamentarischen Form sei die bessere Beweisbarkeit[504]. Allerdings wurde dieser Vorschlag schließlich nicht ins Gesetz aufgenommen, vielmehr wurde der Beschlussempfehlung des Rechtsausschusses[505] gefolgt. Danach sei das Vertrauen des Zuwendungsempfängers auf den Bestand einer vorbehaltlos erhaltenen Zuwendung schutzwürdig[506], weshalb die vorgeschlagene Änderung des § 2315 Abs. 1 BGB vom Rechtsausschuss zurückgewiesen wurde.

1. Stellungnahme

Aufgrund der oben genannten Problematik sollte § 2315 Abs. 1 BGB entgegen der Auffassung des Rechtsausschusses geändert werden.

Fraglich ist aber, ob es, wie im Gesetzentwurf der Bundesregierung vorgeschlagen, zur Erreichung dieser Ziele notwendig ist, die Bestimmung in einer Verfügung von Todes wegen zu verlangen. Meines Erachtens würde es auch ausreichen, wenn die Anrechnungsbestimmung mittels notarieller Beglaubigung vorge-

---

497 So auch: Bengel, MittBayNot 2003, 270, 273; Odersky, MittBayNot 2008, 2, 4; Henrich, DNotZ 2001, 441, 450; ders., Testierfreiheit vs. Pflichtteilsrecht, S. 16; Bonefeld/-Lange/Tanck, ZErb 2007, 292, 294 f.; Otte, AcP 202 (2002), 317, 361.

498 Ebenso: Keim, MittBayNot 2008, 8.

499 So: Klingelhöffer, ZEV 2002, 293, 294.

500 Diwell, Reformen im Erb- und Pflichtteilsrecht, S. 189.

501 BT-Drucksache 96/08, S. 6.

502 Eine ausführliche Auseinandersetzung zum Änderungsvorschlag des § 2325 Abs. 1 BGB findet sich bei Progl, ZErb 2008, 10; siehe außerdem Odersky, MittBayNot 2008, 2, 6.

503 Siehe BT-Drucksache 96/08, S. 44 f.

504 Odersky, MittBayNot 2008, 2, 5; zustimmend: Klingelhöffer, ZEV 2002, 293, 294.

505 BT-Drucksache 16/13543 vom 23.06.2009, S. 10 und 20, abrufbar im Internet unter: http://rsw.beck.de/rsw/upload/Beck_Aktuell/bt-drs1613543.pdf.

506 Vgl. BT-Drucksache 16/13543, S. 20.

nommen würde. Auch so wäre einer Übereilung vorgebeugt. Beweisprobleme wären ebenfalls nicht gegeben[507]. Daher wäre es wünschenswert, wenn der Gesetzgeber den Erblasser nicht auf das Testament beschränken, sondern ihm wenigstens noch eine weitere Möglichkeit einräumen würde, um die Anrechnung nachzuholen.

Obwohl eine dahingehende Neuregelung dem Erblasser etwas mehr Gestaltungsfreiraum zugestehen würde, stellt dies nicht nur wegen der mangelnden Flexibilität noch keine zufrieden stellende Lösung dar. Denn das Eingangs erwähnte Problem, dass ein rechtsunkundiger Erblasser regelmäßig nicht weiß, dass eine Anrechnungsbestimmung zu erfolgen hat, sondern davon ausgeht, dass zuvor Zugewendetes „automatisch" angerechnet wird, ist auch durch eine solche Ergänzung des ersten Absatzes nicht ausgeräumt. Denn wenn der Erblasser schon nicht weiß, dass überhaupt eine Anrechnungsbestimmung nötig ist, dann wird er auch keine nachträgliche vornehmen.

Weiterhin könnten Auslegungsprobleme entstehen. Es stellt sich die Frage, ob im Testament ausdrücklich eine Anrechnung angeordnet werden muss, oder ob es bereits ausreicht wenn in einem privatschriftlichen Testament frühere Zuwendungen an Pflichtteilsberechtigte erwähnt werden[508].

All diese Punkte sprechen dagegen, die Anrechnungsbestimmung nachträglich anordnen zu können. Denn damit würden nur wenige Probleme gelöst. Vielmehr sollte die Regel, dass Zuwendungen nur bei ausdrücklicher Bestimmung angerechnet werden, umgekehrt werden. So hätte der Erblasser jederzeit die Möglichkeit dem Beschenkten durch Testament mehr zuzuwenden als das bereits Erhaltene. Trotzdem wäre auch den Interessen des Erblassers nachgekommen, der eine Anrechnung auf den Pflichtteil möchte.

2. Neufassung des § 2315 Abs. 1 BGB

Ein reformierter § 2315 Abs. 1 BGB sollte demnach wie folgt lauten:

„Der Pflichtteilsberechtigte hat sich auf den Pflichtteil anrechnen zu lassen, was ihm von dem Erblasser durch Rechtsgeschäft unter Lebenden zugewendet worden ist, es sei denn, der Erblasser hat eine Anrechnung ausdrücklich ausgeschlossen."

VI. Einführung eines „Gesamtpflichtteils"

Im Anschluss an das spanische Recht wird in der deutschen Literatur der Vorschlag gemacht, das Pflichtteilsrecht prinzipiell beizubehalten, jedoch sämtliche

507 Ähnlich Odersky, MittBayNot 2008, 2, 5.
508 Keim, MittBayNot 2008, 8, 11; Odersky, MittBayNot 2008, 2, 5.

Pflichtteilsansprüche zu einem „Gesamtpflichtteil“ zusammenzunehmen[509]. Aus diesem Gesamtpflichtteil, der zwingend an die Pflichtteilsberechtigten verteilt werden muss, soll der Erblasser dann den Nachlass nach seinem Gutdünken an die einzelnen Berechtigten verteilen. Hier hätte er auch die Möglichkeit, einzelne Abkömmlinge zu bevorzugen oder zu benachteiligen. Welche Motive er hierfür zugrunde legt, also ob er möglicherweise den Bedürftigsten großzügiger bedenken würde oder aber nach persönlichen Sympathien entscheiden würde, bliebe dem Erblasser überlassen.

Es wird allerdings deutlich, dass dieser Vorschlag mit der spanischen Regelung gar nicht so viel gemeinsam hat, wie es auf den ersten Blick erscheinen mag.

So betrifft die spanische Regelung nur die Abkömmlinge, nicht aber alle Pflichtteilsberechtigten. Zudem bleibt dem spanischen Erblasser immer noch die Pflicht auferlegt ein Drittel seines Nachlasses gerecht unter allen Abkömmlingen zu verteilen. Seine Dispositionsfreiheit betrifft nur das zweite Drittel, die mejora. Der Código Civil hat somit dafür Sorge getragen, dass jeder Pflichtteilsberechtigte auch tatsächlich Anteil am Nachlass erhält.

Die Einführung eines Gesamtpflichtteils dagegen würde bedeuten, dass der Erblasser theoretisch die Summe aller Pflichtteile nur einem Pflichtteilsberechtigten zukommen lassen könnte. Jedenfalls hätte er die Möglichkeit, einzelne unliebsame Pflichtteilsberechtigte komplett zu enterben[510].

Auch diese Lösung widerspräche in der dargestellten Form der Entscheidung des BVerfG. Denn auch hier wäre die „grundsätzlich unentziehbare und bedarfsunabhängige wirtschaftliche Mindestbeteiligung der Kinder des Erblassers an dessen Nachlass“[511] nicht gewährleistet.

Da dem Gesetzgeber jedoch ein weiter Gestaltungsspielraum zuerkannt wurde und die Entscheidung deutlich macht, dass die Höhe des Pflichtteils verfassungsrechtlich nicht strikt vorgegeben ist[512], wäre die Einführung eines Gesamtpflichtteils in anderer Form aber möglich.

Allerdings müsste dieser eher an der Regelung des spanischen Rechts ausgerichtet werden. Das bedeutet, dass ein Teil der Pflichtteilsmasse entsprechend der jeweiligen Quoten an alle Pflichtteilsberechtigten verteilt werden müsste. Somit wäre einer gänzlichen Enterbung eines Pflichtteilsberechtigten vorgebeugt. Den Restbetrag könnte der Erblasser dann unter den Berechtigten frei verteilen.

Zur Verdeutlichung folgendes Beispiel:

Der Erblasser hinterlässt drei Kinder und eine Ehefrau mit der er im gesetzlichen Güterstand verheiratet war.

---

509 Siehe z. B. Strätz, FamRZ 1998, 1553, 1566; Rauscher, Reformfragen, Bd. 2, 2. TB, S. 109 f.

510 Ähnlich Otte, AcP 202 (2002), 317, 355 f.; Martiny, Gutachten zum 64. DJT, A86.

511 BVerfG NJW 2005, 1561, 1562.

512 BVerfG NJW 2005, 1561, 1564.

Der Pflichtteil der Ehefrau, die nicht Erbin oder Vermächtnisnehmerin wird, beträgt gem. § 1931 Abs. 1, 3 i. V. m. § 1371 Abs. 2, i. V. m. § 2303 Abs. 1 S. 1, Abs. 1 S. 2 BGB ein Achtel des Nachlasses.

Der Pflichtteil der Kinder beträgt gem. §§ 1924, 1930 i. V. m. § 2303 Abs. 1 BGB auch jeweils ein Achtel des Nachlasswertes.

Dies ergäbe einen Gesamtpflichtteil in Höhe der Hälfte der Erbschaft.

Folgte man dem spanischen Vorbild, würde von dieser Hälfte ein Viertel gleichmäßig unter der Ehefrau und den Kindern verteilt, jeder bekäme daher 1/16. Das verbleibende Viertel könnte der Erblasser frei unter den Pflichtteilsberechtigten verteilen.

Aufgrund des bereits angesprochenen Bedürfnisses vieler Erblasser den hinterbliebenen Ehegatten vorrangig auf Kosten der Kinder zu versorgen, würde diese Lösung aber vielfach indirekt zu einer Reduzierung des Pflichtteils der Kinder zugunsten des hinterbliebenen Ehegatten führen. Dieses Ergebnis sollte aber nicht durch die Konstruktion eines Gesamtpflichtteils erreicht werden, es sollte vielmehr dem oben geäußerten Vorschlag nachgekommen werden, wonach die Pflichtteilsquote der Abkömmlinge pauschal reduziert, die Quote des hinterbliebenen Ehegatten dagegen güterstandsunabhängig erhöht wird[513]. So wäre eine unkomplizierte Lösung gefunden, die die unübersichtlichen Quoten beseitigt und dem Erblasser einen ausreichenden Spielraum gibt, seinen Nachlass nach eigenem Ermessen zu verteilen.

Die Einführung eines Gesamtpflichtteils ist folglich abzulehnen.

513 Siehe unter Punkt J, I, 1 und 5.

K. Thesen

Im Folgenden soll eine kurze, thesenartige Zusammenfassung der soeben dargestellten Reformdiskussion gegeben werden, um dieses umfangreiche Gebiet kürzer, prägnanter und anschaulicher darzulegen.

1. Die Pflichtteilsquote der Abkömmlinge sollte sowohl reduziert, als auch güterstandsunabhängig vereinheitlicht werden[514].
2. Im Gegenzug dazu sollte der Pflichtteil des hinterbliebenen Ehegatten leicht erhöht werden[515], um diesem eine bessere Versorgung im Alter zukommen zu lassen. In diesem Rahmen ist auch die Einbeziehung der Wohnung der Ehegatten in den Voraus zu befürworten, welcher wiederum auf das Pflichtteilsrecht des Ehegatten ausgeweitet werden sollte[516].
3. Die derzeitige Regelung zum Pflichtteilsrecht der Eltern sollte beibehalten werden[517].
4. Hingegen ist die Einbeziehung faktischer Familienangehöriger in den Kreis der Pflichtteilsberechtigten abzulehnen[518].
5. Einer allgemeinen Zerrüttungs- oder Entfremdungsklausel im Rahmen der Pflichtteilsentziehungsgründe ist eine Absage zu erteilen[519].
6. Die seelische Misshandlung sollte in den Katalog der Pflichtteilsentziehungsgründe aufgenommen werden[520].
7. Weiterhin ist in Anlehnung an den Código Civil die grobe Verletzung der familiären Solidarität im Rahmen der Pflichtteilsentziehungsgründe stärker zu berücksichtigen[521].
8. Die neu eingeführte Gleichbehandlung aller Pflichtteilsberechtigter im Bereich der Pflichtteilsentziehung ist grundsätzlich zu befürworten. Allerdings geben die unterschiedlichen Beziehungen der einzelnen Pflichtteilsberechtigten zum Erblasser Anlass dazu, sowohl für die Eltern des Erblassers als auch für den Ehegatten ergänzende Pflichtteilsentziehungsgründe einzuführen[522].
9. Eine Umgestaltung des Pflichtteilsrechts in einen unterhaltsähnlichen, bedarfsabhängigen Anspruch ist abzulehnen[523].
10. Die neu eingeführte Pro-Rata-Lösung im Rahmen des § 2325 Abs. 3 BGB ist zu befürworten[524].

514 Punkt J, I, 1.
515 Punkt J, I, 1.
516 Punkt J, I, 4.
517 Punkt J, I, 2.
518 Punkt J, I, 3.
519 Punkt J, II, 1.
520 Punkt J, II, 2, d und e.
521 Punkt J, II, 2, d und e.
522 Punkt J, II, 2, d und e.
523 Punkt J, III.
524 Punkt J, IV, 1.

11. Die in § 2325 Abs. 3 BGB geregelte Sonderregelung für Schenkungen unter Ehegatten sollte entfallen[525].
12. Das Regel-Ausnahme-Verhältnis des § 2315 BGB sollte umgekehrt und dahingehend geändert werden, dass künftig die Anrechnung einer Schenkung auf den Pflichtteil die Regel darstellt. Nur bei ausdrücklichem Ausschluss soll diese entfallen[526].
13. Die Einführung eines Gesamtpflichtteils ist abzulehnen[527].

525 Punkt J, IV, 2.
526 Punkt J, V.
527 Punkt J, VI.

L. Ergebnis

Kennzeichnend für das spanische Recht ist die enorm starke Familiengebundenheit des Vermögens. Dies führt zu recht gravierenden Einschränkungen der Testierfreiheit.

Der deutsche Gesetzgeber hat sich im Gegensatz dazu für eine größere Freiheit des Erblassers entschieden und diesem nur sehr wenige Beschränkungen auferlegt. Mit diesen sollen besonders unbillige Verfügungen verhindert, sowie sicher gestellt werden, dass der eigene, freie und unbeeinflusste letzte Wille des Erblassers im Testament seinen Niederschlag findet.

Diese Wertvorstellungen setzen sich auch innerhalb der Ausgestaltung der gravierendsten Einschränkung der Testierfreiheit fort, dem Pflichtteilsrecht:

Der Vergleich zwischen dem spanischen Noterbrecht und dem deutschen Pflichtteilsrecht hat gezeigt, dass unser Bürgerliches Gesetzbuch trotz all der Kritik, der es in den vergangenen Jahren und Jahrzehnten ausgesetzt war, durchaus sinnvolle und vernünftige Regelungen beinhaltet.

Es unterscheidet sich in mehreren Punkten deutlich von den Normen des Código Civil, doch hat die Gegenüberstellung gezeigt, dass der deutsche Gesetzgeber sich in der Mehrzahl der Fälle für die begrüßenswertere Ausgestaltung entschieden hat.

Trotzdem konnten auch nach der vollzogenen Reform des deutschen Pflichtteilsrechts noch Anregungen im spanischen Ausland gefunden werden. Um nur einige zu nennen, sollten beispielsweise die Pflichtteilsquoten der einzelnen Pflichtteilsberechtigten auch im deutschen Recht unmittelbar aus dem Gesetz abgelesen werden können. Zudem wäre es wünschenswert, wenn die Pflichtteilsentziehungsgründe des Bürgerlichen Gesetzbuches auch die schwere verbale Beleidigung erfassten, so wie dies im Código Civil bereits seine Verankerung gefunden hat. Die soeben genannten, wie auch weitere sinnvolle Regelungen des spanischen Rechts wurden unter Berücksichtigung der Reformvorschläge aus der deutschen Literatur und anderer aktueller Gesichtspunkte in einen neuen, eigenen Reformvorschlag zu den meines Erachtens änderungsbedürftigen Normen eingearbeitet. Im Ergebnis sollen die vorgenommenen Änderungen durch die Betrachtung aus einem gänzlich neuen Blickwinkel einen Beitrag zu den weiterhin anhaltenden deutschen Reformbestrebungen leisten und aufzeigen, dass auch nach der Neufassung einiger Normen des deutschen Pflichtteilsrechts noch keine Lösung gefunden wurde, die den Erfordernissen der heutigen Zeit und den Bedürfnissen der meisten Erblasser gerecht wird. Diese Vorschläge erheben nicht den Anspruch die einzig wahre Lösung aller Probleme darzustellen, sie sollen vielmehr Anlass dazu geben, die Normen der §§ 2303 ff BGB noch einmal kritisch zu überdenken und zu überarbeiten.

Ein Blick auf das internationale Privatrecht zeigte zudem, dass hier beide Länder von dem Prinzip der Nachlasseinheit, sowie dem Staatsangehörigkeitsprinzip ausgehen, was bedeutet, dass der Erblasser unabhängig davon, ob er seinen letzten Wohnsitz in Deutschland oder in Spanien hatte, immer nach seinem

Heimatrecht beerbt wird. Dies bringt für den deutschen Erblasser den entscheidenden Vorteil mit sich, dass er keinesfalls den enormen spanischen Noterbquoten ausgesetzt ist, sondern sich lediglich an die vergleichbar geringen Pflichtteilsquoten des deutschen Rechts halten muss. Zudem wurden einige Konstruktionen wie z. B. der Erb- bzw. Pflichtteilsverzicht gem. §§ 2346 ff BGB oder ehevertragliche Gestaltungen aufgezeigt. Diese geben dem Erblasser die Möglichkeit die Pflichtteilsansprüche der nächsten Angehörigen möglichst niedrig zu halten. So erreicht er mehr Gestaltungsfreiheit über den Nachlass und kann eine vorhandene Auslandsimmobilie weitergeben, ohne dass zu befürchten ist, dass diese zur Erfüllung der Pflichtteilsansprüche veräußert oder belastet werden müsste.

Schließlich kann festgehalten werden, dass dem gut informierten Erblasser eine Vielzahl von Gestaltungsmöglichkeiten zur Verfügung stehen, die Spanienimmobilie mit möglichst geringen Belastungen weiterzugeben.

M. Ausblick

Das seit mehr als 100 Jahren nahezu unveränderte deutsche Erbrecht wurde zum 01. Januar 2009 geändert. Nachdem der Deutsche Bundestag am 02. Juli 2009 mit dem Gesetz zur Reform des Erb- und Verjährungsrechts die Änderungen beschlossen hat, äußerte sich die Bundesministerin der Justiz *Brigitte Zypries* wie folgt zu der beschlossenen Erbrechtsreform:

"Wir haben ein gutes Erbrecht. Es besteht in seiner heutigen Struktur seit über 100 Jahren und hat sich grundsätzlich bewährt. Auf neue gesellschaftliche Entwicklungen und geänderte Wertvorstellungen hat unser Erbrecht aber in einigen Bereichen keine zeitgemäßen Antworten – insbesondere dann, wenn es um die Gründe geht, aus denen ein Erblasser den Pflichtteil entziehen kann. Wir stärken die Testierfreiheit, damit jeder Einzelne sein Vermögen nach seinen Vorstellungen verteilen kann. Dennoch bleibt die familiäre Verantwortung innerhalb der Familien erhalten, denn eine Mindestbeteiligung der Kinder am Nachlass ihrer Eltern kann schon von Verfassungs wegen nicht entzogen werden[528]."

Hinsichtlich des Pflichtteilsrechts haben die Darstellungen im Rahmen dieser Arbeit gezeigt, dass die Ministerin Recht hat[529]. Wir haben und hatten tatsächlich „ein gutes Erbrecht". Der Gesetzgeber hat meines Erachtens die schwierige Balance zwischen den kollidierenden Interessen zufrieden stellend gelöst. Sowohl dem Erblasser als auch den Pflichtteilsberechtigten wurde er gerecht. Dass ein Gesetz, als abstrakt-generelle Norm, nicht jeden Einzelfall berücksichtigen und vollends im Interesse Aller lösen kann, liegt in der Natur der Sache. Vielmehr muss eine Regelung angestrebt werden, die möglichst viele Einzelfälle erfasst und diese zu einem vernünftigen Ausgleich bringt. Genau dies ist dem historischen Gesetzgeber mit dem alten Pflichtteilsrecht gelungen. Natürlich gab es auch Kritikpunkte[530]. Diese fanden ihren Ursprung aber vielfach in den geänderten Lebensbedingungen der heutigen Zeit. Dass sich das Leben und auch die Wertvorstellungen seit Schaffung des Bürgerlichen Gesetzbuches geändert haben, wurde bereits aufgezeigt[531]. Hierauf war das alte Erbrecht noch nicht zugeschnitten. Daher stand der Gesetzgeber erneut vor der Herausforderung, Änderungen vorzunehmen, die den heutigen Verhältnissen entsprechen und zugleich sowohl den Erblasserinteressen als auch denen der Pflichtteilsberechtigten nachzukommen.

Ausdrückliches Ziel der Gesetzesänderung war es folglich, das Erbrecht unter Berücksichtigung der Entscheidung des BVerfG vom 19. April 2005 durch punktuelle Änderungen an die heutigen Lebensverhältnisse anzupassen.

Wie bereits im Rahmen der obigen Reformdiskussion erläutert, ist das reformierte Pflichtteilsrecht ein erfreulicher Schritt hin zu einem Pflichtteilsrecht, das in vielerlei Hinsicht den Gegebenheiten unserer heutigen Zeit weit mehr ent-

528 Zitat aus der Pressemitteilung des Bundesministeriums der Justiz vom 02. Juli 2009 zur Erbrechtsreform („Bundestag verabschiedet Erbrechtsreform").

529 Beachte hierzu insbesondere die Ausführungen unter Punkt D, sowie unter Punkt J.

530 Diese wurden unter Punkt J dargestellt.

531 Siehe beispielsweise Punkt B, II.

spricht als das bis zum 31. Dezember 2009 geltende Recht. Trotzdem ist zu abzusehen, dass auch nach dem 01. Januar 2010 die kritischen Stimmen nicht verstummen werden. Denn es wurden längst nicht alle Reformvorschläge umgesetzt und wie auch schon in den ersten Stellungnahmen zum Gesetzentwurf deutlich wurde, stoßen die Änderungen zwar meist auf positive Resonanz, sie gehen vielen Autoren aber noch nicht weit genug[532]. Dass es auch in meinen Augen noch Verbesserungsbedarf gäbe, wurde im Rahmen der Reformdiskussion erläutert[533].

Somit ist zu erwarten, dass gleichfalls nach dem Inkrafttreten der neuen Gesetzesfassung die Kritiker nicht von der Bildfläche verschwinden, vielmehr werden die Reformdiskussionen auch in Zukunft weiter gehen.

Bedenkt man aber, wie lange das alte Pflichtteilsrecht in der Kritik stand und wann der Gesetzgeber auf diese Kritik mit einer Gesetzesänderung reagiert hat, so ist zu befürchten, dass zwar die kritischen Stimmen nach wie vor erhalten bleiben, der Gesetzgeber in naher Zukunft aber nicht mit einer Nachbesserung der neuen Gesetzesfassung aufwarten wird.

532 Siehe hierzu Progl, ZErb 2008, 78 ff.; ders., ZErb 2008, 10 ff.; Muscheler, ZEV 2008, 105 ff.; Bonefeld, ZErb 2008, 67 ff.; Odersky, MittBayNot 2008, 2 ff.; Bonefeld/Lange/Tanck, ZErb 2007, 292 ff.; Kroiß, FPR 2008, 543 ff.; Klinger/Roth, FPR 2008, 542 f.; Keim, NJW 2008, 2072 ff.

533 Vgl. Punkt J.

Schriften zum Medien-, Urheber- und Wirtschaftsrecht

Herausgegeben von Prof. Dr. Georgios Gounalakis

Band 1 Thomas Lang: Immaterialgüterrechtliche Lizenzierung und kartellrechtliche Verhaltenskontrolle. Eine Untersuchung der Reichweite gemeinschaftskartellrechtlicher Eingriffsbefugnisse in Immaterialgüterrechtspositionen vor dem Hintergrund der schutzrechtsspezifischen wettbewerblichen Ausschließlichkeit. 2009.

Band 2 Anna-Karina Bonacker: Der Widerruf von Fernabsatzverträgen am Beispiel der Internetauktion eBay. 2009.

Band 3 Rainer Jürgen Scharf: Der unbefristete Widerruf internetbasierter Verträge. Zugleich ein Beitrag zur Dogmatik des § 355 BGB. 2009.

Band 4 Sebastian Gorski: Effizienz, Wahlfreiheit und Gleichbehandlung? Eine Untersuchung der Einführung von Wettbewerb zwischen musikalischen Verwertungsgesellschaften durch die Europäische Kommission. 2009.

Band 5 Daniel Walter: Die rechtliche Behandlung der Erbringung unbestellter Leistungen nach § 241a BGB. 2009.

Band 6 Richard Helwig: Die Kompetenz der Europäischen Gemeinschaft zur Schaffung eines europäischen Medienkonzentrationsrechts. Notwendigkeit, Voraussetzungen und Reichweite einer möglichen Regulierung zur Sicherung von Medien- und Meinungsvielfalt in Europa. 2009.

Band 7 Bettina Yunis: Alternative Streitbeilegung über elektronische Datennetze. 2011.

Band 8 Andreas Walter: Störerhaftung bei Handeln Dritter. 2011.

Band 9 Andreas Zenner: Die zivilrechtliche Verantwortlichkeit des Abschlussprüfers für den Bestätigungsvermerk. 2011.

Band 10 Kristine Wagner: Die Privatkopie als urheberrechtliche Schrankenregelung. 2011.

Band 11 Ina Lutz: Testierfreiheit und Pflichtteilsrecht im spanischen *Código Civil* im Vergleich mit dem deutschen Bürgerlichen Gesetzbuch. Unter besonderer Berücksichtigung von Immobilienerbschaften. 2011.

www.peterlang.de

Robert Beier

Die gesetzlichen Rechte des überlebenden Ehegatten nach dem deutschen und spanischen Kollisionsrecht

Unter besonderer Berücksichtigung der *viudedad aragonesa*

Frankfurt am Main, Berlin, Bern, Bruxelles, New York, Oxford, Wien, 2009.
LXIV, 420 S.
Studien zum vergleichenden und internationalen Recht.
Herausgegeben von Bernd von Hoffmann, Erik Jayme und Heinz-Peter Mansel.
Bd. 157
ISBN 978-3-631-58589-4 · br. € 82,50*

Spanien ist ein Mehrrechtsstaat. Neben das Zivilrecht des Código Civil treten insbesondere im Erbrecht partikulare Rechte der autonomen Gebietseinheiten (Foralrechtsgebiete). Sind derartige Foralrechte betroffen, kann es bei der Lösung erbrechtlicher Fälle zu weitreichenden Unterschieden kommen. Ob und in welcher Form ein Foralrecht zur Anwendung kommt, entscheidet das interlokale Privatrecht. Das eigentümliche Rechtsinstitut der *viudedad aragonesa* verleiht dem überlebenden Ehegatten eine besondere Rechtsstellung und findet selbst als aragonesisches Rechtsinstitut Eingang in den gemeinspanischen Código Civil.
Ist deutsches Recht neben spanischem Recht anzuwenden, kann es zu ungewollten Verschiebungen der Rechtspositionen von Beteiligten kommen. Man spricht von Normenwidersprüchen. Die praktische Relevanz dieses Themenkreises ist hoch; auch vor dem Hintergrund eines geplanten vereinheitlichten Europäischen Kollisionsrechts. Nach Schätzungen sind allein 300.000 Bundesbürger Eigentümer von Immobilien in Spanien. Die Betroffenen müssen nicht nur vorsorgen, sondern fragen sich auch nach Sicherungsmöglichkeiten in Erbschein und Grundbuch.